海尔
质量管理之道

从零距离到零边界

国际质量科学院院士
刘卓慧 ◎编著

Haier

THE QUALITY MANAGEMENT WAY

机械工业出版社
CHINA MACHINE PRESS

本书是海尔的第一本质量管理图书，分为上下两篇，共 12 章内容。上篇为“赋予质量深刻内涵”，全景式展现了海尔 40 多年来质量管理的实践，从创业初期的质量管理理念、实践探索、经典事件到模式创新，无一遗漏。下篇为“人工智能时代的质量管理新范式”，深入探讨了海尔在人工智能时代的质量管理前沿探索，以及在三大核心赛道上的质量管理创新成果，全方位呈现海尔质量管理的进化与突破。希望本书的出版助力我国企业质量管理实践更上一层楼，从而推动企业实现高质量发展。

图书在版编目（CIP）数据

海尔质量管理之道 : 从零距离到零边界 / 刘卓慧编著 . -- 北京 : 机械工业出版社 , 2025. 8. -- ISBN 978-7-111-78830-0

Ⅰ. F426.6

中国国家版本馆 CIP 数据核字第 2025CR1018 号

机械工业出版社（北京市百万庄大街 22 号　邮政编码 100037）

策划编辑：孟宪勐　　责任编辑：孟宪勐　高珊珊

责任校对：孙明慧　张慧敏　景　飞　　责任印制：任维东

河北宝昌佳彩印刷有限公司印刷

2025 年 8 月第 1 版第 1 次印刷

170mm×230mm · 21.25 印张 · 1 插页 · 280 千字

标准书号：ISBN 978-7-111-78830-0

定价：85.00 元

电话服务

客服电话：010-88361066

010-88379833

010-68326294

网络服务

机　工　官　网：www.cmpbook.com

机　工　官　博：weibo.com/cmp1952

金　书　网：www.golden-book.com

机工教育服务网：www.cmpedu.com

创造名牌要坚持以质量为核心。

——张瑞敏

海尔创始人

海尔集团董事局名誉主席

“品质”的品代表三层含义：上面的口代表“用户”，用户认为好才叫好；左边的口代表“合作伙伴”，供应商、销售商，让合作伙伴都认可，实现共赢；右边的口代表“员工”，只有员工都以用户体验为中心，才能持续创造用户的最佳体验，最终形成人人对用户、人人对质量负责的氛围。

——周云杰

海尔集团董事局主席、首席执行官

序言 PREFACE

从质量管理角度看，2025年对海尔来说是有特殊意义的一年。这一年既是“砸冰箱”事件40周年，也是“人单合一”模式提出20周年。

40年前，海尔创始人张瑞敏先生秉持“要么不干，要干就争第一”的初心，砸掉了76台有瑕疵的冰箱，也砸醒了海尔人的质量意识。从那时起，**“用户永远是对的”**的质量观念便扎根于海尔人心中。

20年前，张首席提出“人单合一”模式，让每个员工直面用户，围绕用户体验迭代产品和服务。从那时起，海尔形成了“用户体验至上”的质量文化，并建立起“三高”质量体系，即高质量的产品、高质量的体系、高质量的人。高质量的产品蕴含了为用户提供的三层价值——**基于产品可靠性的功能价值、超出期望值的体验价值、引起共鸣的情绪价值**；高质量的体系，是指建立从研发制造到销售服务的全流程质量管理体系，动态满足用户的个性化需求，为用户提供全流程最佳体验；高质量的人，是指高素质的员工队伍，其背后是敬畏用户的企业文化。高质量的产品体现了质量的稳定性，高质量的体系保障了质量的一致性，高质量的人实现了质量的创造性。

在质量管理领域，曾经有一种观点认为服务是对产品质量问题的补救，服务好是因为质量不好，这是对质量的一种误解。一方面，服务本身就是质量的一部分，质量可靠的产品可以没有维修但不能没有服务，所以海尔推出的免费为用户检测用电安全和换季时清洗空调滤网等活动很受用户欢迎。另一方面，高质量的产品是提升服务水平的基础和前提，海尔 40 多年来形成的优质服务口碑正是源于自身过硬的产品质量。一个疲于产品故障维修的企业，不可能为用户提供高水平的服务。

时代在变，用户的需求在变，质量的标准也随之而变。传统工业时代，用户追求的是物美价廉的商品，“零缺陷”是质量的关键；消费互联网时代，用户追求便宜便捷，“零延误”成为质量的关键；产业互联网时代，用户追求更个性化的产品和服务，“零距离”是质量的关键；人工智能时代，用户追求更高的情绪价值，这不是单个企业、单个行业能够实现的，因此能否与生态各方“零边界”成为质量管理的关键。

人工智能时代的到来，为质量管理带来新的机遇和挑战。**这场 AI 革命没有旁观者，只有幸存者与淘汰者。要么与 AI 同进化，要么被 AI 边缘化。**谁能用 AI 压缩从需求洞察到技术迭代的“决策时差”，谁就能赢得新生代消费者。海尔积极探索人工智能在质量管理中的应用，特别是在研发、供应链、销售和营销等流程中全面拥抱 AI。在用户侧，聚焦用户体验的提升，通过 AI 与海量用户交互，用新的方式触达用户、感知用户、响应用户；在员工侧，聚焦生产效率和员工满意度的提升，通过 AI 提升管理效率。海尔还将多年的质量管理实践沉淀成数字化解决方案，通过卡奥斯工业互联网平台赋能千行百业，促进生态的共同发展和繁荣。

本书的编著者刘卓慧是国际质量科学院的院士，具有深厚的大质量领域的理论功底和管理与实践经验。她也是海尔的老朋友，在海尔 40 多年的发展历程中，她多次到海尔进行深入调研。书中既有她对海尔 40 多年质量管理进化的生动描绘，也有她对中国企业质量管理发展的深入思考。

质量发展是兴国之道，强国之策。《质量强国建设纲要》提出，到 2025 年，质量整体水平进一步全面提高，中国品牌影响力稳步提升，人民群众质量获得感、满意度明显增强，质量推动经济社会发展的作用更加突出，质量强国建设取得阶段性成效。

未来之争，不是企业与企业之间的对抗，而是生态与生态之间的对话。海尔愿与全球用户共创美好生活的无限可能，与生态伙伴共创产业发展的无限可能。

周云杰

海尔集团董事局主席、首席执行官

PREFACE 前言

海尔，作为中国制造业的杰出代表，其质量发展历程堪称一部波澜壮阔的史诗，是中国制造驰骋世界的一张闪亮名片。它不仅见证了中国制造从模仿走向创新、从本土迈向国际的飞跃，也承载着无数海尔人对品质的执着追求与不懈探索。正因如此，我一直想写一本有关海尔质量管理的书。10 年前我曾设想过的书名为《我见证的海尔质量发展历程》，近两年又想将书名写成《质量的传承：从张瑞敏到周云杰》，到现在正式落笔又将书名定为《海尔质量管理之道：从零距离到零边界》，其实都是为记录和传播海尔质量管理的核心理念和特色。

“质量就是生命”——这不仅是一句口号，更是海尔立身之本。创业初期，海尔集团创始人张瑞敏带头亲手砸毁 76 台存在缺陷的冰箱，这一举动不仅唤醒了海尔人的质量意识，也深深植入了敬畏品质的企业文化。从那一刻起，质量不再是抽象的概念，而是融入每一个海尔人的血液，成为企业发展的核心动力。从产品设计、研发，到生产、销售，海尔始终以严苛标准把控每一个环节，力求精益求精，正是这份执着，使其在市场竞争中脱颖而出，赢得了消费者的信任与赞誉。

海尔的质量发展之路是一条持续创新的探索之路。面对时代的变迁与技术的飞跃，海尔始终保持敏锐的市场洞察力和强大的创新驱动力。从传统制造迈向智能化、数字化，海尔不断学习和借鉴世界先进质量管理模式，如六西格玛管理、精益管理、卓越绩效模式等，并结合企业实际，创新性地提出“人单合一”管理模式。这一模式不仅提升了产品质量和服务质量的稳定性和可靠性，也为企业全球化战略打下了坚实基础。

“人单合一”是由张瑞敏于2005年提出的一种管理模式，其核心理念是将员工（人）与用户价值（单）紧密结合起来，实现员工价值与用户价值的统一。海尔将自身转变为一个开放的平台，员工在这个平台上自主经营，直接面对市场和用户需求。员工不再是被动的执行者，而是具有创业精神的“创客”，能够自主地为用户服务和创造价值；用户也从传统的购买者角色转变为全流程参与体验的合作者，他们的需求和反馈直接影响产品的开发和服务的改进。

“零距离”是“人单合一”的1.0阶段，其核心理念是通过互联网等手段，实现**企业与用户的零距离、员工与用户的零距离、组织内部的零距离**。

“零边界”是“人单合一”的2.0阶段，是对“零距离”的进一步升华，其核心理念是实现**体验的零边界**，其内涵包括：从产品体验向场景体验进化，打破产品之间的边界；通过产品间的互融互通，为用户提供更丰富的场景体验，构建开放、无边界的生态体系，实现生态的自裂变和自进化，实现各方的共赢。

“人单合一”质量管理模式不仅激发了员工的创造力，还通过去中心化，适应了数字经济时代的需求，成为物联网时代的一种创新管理模式。张瑞敏几次在哈佛大学演讲，介绍的重点就是“人单合一”模式，这一模式已经被载入世界质量管理的史册。

海尔的质量提升紧密契合其全球化发展。在开拓海外市场的过程中，海尔的企业文化也一同出海。在海尔的日本公司，区域CEO杜镜国让“人单合一”管理模式“客入他乡”；在海尔的美国公司，海尔的企业文化也深入人心。共同的文化理念，使海尔始终坚持以优质产品和卓越服务赢得国际认可。在欧美、亚洲、非洲等多个市场，海尔都以过硬的质量和与用户零距离的个性化服务屡创佳绩，成为中国制造在世界舞台上熠熠生辉的品牌代表。这不仅证明了中国品牌有能力立足全球市场，也向世界展示了中国制造的质量实力与创新精神。

20世纪80年代初，我研究生毕业后进入原国家轻工业部工作，90年代后期调入原国家质量技术监督局，几十年的工作生涯都与“质量”密切相关。作为质量工作的一名亲历者，我目睹了海尔人40多年来为质量付出的努力和汗水，也见证了海尔从一个地方企业成长为全球化跨国企业的壮阔历程。海尔质量发展的每一步，都是无数海尔人用智慧与实践书写的传奇，不仅为自身赢得了荣耀，也为我国轻工业、家电产业树立了质量标杆。

编写本书时，许多记忆如电影画面般浮现眼前。记得20世纪90年代初的某日，张瑞敏在北京几个部委奔波一天之后，仍希望听取用户对海尔冰箱质量的反馈。我下班后直接前往位于积水潭的海尔驻京办，与他交流售后服务的意见。那是我第一次与他共进晚餐——一碗米饭，一碗白菜汤，汤里几片肥肉漂浮其上。尽管当时海尔已颇具声誉，但他依旧保持简朴作风，精力全部投入在工作中。我们那晚谈得最多的是，除了产品质量，还要有服务质量。从他那坚定的话语中，我深刻体会到他的理念：售后服务必须做到最好，消费者是企业的衣食父母。正是在这种理念的驱动下，书中许多感人至深的服务故事，成了“海尔真诚到永远”的真实写照。

又如90年代的一天我到青岛出差，张瑞敏和杨绵绵听说我来了，竟在夜里十一点半匆匆赶到我所住的宾馆。他们刚开完会，还未吃晚饭，就一边进晚餐，一边仔细听我反映情况。也是在那次交流中，张瑞敏首次向我提及“用户零距离、质量无边界”的构想，我后来逐渐理解，“人单合一”的理念在他心中早已萌芽。每一次探访海尔，我都有新的体悟与收获。

1996年，海尔获得由美国优质服务科学学会（AAHS）颁发的“世界五星钻石奖”，以表彰其在售后服务方面的突出业绩。在海尔的获奖表彰大会上，张瑞敏还特别提到我写的一首打油诗（1995年，我和中国家电企业分管售后服务的副总们组成的访问团去美国学习交流。在从金门桥上走过的时候，我有感而发，写了一首打油诗，附在本前言后），并风趣地说：“将来有一天，装着海尔冰箱的卡车从金门桥上开过时，请你坐在副驾驶的位置上。”从这句看似玩笑的话中，我听出了他要将海尔带向世界的坚定信心。1999年4月，海尔在美国南卡罗来纳州的冰箱生产基地正式破土动工。

2018年6月我再次参访海尔，我向张瑞敏提出，想看看他的办公室。在梁海山的陪同下，我进入了那间没有休息区、没有按摩椅的办公室，却发现了一座“图书馆”。一排排书架、分类清晰的图书——从自然科学到社会科学、从管理到经济、从北美到亚洲，每本书都有阅读的痕迹。我问他什么时间阅读那么多的书，他说：“都是晚上看书，我晚上从不应酬。”那一刻，我内心肃然起敬，真正领悟到他为何能够引领企业不断向前。参观完他的办公室，我浮想联翩，他是海尔集团的首席执行官啊，繁忙的工作之余，所有的时间都在学习。这让我想起鲁迅在《一件小事》结尾所写：“教我惭愧，催我自新，并且增长我的勇气和希望。”张瑞敏是我心中的良师。

书中还有许多想要展开的故事：张瑞敏在哈佛讲学、与世界管理大师的思想碰撞、对质量管理的深刻理解与实践……一个不争的事实告知我们：一个伟大的企业家，是在刻苦学习与痛苦的实践中锤炼而成的，是“不忘初心”的坚守者。只有伟大的企业家，才能带领企业持续走向卓越。

就在写下这篇前言的前两天，我又重温了由吴天明导演，2002 年上映的电影《首席执行官》。片中的男主角凌敏，正是现实中的张瑞敏；女主角向华，就是杨绵绵。他们不愧是海尔的引路人，坚强的领导集体。面对引进德国技术时 2000 多项标准的压力，面对海尔科技园筹资 15 亿元的巨大挑战，面对来自海外家电巨头的并购诱惑……他们以坚定信念与执着追求，跨越重重难关。如今，张瑞敏已将首席执行官的接力棒传递给周云杰，在海尔成长了几十年的周云杰，年富力强，正率领现在的领导班子成员一起，带领海尔人继续披荆斩棘、奋勇前行。

海尔的质量管理，不仅是一段企业成长的历史，更是一种质量文化的塑造。它展现了中国企业精益求精、创新求变和不断提升新质生产力的执着精神。《海尔质量管理之道：从零距离到零边界》通过翔实而感人的故事，记录了海尔在质量管理方面的开创性探索和卓越成就，尤其是“人单合一”理念的深远影响。它打破了传统生产者与消费者的界限，从“用户永远是对的”到“质量零缺陷”，再到全过程控制、与用户零距离，每一步都见证了中国家电制造业走向世界的艰辛历程。

在当今这个高速发展的时代，质量依然是企业生存与发展的根基。海尔的质量发展历程，为我们提供了宝贵的经验与启示：唯有坚守质量底线，持续创新进取，才能在竞争激烈的市场中立于不败之地。希望本书能真实还原海尔质量发展的轨迹，让更多人了解其理念与实践，为中国质量管理事业注入不竭的动力与智慧。让我们共同期待海尔在质量这条道路上不断砥砺前行、再创辉煌，为中国品牌的崛起书写更加壮丽的篇章。我们将更加期待，海尔精神能激励更多的中国企业为中国制造业的高质量发展添砖加瓦，为质量强国的建设书写更加壮丽的篇章。

期盼

我从金门桥上奔跑而过，
仿佛掠过“汽车轮子”上的美国；
海天一色尽收眼底，
心中升起一个梦想的世界。

我从金门桥上奔跑而过，
仿佛踏破岁月征程的蹉跎；
疾驰发展的中国轻工业，
正载着梦想勾画崭新的一页。

我从金门桥上奔跑而过，
仿佛看见装满海尔冰箱的卡车队列，
腾飞吧，犹如轮子上的海尔，
托起奔向世界的中国家电业！
（1995年8月于美国）

刘卓慧

CONTENTS 目录

第 7 章　“人单合一”重塑企业质量管理逻辑

下篇　人工智能时代的质量管理新范式

第8章　推动制造业进入数字化时代

第9章　数字产业化　赋能多行业高质量发展

第10章　诚信质量与生态建设　带领大健康产业新质升级

上篇

赋予质量深刻内涵

第1章 质量就是生命

砸冰箱，助力开启中国质量新时代

“**我是1984年到青岛电冰箱厂的，当时的工厂亏空147万元**，销售收入只有300多万元，一年之中换了四任厂长，来一个走一个。我到工厂的第一年，主要的任务便是到附近的农村为工厂借钱发工资，因为当时**厂里一分钱也没有了**。”（来源：1999年5月13日，张瑞敏为上海中欧国际工商学院MBA学生做报告）

1999年5月13日，时任海尔集团总裁的张瑞敏为上海中欧国际工商学院MBA学生做报告时，这样描述了海尔创业初期的景象。

在1984年海尔创业之初，正值中国冰箱市场迅速扩张，供不应求。有媒体甚至形容：“纸糊的冰箱也能卖出去。”在这种背景下，许多员工普遍存在一种宽松的质量观念，认为即便生产出等外品、二等品也无关紧要，只要产品能够出厂、能够使用，就算合格。这种心态使得员工对高质量和高标准的追求松懈，在质量上留有“退路”。

于是，张瑞敏在质量上确立了一个关键的突破口：

“(20 世纪) 80 年代初，中国开始引进日本的全面质量管理。我理解全面质量管理的精髓是：改变质量的价值观。所以在海尔推广全面质量管理，推广的不是数理统计办法，而是如何转变职工的质量观念。

“1984 年刚到海尔时，我制定了一个‘管理 13 条’，当时中国几乎所有企业都有相当多的质量管理条例，但没有人去认真执行，因此，我没有沿用这些制度，管理 13 条中最关键的一条是：不准在车间大小便。这就是当时工厂的现状，换句话说，海尔就是在这种情况下起步的，员工根本就没有质量意识。**我要做的就是改变员工的质量意识**。”（来源：1999 年 5 月 13 日，张瑞敏为上海中欧国际工商学院 MBA 学生做报告）

铁锤改变了员工的质量意识

如何改变员工的质量意识？很快，张瑞敏就用一把铁锤“砸醒”了所有员工的质量意识。

1. 砸冰箱砸的是观念

1985 年秋天，青岛电冰箱总厂厂长张瑞敏收到一封用户来信。用户刚购买了一台海尔冰箱，开箱后却发现门体上有一道划痕。那时，一台冰箱的价格相当于普通工人两年多的工资，虽然这道小小的划痕不影响使用，但用户仍坚持退货。

张瑞敏带着相关负责人，拿着信来到仓库。在仓库中，他一台一台地检查，竟然从 400 多台冰箱中挑出 76 台存在不同程度缺陷的产品。在为用户更换了无瑕疵的冰箱后，张瑞敏召集全体工人，将那 76 台有缺陷的冰箱集中摆放，让大家讨论如何处理。有人提议用它们来维护客户关系；也有人建议作为福利，低价卖给职工。

张瑞敏认为，如果允许这 76 台冰箱流入市场，未来可能会生产出成百上千台有缺陷的冰箱。因此，他当机立断，决定销毁 76 台冰箱，并要求每一台冰箱由出错的员工亲手砸毁，以示负责。张瑞敏亲自拿起铁锤，砸下第一锤。亲眼看到自己制造的冰箱被销毁，许多员工在现场流下了泪水。

张瑞敏表示："虽然这种做法有些激进，但它能对每个人的观念产生强烈冲击。让员工亲手砸毁自己生产的有缺陷产品，能让他们深刻感受到责任的重要性，并在心理上产生巨大的震撼。**只有这样，才能真正改变员工的质量意识，使他们以后杜绝生产不合格的产品。**"（来源：海尔集团内部资料）

张瑞敏用一把铁锤砸醒所有员工的质量意识

事后，张瑞敏带头承担责任，罚了自己和领导班子一个月的工资。他向全体员工说："这次是我的责任，但以后再出现类似问题，谁的问题谁负责。""砸冰箱"事件后，"有缺陷的产品就是废品"的理念在海尔员工心中深深扎下了根。事后，张瑞敏在谈及此事时表示：

"砸冰箱主要是解决一种观念的问题，当时中国的企业都在学习日本企业，学习日本的全面质量管理。我那时比较熟悉的就是戴明，还有提出质量环的朱兰，完全照他们说的做。但是很多方法并不是很奏效，很重要的原因就是没有转变观念。**不是说把全面质量管理的工具拿来用就可以了，重要的是要树立全面质量管理观念**，也就是怎么让每个人都对质量真正负起责任，让每个人都认为质量是和'我'联系在一起的。为了解决这个问题，最后就采取了这样一种比较过激的做法。它对每个人都有很强烈的视觉冲击，冲击什么？就是告诉他，对于他干坏的这个产品他是要负责的，当他自己拿起铁锤，砸他自己生产的冰箱的时候，对他的心理冲击是非常大的：这是自己生产的产品，现在由自己亲手来把它砸坏，亲手销毁它。对他来讲，今后从自己手里就不应该生产不好的产品。

"一开始每个人首先要解决观念问题，解决思路问题，如果观念不对、思路不对，不管你采取什么措施，具体包括设备、技术，都不一定会收到效果。"㊀

在张瑞敏看来，质量上的小小差异，实质上反映了质量观念上的巨大差异。如果不能解决这种观念上的差异，便无法真正解决产品质量问题。他认为，全面质量管理的核心在于转变质量的价值观，而非单纯依靠数理统计方法。因此，海尔在推广全面质量管理的过程中，将重点放在如何改变员工的质量观念上。

张瑞敏的远见在于他准确预见到企业的经营环境将发生重大变化：短缺经济时代的生产与市场观念终将被淘汰。对当时的企业来说，树立"有缺陷的产品就是废品"的理念无异于跨越生死线。而一旦短缺经济时代结束，无法提供高质量产品的企业也将无法存续。

张瑞敏的这一锤，唤醒了海尔全体员工的质量意识：谁生产了不合格的产品，谁便是不合格的员工。这一观念的确立，让员工的责任感迅速增强，企业因此具备了坚实的质量管理基础。每位员工在各自的岗位上精益

㊀《海尔创新史话》，胡泳、郝亚洲，机械工业出版社，2015。

求精，“精细化，零缺陷”成为全体员工的共同追求与实际行动。

2. 一根头发丝关联的质量

“砸冰箱”事件发生后，青岛电冰箱总厂对质量管理更加严格。1986年，时任工厂总工程师和副厂长的杨绵绵亲自负责质量管理工作。在一次例行检查中，她在一台冰箱的抽屉里发现了一根头发丝，随即下令工人停止生产。正在紧张生产的工人们对突然停工感到疑惑，不明白发生了什么事。杨绵绵将大家召集到这台冰箱前，指着里面的头发丝给他们看。当时，员工们认为只要将头发丝取出即可，但杨绵绵不仅决定停产整顿，还将所有已包装待运的冰箱全部追回，并逐一拆开检查，坚决不允许带有任何瑕疵的产品流到用户手中。不少员工觉得这是小题大做，认为要求过于严格。但杨绵绵严肃地说：“抓质量就是要连一根头发丝都不放过！”她还指出，这不仅仅是一根头发丝的问题，更是质检体系的大问题。最终，所有冰箱检查完毕，确认没有其他问题。虽然费了一番功夫，但员工们感到收获颇丰，质量意识又提升了一个台阶，开始理解了精益求精的质量。

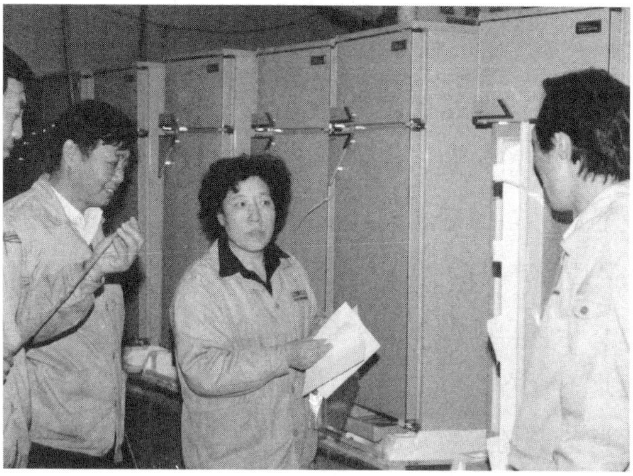

时任副厂长的杨绵绵在生产车间抓质量

世界著名的管理学家德鲁克有一句话："观念的改变并没有改变事实本身，但改变了我们对事实的看法。"意识到这一点的员工，对质量的要求自然也会不同。

3. "庆功会"变成"挑刺会"

1988 年，青岛电冰箱总厂在电冰箱国家质量奖评选中以最高分荣获了中国电冰箱史上第一枚质量金牌，从此奠定了海尔冰箱在中国电冰箱行业的领军地位。全厂员工听到这个喜讯后十分激动，欢欣鼓舞。员工们在厂内敲锣打鼓，迎接从北京领奖归来的张瑞敏厂长。张瑞敏刚一回厂，立即召集了全厂的中层干部开会。大家都以为厂长是要开一个庆功会，然而，令大家想不到的是，会上，张瑞敏厂长只是简单介绍了一下北京领奖的情况，随即便召开了一次特殊的质量会，给中层干部们展示了一封用户来信。起初，大家还以为这是一封用户的贺信，但听着听着便意识到，信中写的是用户对冰箱的一些改进意见。张瑞敏在会上点名批评了相关部门的负责人。随后，他要求大家将有问题的冰箱集中摆放在一起，并贴上标有责任人名字的标签，让每位责任人亲自查找问题。原本以为的庆功会就这样变成了一场"挑刺会"。会议的召开，使与会者没有沉浸在获奖后的庆贺中，而是激发了大家的工作动力，所有人越来越深刻地认识到**"质量改进是一个没有终点的持续性过程，停滞就意味着开始倒退"**。

以质量取胜，向质量要效益

1989 年之前，全国的冰箱市场一度供不应求。不论是什么品牌、质量，也不论是什么功能、款式，几乎所有冰箱都能在市场上畅销。同一时期的其他企业，如万宝、雪花、香雪海等冰箱生产企业，规模都比海尔大很多，它们的冰箱产量高、销售快。现在担任海尔集团董事局主席、首席执行官的周云杰在当时负责一线的销售工作，看到这种情况，他从销售角度提出了扩大产量的建议。然而，张瑞敏却告诉他："做企业要耐得住寂寞，高楼大厦的地基不能与三层楼的地基相比。即使别人已经盖到三楼，我们还在地下，我们必须首先夯实基础！"张瑞敏的一席话给周云杰留下深刻记忆。质量永远是第一位的，深深融入周云杰的脑海中。面对"要质量还是要规模"的抉择，在张瑞敏的带领下，海尔做出了非常明确的选择。在市场紧俏、需要排队提货的情况下，海尔坚守质量底线，没有盲目增加产量。

1. 用户追随的是质量

1989年起，全国冰箱市场销售开始出现疲软，各地冰箱厂纷纷挂出"跳楼价"，有的价格甚至降至原价的50%。然而，在这种情况下，海尔并未随波逐流，反而将售价上调了12%。让人意想不到的是，市场对海尔的举措反响强烈，涨价后的海尔冰箱反而热销，供不应求。"以质量取胜，向质量要效益"，海尔人对质量的追求向前迈出了一大步。质量驱动的战略初见成效。张瑞敏说："这件事对海尔以后的很多事都影响非常深远，它给我一个提示：**只要你是真心对市场、对用户，市场和用户就会永远忠于你。**"[1]

与海尔形成鲜明对比的是，当时大幅降价的冰箱企业积压大量库存，导致一些厂家破产倒闭。1989年成为中国冰箱业的一道"坎"，冰箱厂由1985年鼎盛时期的110多家骤减至50多家。至今，周云杰在回顾那段历史时还对员工们说：

"张总在面对'要质量还是要规模'的选择时，坚定地选择了坚守质量底线。**守住质量底线，使海尔打磨出了一支高素质的员工队伍，建立了完善的质量管理体系**。我认为这件事对海尔至关重要，因为它解决了海尔的生死存亡问题。"

---

[1] 《海尔中国造之竞争战略与核心能力》，胡泳，海南出版社，2002。

2. 砸冰箱的影响穿越时代

在“砸冰箱”事件 10 多年后的 1996 年，海尔的一位叫霍庆林的用户说他在《中国证券报》上看到一篇题为《三年看长虹，五年看海尔》的文章，讲述了张瑞敏用大锤砸掉 76 台有质量问题的冰箱，这一举动唤醒了海尔人对质量的重视。这篇文章让他深受震撼。他回忆道：“(20 世纪) 80 年代物资极度短缺，我家的家电还是领导写了批条才买到的。当时，张瑞敏前瞻性地预言市场终将从供不应求走向供大于求，我相信他一定会带领海尔做大做强。从那时起，我成了海尔的股东，并将海尔的先进理念应用到我的管理工作中，取得了显著效果，最终我也从一名普通干部成长为我们分厂的厂长。学习海尔，让我获得了财富和事业的双丰收。”（来源：海尔集团内部资料《智家快讯》，2024.9.11）

2002 年 10 月 22 日，以张瑞敏“砸冰箱”事件为题材的电影《首席执行官》上映，著名导演吴天明在影片中原封不动地引用了张瑞敏的质量宣言：“有缺陷的产品就是废品。必须把这些废品都砸了，只有砸得心里流血，才能长点儿记性。今天不砸了这些冰箱，将来人家就会来砸咱们的工厂。”“砸冰箱”事件不仅在海尔的发展史上具有里程碑意义，也在中国质量管理史上留下浓厚的一笔。这一事件不仅唤醒了海尔人的质量意识，成为海尔追求卓越质量文化的起点，更开启了中国企业重视产品质量管理的全新时代，具有里程碑意义。“砸冰箱”事件塑造了员工的精神——**“要么不干，要干就要争第一”**。这种观念和精神支撑海尔从小到大、从弱到强。**2009 年，“海尔大锤”被中国国家博物馆正式收藏。**

创名牌，打造中国产品的高质量形象

1994 年，张瑞敏在中国质量发展高层论坛上发表题为《企业要坚持走名牌效益型发展道路》的演讲时说："创造名牌要坚持以质量为核心。质量就是满足规定的和潜在的要求。符合性的要求包括规定的和潜在的两方面的要求，那么作为工作标准就要充分考虑到市场和用户的要求。在工作和生产时，就必须要做到 100% 满足各种要求，这是企业的核心。达不到规定的要求是不合格，满足不了潜在的要求是缺陷，不合格和有缺陷的产品或服务谈不上名牌。因此**质量是核心，是基础，是生命线**。"

用质量铺就名牌之路

国际标准化组织发布的国际标准 ISO9000：2015《质量管理体系　基础和术语》中对质量的定义是"客体的一组固有特性满足要求的程度"。张瑞敏带领海尔人用他们的实践诠释了这个定义，即质量就是要满足符合性要求，而符合性要求包含了规定的和潜在的两方面的要求。作为海尔的工作标准，那就是最大限度满足市场和用户的需求，力求做到 100%。

1. 创名牌，核心在于产品的高质量

海尔创业的第一个七年，是创建名牌的战略阶段。海尔的名牌之路是用质量铺就的，一步一个脚印。对于质量与品牌之间的关系，海尔有着清晰的认识，没有高质量就没有好品牌。海尔在 1985 年时就提出："创名牌，核心在于产品的高质量。"正是以质量起家、靠质量发展、用质量树立品牌的坚定信念，使海尔在行业普遍扩大产量、片面强调规模效益的状况下，成为"不入流的另类"，始终把抓产品质量、抓管理质量放在第一位，在家电行业独树一帜。

张瑞敏在谈到海尔创品牌的经历时说："在我们刚刚创业的时候，中国还处于短缺经济，任何产品都是供不应求，你只要能生产出来就能卖出去，商家都抢着来拉货。有了产量就有销量，有了销量就有丰厚利润。所以那时所有企业都在拼命上产量，进口生产线。但是那时候我们就认识到，利

润不是企业的目的，仅仅关注当前的高额利润不能保证我们明天的生存。我们反而改抓质量，表面看起来我们的利润少了很多，和我们差不多（规模）的企业有的产量超过 100 万台，我们却不到 10 万台。但是，当供求关系发生变化以后，许多企业一夜之间都倒闭了，我们反而站稳了脚跟。这让我深刻体会到**创造顾客才是企业的灵魂**。”㊀

“创造顾客”，这是企业家博大的胸怀！

2. 海尔冰箱走进北京“四大商场”

在张瑞敏的带领下，海尔从一开始就对质量有着高标准的认识。在许多企业将产品分为一等品、二等品、三等品和等外品，并且这些产品最终都能出厂的年代，海尔就树立了“有缺陷的产品就是废品”的质量理念，奠定了海尔的质量意识和品牌意识，并将这种质量理念上升为海尔人的敬业报国、追求卓越的企业精神。在创业初期，海尔能迅速成为中国家电行业的第一品牌，首要因素是其高质量冰箱的稳定性和可靠性。

那还是在 20 世纪 80 年代，在计划经济向市场经济转型的初期阶段，百货商场是家电产品的主要销售渠道。在北京，东安市场、北京市百货大楼、西单商场、东四人民市场（后来的“隆福大厦”）这“四大商场”的销售影响力非常大，为使产品能进入这四大商场销售，生产企业之间的竞争颇为激烈。由于海尔创立时间较晚，也是最后一家获得批准资质的国家定点冰箱厂，1985 年才用进口零件组装出第一批冰箱，当时市场知名度还不高，进入这四大商场难度很大。进入这四大商场有助于提升海尔冰箱的市场影响力，有助于让海尔为用户打造最喜爱冰箱的誓言被更多客户见证，让更多的消费者知道，海尔生产冰箱的目的不仅仅是盈利，更是要创立一个用户最喜爱的冰箱品牌。

㊀《海尔创新史话》，胡泳、郝亚洲，机械工业出版社，2015。

通过一系列的媒体宣传介绍，四大商场对海尔冰箱的高质量和高技术水平开始关注，尤其是听到海尔冰箱的用户亲自讲述为什么能接受海尔冰箱比日本进口冰箱价格更高，看到海尔冰箱与日本进口冰箱的现场测试，采用德国技术的海尔冰箱能够实现比日本进口冰箱更快冷冻。商场对海尔冰箱的质量刮目相看。在销售过程中，海尔还郑重做出了“不开箱，不插电”的承诺。在今天看来，这是理所当然的，但在当时却是创新性的举措。那时有些冰箱质量不过关，用户购买后通常需要当场插电测试制冷效果。海尔敢提出“不开箱，不插电”，是因为对自身产品质量有着极大的信心。事实证明，海尔的自信绝非盲目，而是产品质量确实经得起考验，这让用户对海尔冰箱的信赖和喜爱进一步加深。

随着用户对海尔冰箱的认可，从西单商场开始，四大商场先后开始认可海尔冰箱。1986 年 4 月 16 日，四大商场同时开售，从一大早开始，购买海尔冰箱的顾客便排起了长队，那个场面令商场的销售人员颇感震惊。正因为海尔树立了打造品牌的目标，才使得四大商场携手助力，海尔冰箱赢得越来越多用户的喜爱。

严格的质量把控铸就海尔品牌

为创建中国名牌，海尔从一开始就严格按照国际标准安装设备、组装流水线。在引进设备的同时，海尔还引进了 1942 条德国 DIN 标准，经过消化吸收，将其中多项转化为企业内控标准。在产品实现国产化的进程中，零部件严格执行内控标准，发现质量不达标时，宁可停产也绝不降低标准。张瑞敏提出的“下道工序是用户”的理念在企业得到认真落实。海尔还依靠“三检制”（自检、互检、专检）对生产过程进行质量控制。与此同时，海尔开始了质量控制小组活动，强化员工的自主管理意识，及时解决已出现或即将出现的问题。为正确处理产量与质量的关系，海尔实行了严格的质量否决权。

1. 向质量品牌要效益

追逐高质量目标，借助先进技术，海尔推出的每一款产品都达到了行业的顶尖水平，如四星级双门冰箱、大冷冻室冰箱、宽气候带小王子冰箱等，一直受到消费者青睐，引领市场消费潮流。海尔的品牌价值不断提升，品牌含金量日益增加。

世界著名的质量管理专家菲利浦·克劳士比在《质量免费》一书中提出，质量是免费的，质量不仅是免费的，它还是一棵实实在在的“摇钱树”。[⊖] 海尔通过自身对质量的高度重视，很快得到了回报。

1988 年，海尔冰箱的产量仅占国内电冰箱总产量的 2%，但在电冰箱国家质量奖评比中，以最高分夺得了中国电冰箱史上第一枚质量金牌。当年那些亲手砸掉不合格产品的工人，捧着这枚金牌感慨万分：“如果没有当初的砸冰箱，怎么会有今天的金牌啊？”1990 年，海尔先后获得了国家颁发的企业管理“金马奖”和“国家质量管理奖”。1991 年，在全国首次评选“中国十大驰名商标”时，成立仅 6 年的海尔成功入选。

国家质量管理奖奖牌

⊖ 《质量免费》，菲利浦·克劳士比，中国人民大学出版社，2006。

从1984年12月到1991年12月，7年的时间里，海尔专注于冰箱产品，未涉足其他产品领域。从最初单一的电冰箱到完整的冰箱系列，海尔从无名之辈发展成全国冰箱金牌品牌。这7年表面上只专注于一个产品，但通过这款产品，建立了质量体系，培养了一支高效的团队，使这批人具备了生产出更多高品质产品的能力。海尔不仅创立了一个名牌，还打造了一支铸造名牌的团队，为未来的多产品生产奠定了坚实的基础。

随着持续的努力和改进，海尔品牌旗下的冰箱、空调、洗衣机、电视机、热水器、电脑、手机、家居集成等18种产品先后被评为中国名牌。其中，海尔电冰箱和洗衣机入选当时国家质检总局[⊖]评选的首批“中国世界名牌产品”名单。2013年，海尔集团荣获了首届中国质量奖，这是我国质量领域的国家奖项，是质量的最高荣誉。实践也证明了质量是海尔创立名牌的基石，铺就了海尔的名牌之路。海尔的名牌战略带动了集团整体质量的全面提升。

创业10年后，1994年，张瑞敏在中国质量发展高层论坛上发表了题为《企业要坚持走名牌效益型发展道路》的演讲，他说：

“我国经济发展已进入了一个由数量型经济向质量型经济转变的新阶段。在这个阶段中，企业如果不把创造名牌产品置于企业各项工作的首位加以研究解决，就会严重影响企业的生存与发展。**改革开放的实践证明，我国涌现出的各个行业的‘排头兵’，无一不是靠创造名牌而发展起来的。**

“市场经济条件下，企业的质量意识实际上应该是包括了名牌意识的质量意识，它较之计划经济条件下的质量意识有着质的飞跃，它更加注重市场和用户的需求，致力于树立商标在公众心目中的形象和知名度，并借助名牌求得全方位的良性循环发展。计划经济条件下的质量意识则注重于内部的工作和产品质量符合规定的标准，市场导向不够，缺乏和外部公众、

⊖ 2001年4月，国务院组建国家质量监督检验检疫总局，简称国家质检总局。

用户的有机联系，导致了完全符合标准的优等品却大量积压、滞销的现象。名牌不可能产生在不敢或不愿竞争的企业围墙之内，没有创出名牌的企业在市场经济条件下不可能长久稳妥地高速发展。

……

“总之，**中外过去、现在成功企业的经验，都是一部辉煌的名牌创业史，走的都是创造名牌、巩固名牌、发展名牌之路**。今后企业发展也将再一次证明：**名牌效益型发展道路，将成为市场经济条件下企业良性化发展的必由之路**。”

2. 联合舰队的创建理念

为了充分发挥品牌效益，1991年底海尔集团成立时，提出了“联合舰队”的管理理念：像联合舰队，每艘舰只都具备独立的战斗力，争当行业先锋，实现1+1>2的效能。张瑞敏说：“在市场竞争中，有名牌，但没有规模，名牌便无法保持和发展；有规模而无名牌，规模便无法保持发展。因此，**海尔创出名牌后，必须走规模经济的道路，组建联合舰队**。”㊀

在联合舰队的打造中，海尔在质量、项目和资金方面实行统一控制，在其他方面则放开经营。尤其在质量控制上，海尔通过内部审核认证的方式，确定新加入集团的企业是否符合使用海尔商标的要求，从而既保障了海尔驰名商标的声誉不受损害，又使新进入海尔集团的企业加快质量管理改进的步伐。

海尔在内部设立了HR五级认证制度（HR为Haier的缩写），按照这一制度决定是否允许新加入集团的企业使用海尔商标。五级认证制度明确规定，为了用质量维护品牌形象，海尔的咨询认证中心专门负责考察新归属海尔的产品的质量。所有新加入的企业，最初仍使用原品牌，只有逐级

㊀《海尔是海：张瑞敏的管理艺术》，汪洋、康毅仁，民主与建设出版社，2002。

通过认证后，才允许打上“海尔”商标。有些兼并过来的企业，甚至需要一年半时间才能通过认证。通过这一机制，海尔不仅确保了品牌的含金量，还提升了整体竞争力。例如，1992 年加入集团的冷柜和空调厂，都认真履行了这套认证程序。

3. 从中国名牌到世界名牌

1997 年 12 月 26 日，张瑞敏在海尔创业纪念日发表讲话表示：“根据美国相关统计，兼并和多元化是高风险的经营活动，不成功的比率约为 60%，风险很大。但截至目前，海尔采取的战略都还是比较成功的。海尔的思路形成了一个三角形结构：三角形的第一个边是指技术创新的来源是市场需求；三角形的第二个边是指研究开发的成果必须经过质量保证体系和服务体系的把控，给用户提供最好的质量和服务；三角形的第三个边是指用户接受这个产品后再反馈新的需求，从而再进入技术创新领域。这个三角形不断地螺旋上升，就保证了海尔的发展。”

多元化之后，海尔向国际化和全球化品牌战略发展，海尔的产品和服务由国内走向全球，收获了来自不同国家、不同地区的用户的认可。由一个冰箱名牌发展成家电名牌，再由家电名牌发展成中国名牌，再到世界名牌，海尔品牌不断增值的背后是海尔持续的战略创新——名牌战略、多元化战略、国际化战略、全球化品牌战略……（详见第 6 章　以质量品牌开拓全球市场）。

2006 年 1 月 8 日，首届“中国杰出质量人”颁奖大会在北京隆重举行。张瑞敏与中国质量事业的重要奠基人和推动者袁宝华先生、中国全面质量管理的开拓者刘源张院士共同获得“中国质量领域最高荣誉奖”。专家们对唯一获此殊荣的企业家张瑞敏的评价是：在他的领导下，海尔在 21 年的发展历程中始终将质量视为企业和品牌发展的坚强后盾，**以卓越的质量缔造了中国民族品牌迈入世界品牌之林的传奇。**

创新管理模式，从 OEC 到市场链

2005 年张瑞敏为德鲁克《卓有成效的管理者》中译本作序，他这样写道：“通过日清工作法的推行，使一个濒临倒闭、开不出工资的集体小厂不仅迅速扭转了亏损，而且提高了整体管理素质，解决了当时在管理上普遍存在的无效无序的问题，这也使我们于 1988 年在行业中以劣势小厂的地位战胜许多优势大厂，摘取了中国冰箱史上的第一枚质量金牌。这枚金牌要归功于日清工作法，更要归功于德鲁克先生。”㊀

海尔的 OEC 管理法

在中国企业中，海尔堪称善于吸收并发展国际先进管理经验的典范。海尔擅长将国外管理经验与中国文化和企业实践相融合，创造出适合企业自身发展的管理方法，这一点在质量管理方面尤为突出。1989 年，张瑞敏在全面质量管理的基础上，结合中国企业的特点，创新出以**“日事日毕，日清日高”**为理念的“OEC 管理法”，其中，“O”代表“Overall”（全方位），“E”代表“Everyone、Everything、Everyday”（每个人、每件事、每天），“C”代表“Control and Clear”（控制和清理），意指全方位地对每个人每天所做的每件事进行控制和清理，概括为“日事日毕，日清日高”：每天的工作当天完成，而且每天的工作质量要较前一天提高 1%，所以也称日清工作法。日清工作法的核心在于“日高”，即每天都要进步，每天都要提升。北宋《二程集・河南程氏遗书》中有言：“君子之学必日新，日新者日进也，不日新者必日退”，说的正是这一理念。海尔的 OEC 管理法对当今海尔的质量管理依然具有重要意义。

㊀《卓有成效的管理者》，彼得・德鲁克，机械工业出版社，2005。

1. OEC 管理法的三体系

海尔的 OEC 管理模式不仅是对全面质量管理的深化与提升，也代表着中国企业质量管理自我创新模式的初步形成。OEC 管理法由三个体系组成：目标体系、日清体系和激励机制。

（1）**目标体系**在实施时运用目标管理的方法，首先将总目标分解为各部门的子目标，再将子目标分解为每个员工的具体目标值，使全公司总目标具体落实到每位责任人身上。通过层层分解，总体目标做到“总账不漏项”，而执行单位或个人的目标明确、具体，实现“事事有人管，人人都管事”。

（2）**日清体系**是确保目标实现的支持系统。海尔在实践中建立了一个每人、每天对自己所从事的每件事进行清理和检查的日清控制系统。它包括两个方面：

一是“日事日毕”，即当天发生的各种问题（异常现象），需在当天查明原因，明确责任，并及时采取措施处理。例如，员工们使用的“3E”卡便是用来记录每个人对每天每件事的日清过程和结果的。3E 卡全称为“3E 日清工作记录卡”，“3E”代表每个人、每件事、每天三个英文单词的首字母。在这张卡片上，每个员工每天的 7 个工作要素（安全、质量、产量、物耗、工艺操作、文明生产、劳动纪律）被量化为价值，并在下班时与标准进行对照，记录完成情况。员工们首先进行自我审核，然后上报给上一级负责人复核。复核是将员工的工作进度、工作质量与标准进行比对，并给予 A、B、C 不同等级的考评结果。每人的日考核结果根据各自的考评等级确定，并记录在 3E 卡上，月末凭 3E 卡统计绩效情况。

二是“日清日高”，即对工作中的薄弱环节不断改进、持续提升。要求员工“坚持每天提高 1%”，以此推动在 70 天内使工作水平翻倍提升。

（3）**激励机制**是确保日清控制系统正常运转的保障。海尔在激励政策上坚持两大原则：

一是公开、公平、公正。例如，在质量管理上使用质量责任价值券。员工们人手一本质量责任价值券手册，手册中整理了企业生产中以往出现的所有问题，并针对每一个缺陷明确规定了自检、互检、专检三个环节所应负的责任及其价值。质量责任价值券分为红、黄两种，红券用于奖励，黄券用于处罚。

二是有合理的测量依据。质检员发现缺陷后，当场撕下黄券，由责任人签收；操作工在互检中发现缺陷，质检员确认后当场撕下红券，对责任人予以奖励。同时，对于漏检的操作工和质检员，撕下黄券进行处罚。各项奖罚合理且明确，确保奖罚分明、员工们对此心服口服。

OEC 管理法是动态质量管理的核心理念。通过时时掌握质量动态变化，做到及时改进，坚持“日事日清”；通过持续日常改进，逐步提升员工素养和企业整体管理水平，摒弃追求一时轰动效应的会战、突击、献礼等形式主义的管理方式。OEC 管理法的先进之处在于，针对员工能否按标准执行工作，制定了一个可操作、可衡量的标准，实现了质量管理的可控性。

2. 融入了 6S 管理方法的 OEC 管理系统

海尔将 6S 管理方法融入 OEC 管理系统中，形成了海尔独具特色的创新管理模式与成功实践。海尔的“6S 大脚印”是这种创新模式和实践的体现。在车间里，入口和作业区的显眼位置设计了一个 60 厘米见方的图案，上面印着一双绿色的大脚印，被称为“6S 大脚印”。大脚印正对着一块牌子，上面写着“整理、整顿、清扫、清洁、素养、安全”。这 6 个词的英文首字母都是“S”，因此该区域被称为“6S 自检站”。每天班前会，车间班长会站在此处总结当天的 6S 工作表现，表现较差的员工站在脚印上反省自己的工作。质量管理、工艺改进的明星员工会受邀站在“6S 大脚印”上，接受表彰。

为让 6S 理念深入人心，海尔的冰箱制造车间里流传着一个“穿白袜子走现场”的故事。质量管理人员穿着白袜子在总装线、发泡线等区域检查物料，一圈走下来，如果白袜子保持干净，说明生产现场整洁达标；否则，即为不合格。地面整洁不仅能保证产品质量，也能改善员工心情，这需要所有员工的共同努力。“穿白袜子走现场”的目的在于树立员工精细化的管理观念。被检验后的白袜子会悬挂在车间里，员工能直观看到现场改善的成果，这些感官刺激强化了员工对目标差距的认识，促使他们不断改进，为消费者提供精细化的产品。通过“穿白袜子走现场”，海尔展现了对实现用户满意度最大化的追求与实践。

德鲁克在《卓有成效的管理者》一书中说：“管理好的工厂，总是单调无味，没有任何激动人心的事件。那是因为凡是可能发生的危机早已被预见，并已将它们转化为例行作业了。”张瑞敏曾引用这句话来阐述 OEC 管理模式的核心思想，他说：没有激动人心的事发生，说明企业在运行过程中各方面都正常，而这只有通过每天每个瞬间的严格控制才能实现。张瑞敏在该书中文版的序言中提到：

“这让我们认识到有效管理的重要性。要做到有效管理，就必须防患于未然，将例外管理转化为例行管理。当时，我们结合企业的实际，创造了‘日清’工作法，即‘日事日毕，日清日高’，将每项工作的目标细化落实到每人、每天，营造出**‘事事有人管，人人都管事’**的氛围。无论是大到一台设备，还是小到一块玻璃，都有人负责。每天在下班前根据目标检查工作完成情况，通过‘日清’对结果进行总结，并将其与员工的奖惩激励挂钩，形成了目标、日清和激励三者的闭环优化和良性循环。”

海尔“日事日毕，日清日高”工作法的原理与国际标准 ISO9001《质量管理体系要求》的核心精神非常吻合，都是强调通过过程控制来实现结果的稳定。基于此，1992 年 4 月，海尔较早地顺利通过了 ISO9001 认证。这一认证标志不仅代表着海尔的管理体系已符合国际标准的要求，也验证了 OEC 管理模式与国际标准的接轨。

日日清管理法—国家级企业管理现代化创新成果证书

1994 年，“日日清管理法”荣获国家级企业管理现代化创新成果一等奖。海尔的 OEC 管理模式既是对全面质量管理的深化和提升，也标志着海尔质量文化体系的正式形成。

通过 OEC 管理法，海尔在企业内部形成了人人负责、事事落实的良好氛围，既提升了整体工作水平，又促进了员工个人素质的持续提升。

市场链管理模式

随着不断地实践摸索，1998 年，海尔在 OEC 管理模式的基础上提出了市场链管理模式，并提出“每个人都是一个市场，每个人都有一个市场”的理念。主要目的是将每位员工的利益与市场紧密相连，使每道工序、每个人的绩效来源都基于自身的市场贡献。这一模式又进一步强化了海尔员工的市场意识和责任感。

1. 市场链管理模式的内涵

市场链管理模式是将企业内部的上下流程、工序和岗位之间的关系从传统的单纯行政机制转变为平等的买卖关系、服务关系和契约关系。每个流程、工序和员工的收入都来自其所服务的顾客（即其市场）。也就是说，在企业内部，每位员工既面对一个市场，自身也成为一个市场，拥有对市场索赔的权利，同时承担对市场负责的责任。企业内部的市场链包括信息→开发→制造→售前→售中→售后→信息的闭环结构，以用户的潜在需求确定产品的竞争力，以用户的问题作为开发课题，以用户的要求制定质量标准。质量保证从设计到回访再到设计，贯穿于每个环节，形成一个闭环的过程，通过各个环节的相互推动，促使质量工作水平整体上升。

2. 市场链管理模式的三机制

市场链管理模式的核心是将企业内部的各个部门和员工转化为市场的参与者，通过“索酬、索赔、跳闸”三项机制（简称 SST 机制，以三个词语汉语拼音的首字母命名）来实现内部市场化运作。

（1）索酬是指员工通过为下道工序或市场提供优质服务而获得收益。此时，上道工序即为下道工序的供应商，而下道工序则相当于市场。上道工序能否满足下道工序的需求，直接影响其绩效。

（2）索赔是指当上道工序提供的产品或服务未能达到下道工序的需求时，下道工序有权向上道工序提出索赔。

（3）跳闸是指当上下工序之间的索赔问题无法协商解决时，由第三方（如质检人员）介入，以确认问题并执行相应的索赔措施。

在海尔的市场链管理模式中，**每个人都是一个市场，每个人都有一个市场**。该模式使海尔的产品、服务及内部工作提升到更高的质量水平。1999 年 12 月 8 日，《海尔人》报上刊登了一个名为“宋秋花被索赔之后”的故事。

宋秋花是洗衣机事业部吸残水工位的一名操作工，由于洗衣机内残水超标，她被索赔了 20 元。虽然金额不大，却对她产生了极大的震撼，她说:“操作方法和标准都一样，以前从未有人要求过我索赔，为什么现在出现了问题？”正是 SST 市场链管理模式的作用，让她意识到下道工序即用户，以前没有被索赔是因为没出现问题，现在用户提出了要求，问题就必须得到解决。她明白了:“问题既然出现了，再细微的问题也要找到解决的办法！”于是，宋秋花在工作中仔细观察自己的操作方法和设备情况。一次偶然的机会，她发现了吸水器与洗衣机管接口处有一道很细微的缝隙。她慢慢将手放到接口处，“哦，还有吸力！”这正是问题的根源所在，宋秋花发现了残水超标的原因。找出原因后，她立即着手研究解决方法。经过反复琢磨，她在吸水器的接口处放置了一个自制的海绵垫，有效解决了残水超标的问题。后来，她的这项小发明还被赋予了正式命名。在海尔，因一张索赔单引发的创新故事激励着员工不断追求更好。

3. 以“市场链”为纽带的流程再造

海尔通过“市场链”作为纽带进行流程再造，对原有的业务流程进行了彻底的重组，强调用整合的流程取代被职能分割的碎片化流程，使每一个流程都以用户为中心，切实做到用户化。海尔的市场链管理模式是在 OEC 管理模式基础上的重要升华。这一模式的理论基础源于国际上流行的业务流程再造理论，该理论由管理学家哈默和钱皮在 20 世纪 90 年代提出。可以说，海尔在名牌战略和多元化战略阶段奠定的全面质量管理和 OEC 管理的实践经验，是“市场链”模式成功推行的关键基础。

海尔自 1998 年开始的市场链流程再造模式，在组织结构上实现了扁平化管理。该模式将原来的职能式金字塔结构转变为扁平化结构，减少了管理层次，进而有利于实现企业与市场的零距离接触。通过拆除企业内部各职能部门之间的“墙”和企业与外界之间的“墙”，使企业更贴近市场，与市场融为一体，能够直接感受到市场的压力。这一转变使海尔的职能式金字塔结构转变为横向的流动结构，通过 SST 管理手段来保障产品质量，提高工作效率，最终提升了用户满意度。

2001 年 2 月，海尔的市场链管理模式荣获第七届国家级特等管理创新成果奖，这标志着海尔在管理创新方面获得了国家层面的认可，也展示了市场链管理模式对中国企业界的重要意义与深远影响。

同年 8 月，全国质量管理评审小组在海尔集团进行评审，张瑞敏在交流中介绍："我们比较早地达到了 ISO9001 质量体系的要求。ISO9001 质量体系更多的是强调了职能管理，更多的是静态地保证质量；现在的市场变化太快，组织结构不能停留在职能式的管理，因为它没法对市场快速做出反应。但是 ISO9001 质量体系是基础，没有这个基础不行。在体系质保的基础上，我们发展到了市场链的质保。主要是把外部市场内部化，内部员工与员工之间的关系是市场的关系，**人人都有一个市场，人人都是一个市场**，通过这种相互之间的强化和制约，使每个人都能跟着市场来创新，**最终使每一个员工都能通过创新满足市场的个性化需求**。"

OEC 管理法和市场链管理模式为海尔后来的"人单合一"质量管理模式奠定了重要基础。"市场链"帮助海尔在全球市场一体化的形势下获得了竞争优势，受到了欧、美、日管理界人士的高度关注和认可。在 2002 年出版的《大话管理 100 年》一书中，加拿大知名管理专家迈克尔 · D. 波顿，以漫谈的方式，从最早的"科学管理"讲到当前的"流程再造"。在探讨流程再造的最后一章中，波顿以"神奇来自东方"为题，深入研究分析了海尔自 1999 年开始的市场链流程再造。他写道："在张瑞敏的带领下，海尔循序渐进地进行企业流程再造，这正是海尔能够在伟大的东方古国中国长期屹立不倒的根本原因。""我们曾经对东方的海尔进行过独立研究，不得不叹服这个来自东方的奇迹！"（来源：《神奇来自东方——读迈克 · D. 波顿的〈大话管理 100 年〉》，海尔集团官网，2003.2.12）自此，海尔的市场链流程再造在国内外的企业再造案例中被确立为典型的成功案例。

第2章　用户定义质量标准

用户永远是对的，质量在用户心中

1998年12月，在海尔创业14周年纪念会上，张瑞敏提出："我们的质量标准并不是简单地符合国标或国际标准，而是**以用户的要求为质量标准**。"

在人类社会的发展历程中，每一次质量领域的创新都推动了技术进步、经济发展以及人们生活品质的提升。纵观全球质量管理的发展史，不得不提到全面质量管理和六西格玛等享誉世界的质量管理方法。全面质量管理的推广和应用，使日本产品一度成为全球高质量的代名词。凭借卓越的产品品质，日本企业赢得了世界的广泛认可，为当时日本经济的发展做出了重要贡献。而六西格玛自美国通用电气成功实施后迅速推广至全球，从一种制造业质量控制方法逐步演变为跨行业流程改进的通用工具，成为全球质量管理的重要基石。

以用户为中心的质量观

改革开放以来，我国积极借鉴和学习日本、美国、欧洲等国家和地区的先进质量管理理论与实践，并将其融入本土企业的管理实践中，显著推动了我国产品质量的提升。早在 1978 年 8 月，日本著名质量管理专家、东京大学名誉教授石川馨率团访华，向中国介绍了日本的全面质量管理模式，为我国质量管理的提升提供了宝贵经验。以海尔为代表的中国企业在认真学习和吸收国际先进质量管理经验的基础上，开辟了一条具有自身特色的发展道路。从创业初期，海尔便将质量管理的核心聚焦于用户需求，提出“质量标准由用户定义”的理念，强调“合格不是标准，用户满意才是标准”。因此，海尔的质量管理不仅注重性能标准，更注重用户体验，彰显了**以用户为中心的管理智慧**。

1. 用户永远是对的

在海尔内部会议上，海尔集团创始人张瑞敏曾引用古希腊神话中的故事生动阐释了用户对企业的重要性。故事中的安泰俄斯是大地女神盖亚的儿子，与大力神赫拉克勒斯搏斗时，只要双脚触地，就能从大地母亲那里获得无穷的力量，始终立于不败之地。然而，一旦被赫拉克勒斯举离大地，安泰俄斯便失去了力量，最终被击败。张瑞敏借此比喻：“用户就是我们的大地，我们要永远脚踏实地，不离开这片大地。”（来源：海尔集团微信公众号，《张瑞敏：用户就是我们的大地，我们要永远脚踏实地，不离开这片大地》，2019.2.28）这一理念贯穿于海尔管理的方方面面，尤其是质量管理领域。自砸冰箱事件后，海尔提出了“用户永远是对的”的核心理念，通过倒逼机制推动员工素质提升，并明确了两个原则：**原则一，用户永远是对的；原则二，如果你感到用户是错的，请参考原则一**。基于此，海尔创新性地推出了“质量跟单”制度。既然用户永远是对的，就必须清楚如果用户不满意，具体责任人是谁。因此，海尔的每台冰箱上都贴有一个质量跟单，标明每道工序的责任人。产品售出后，如出现问题，可以进行追溯。这一机制强化了员工与用户之间的紧密联系，确保每个人都意识到自己的工作直接影响用户的体验。

相比传统的质量意识，海尔的质量观已实现了质的飞跃：它不再仅仅关注产品本身的性能，而是更加注重市场和用户需求。在那个即使质量稍差产品也能卖得出去的时代，海尔率先树立了以用户为中心的质量观，开创了以用户需求驱动质量提升的新路径。

2. 用户的难题就是海尔的课题

“用户永远是对的”这一理念赋予了海尔独特的使命：用户的难题就是海尔的课题。正是基于这一理念，20 世纪 90 年代，海尔开发出小小神童洗衣机、画王子冰箱、大地瓜洗衣机等一系列备受用户喜爱的创新产品。

那是在 1996 年，一位四川农民投诉海尔洗衣机质量差，排水管经常堵塞。维修人员上门后发现，这位农民用洗衣机清洗沾满泥土的地瓜（红薯），导致排水管堵塞。事情的起因是当年地瓜丰收但却滞销，农民需要把地瓜加工成薯条，加工之前必须先清洗干净。由于用传统的人工洗涤方法费时费力，于是尝试用洗衣机清洗地瓜。这一特殊需求启发了张瑞敏，他大胆地提出：发明一种可以洗地瓜的洗衣机。1997 年，海尔正式立项研发“大地瓜洗衣机”，1998 年 4 月批量投产。这款洗衣机不仅具备普通双桶洗衣机的功能，还能清洗地瓜、水果甚至蛤蜊，售价仅 848 元。首批 1 万台投放农村市场后迅速售罄，深受用户欢迎。

这一创新不仅引发国内市场的强烈反响，还吸引了国际关注。英国《金融时报》记者专程赶赴青岛采访，给出的评价是：“一个企业能将市场开发得如此精细，这样的企业必然无往而不胜。”海尔洗护领域专家吕佩师在 2024 年 9 月接受《中国高新技术产业导报》采访时回忆说：“1997 年农民用洗衣机清洗地瓜的需求，促使海尔进行了技术创新。”针对清洗地瓜的高要求，海尔研发了排沙能力强和密封性极高的洗衣机，即使放入一袋沙子，也能顺利排出且密封性良好。

类似的创新理念还体现在海尔的其他产品中。例如，针对农村地区的鼠害问题，海尔设计了防鼠网空调、冰箱防鼠后盖板和洗衣机防鼠底座；针对有的地区用电环境不稳定等问题，海尔开发了防漏电保护装置及带防漏电插座的冰箱，消除了漏电引发火灾的隐患。

海尔每一款新产品的推出，都体现了海尔"以用户为中心"的质量观。随着时间的推移，海尔在用户心中成为可信赖的质量丰碑。一些用户在网络上自发地分享自己的使用体验：

- "我家海尔冰箱用了31年，从未维修，也未添加任何液体。旧冰箱'退役'后仍舍不得丢，继续当储物柜用。"
- "家里三台空调和冰箱都是海尔的，用了十几年都没有出现问题。"
- "海尔是白电的王者！我家海尔冰箱、洗衣机已用25年，新家装修还是只选海尔。"

质量是由用户定义的

凭借卓越的质量管理，海尔先后获得国内外多项权威奖项。2001年9月，在全国质量管理奖颁奖大会上，专家们一致认为：通过17年的不断追求与坚持，海尔不仅完全达到了产品的质量检验标准，还不断开发满足用户潜在需求的产品，海尔人为质量赋予了更深刻的内涵。2006年1月，在获得首届"中国杰出质量人"时，张瑞敏在获奖感言中就阐述："几十年的管理使我深刻体会到，**质量的高标准由用户定义**，而用户的需求千变万化。真正的高质量来源于不断创造新需求、满足用户需求。**我们应将用户的抱怨视为最好的礼物，用我们的真诚赢得用户的信赖**。"这段话道出了海尔对质量的不懈追求，也诠释了海尔成为全球家电行业领导者的核心原因所在。

1. 用户定义质量标准

2013 年，张瑞敏为《朱兰质量手册》（第六版）作序，对“质量标准由用户定义”的理念进行了深刻阐释。他写道：**“质量标准由用户定义，而非企业定义。”**在他看来，改革开放初期，中国处于卖方市场，产品供不应求，企业只需关注“狭义质量”，即符合国家质量检验标准即可。在这一阶段，消费者的需求非常单一，能够买到产品，便已满足，对产品质量要求不高。一个典型的例证是，当时的家电产品出厂可以分为一等品、二等品、三等品，都在市场上畅销，甚至连等外品都被抢购一空。而随着社会经济的发展，中国逐步进入买方市场，物资从短缺变为过剩，消费者与企业之间的矛盾也随之转变：从“能否买到”变成了“能否卖出”。在这一背景下，企业必须在满足狭义质量标准的基础上，追求更高层次的“广义质量”。广义质量的内涵已经超越了产品本身，涵盖了从设计、制造、营销到服务的全产业链、全过程。在买方市场中，用户对产品的选择不再取决于企业对质量的定义，而完全基于自身的个性化需求和使用体验。这一变化对企业提出了颠覆性的要求：传统质量管理的观念、流程、方法以及评价体系都面临重构。

用户的需求不再是单一的，而是多样化、个性化的。用户体验成为衡量质量的核心标准，企业必须从用户视角出发，创新产品和服务，以满足甚至超越用户的期望。

张瑞敏的论述不仅精准地揭示了质量管理理念的转型，也为企业在新时代如何实现用户驱动的质量创新指明了方向。通过这一理念的践行，海尔在全球家电行业中确立了以用户为中心的质量管理体系，不断引领行业变革与发展。

2. 用户满意才是最终标准

“用户永远是对的”这一理念的核心在于，**检验合格并非质量标准，用户满意才是最终标准**。海尔认为，控制、检测等基础质量管理固然重要，但仅仅满足这些标准要求还不够。真正的质量管理是企业系统性的高质量管理与每位员工高素质的有机结合，通过满足用户需求去赢得市场。当然，海尔人明白，要达到满足用户需求的目标，首先要从基础质量管理做起。

早在 1998 年，海尔便投资 1.5 亿元建立了国内家电行业最大的综合性检测基地，配备 12 个整机专业检测实验室和 18 个零部件专业检测实验室，能够完成 500 多项标准、2000 多个项目的测试。当年首次获得了中国合格评定国家认可委员会（China National Accreditation Service for Conformity Assessment，CNAS）的认可，这也是电气领域第一个获得 CNAS 认可的企业实验室。到如今，海尔全球检测中心已拥有 1000 多个专业实验室，覆盖安全、性能、电磁兼容性（EMC）、静音、运输、可靠性、智能家电等整机专业检测领域以及电脑板、电机、压缩机、橡塑、钣金等模块专业检测领域的检测能力，可通过全维度严格测试保障产品高品质。更重要的是，海尔全球检测中心已取得 20 多个国际权威机构和国内相关机构的检测数据互认。海尔基于覆盖宽泛的检测能力和严苛的产品检测，为海尔产品满足用户需求奠定了坚实的基础。

然而，海尔始终认为，这些检测只是必要条件，而非充分条件。在市场经济条件下，即使产品达到了“国家标准”或“国际标准”，只要用户不满意，企业就无法赢得市场。海尔的质量管理哲学要求每一位员工提升自身素质，将用户满意作为最终目标，从而实现“用户永远是对的”的承诺。

2013 年，海尔内部孵化的创业小微[㊀]“雷神”推出首批笔记本时，用户反映屏幕亮点问题影响使用体验。虽然国家标准允许液晶屏存在三个以下亮点，但雷神决定以用户满意为核心，借此重新定义产品的质量标准。雷神团队首先为所有受影响用户提供免费换屏或现金补偿服务，还承担人工

㊀ 小微是由创客根据用户需求在海尔平台上自主创建的，具有独立决策权、用人权及分配权的独立运营创业团队。

和上门服务费用。随后，由用户投票达成共识：选择高于国家标准的、100%无亮点的完美屏幕方案。用户认可并接受每台笔记本成本增加 300 元。从此，雷神承诺 100% 完美屏，杜绝亮点问题。这一事件在业内引起了较大反响，被称为“亮点的救赎”，不仅大幅提升了用户对雷神品牌的信赖度，还使“质量标准由用户定义”的理念在海尔更加深入人心。这也标志着消费者与企业之间的价值交互进入了新阶段。

类似的案例还有海尔空调。曾经有一位贵阳的用户反馈空调制热效果差，售后服务人员发现，从生产流程反馈的空调各项数据均符合国家标准，但在用户所在的高湿环境中确实制热效果欠佳。为解决此问题，海尔特别组织团队赴实地调研，查找问题所在。研发和管理团队围绕特定的高湿环境，进行制热功能优化，开展了十几项改进的专题研究，找出了解决方案，满足了用户需求。这种“不拘泥于标准值”的创新思路，是海尔“以用户满意为核心”质量理念的又一案例。

3. 质量标准是动态的

2016 年 1 月张瑞敏在接受《工人日报》采访时说：“没有质量就没有海尔的今天，但是，我们的质量标准与其他一些企业不太一样的地方，就是我们的是动态的，永远根据用户的需求来做。”（来源：《张瑞敏首席赋予质量新含义》，海尔集团官网，2016.1.11）

随后，2016 年 6 月 28 日，张瑞敏在“全面实施质量强国战略专题研讨班”上发表了题为《质量标准是用户定义的》的演讲，他强调：“产品再完美无缺、再无懈可击，不等于受用户欢迎，受用户欢迎的产品是由用户自己来决策的。因此，质量的标准也是由用户定义的。也就是说，**质量标准一定是动态的，不是静态的。**”

质量标准是动态的，张瑞敏的这一观点不仅明确了用户对质量标准确定的核心地位，还进一步推动了质量管理的动态化与个性化转型。40 多年来，海尔坚持“用户永远是对的”的质量观，从家电领域的先行者成长为中国质量进步的一面旗帜，其质量管理模式引发了跨行业、跨领域的企业学习风潮，不仅推动了中国企业的质量管理创新，更为世界提供了一个独具特色的“中国方案”。通过以用户需求驱动质量管理，海尔在全球范围内展现了中国企业的创新能力与服务意识，让“用户满意才是标准”的理念成为全球质量管理的新标杆。

没有交互就没有真正的质量

没有与用户的互动，就不可能有满足用户需求的产品。而没有满足用户需求的产品，质量就无从谈及。换句话说，没有交互就没有真正意义上的质量。

赋予质量新的含义

张瑞敏认为，正因为质量标准是由用户定义的，所以质量没有恒定的标准，它需要根据用户需求的变化不断进行动态优化。例如，日本企业的产品质量一度享誉全球，但近年来，一些日本企业的业绩表现下滑，并非因为产品质量内在出现了问题，而是因为未能及时洞察并响应用户需求。企业应根据用户的个性化需求，重新定义质量。随着用户体验的不断变化，企业必须随时跟进。对此，《工人日报》曾指出：**“张瑞敏赋予质量新含义”**。

许多公司在测试、检验、修整、售后等与质量相关的环节上，往往投入过多成本。而张瑞敏则强调，质量问题不应是“亡羊补牢”，而应是“未雨绸缪”。也就是说，企业在推出产品时，要充分与用户互动，确保产品精益求精，并根据用户反馈持续迭代和改进。

1. 持续满足用户需求

2016 年 6 月 28 日，张瑞敏在“全面实施质量强国战略专题研讨班”上，深刻阐述了海尔的质量观念、质量机制和质量创新。他表示：

（质量观念、质量机制和质量创新）三者之间其实是一个逻辑关系，如果没有正确的质量观念，就不可能建立一个正确的质量机制；建立了正确的质量机制之后，如果没有自我突破、自我颠覆，就不能够再进行质量创新，那么，质量就不是真正受用户欢迎的质量。而且，这三者其实都是以用户为中心的。质量观念就是“用户永远是对的”；而质量机制，不管建立的是什么样的机制，本质就是一定与用户融合在一起，一定是企业和用户双赢。如果是零和博弈，只有我自己赢，这个机制是不可能持久的；质量创新是由用户定义的，因此就要根据用户需求的变化不断地去变化。

“用户永远是对的”，我觉得这里头有两个意思。第一，既然用户永远是对的，那么你的标准只有一个——满足用户需求。不能够说我现在的水平不够，还需要经过几年的锻炼、磨炼，最后才能达到用户的要求。可能很多企业会说：“我现在还有很大的差距，我准备过几年怎么怎么样，才能达到某个质量的标准”，其实这是错误的，用户不可能等你。如果让用户来等你，就是自我淘汰。第二，在产品质量上，假如以不变应用户之万变，则错在企业。因为昨天的质量非常好，就以昨天的质量来决定明天的用户需求，可是用户需求是万变的，你跟不上，错误一定在于企业，而不在于用户。

2. 满足用户体验的持续迭代

持续与用户互动，并根据用户不断变化的需求迭代产品质量，已成为海尔人内心深刻的烙印，也为用户带来了不断创新的体验。

2006 年，时任青岛海尔洗衣机有限公司洗衣机研究所所长的许升，收到了一封来自上海浦东新区退休职工夏女士的来信。信中提到，她发现洗衣桶容易变脏，担心影响健康，希望能为洗衣机增加“自动清洗”功能。

许升高度重视这一需求，经过调研发现，这是一个具有广泛代表性的用户诉求。于是，海尔团队开始着力研发能够自净的洗衣机。为了从根本上解决问题，而非仅在桶脏后再进行清洗，他们锁定了“智慧球”清洗方案。这个 12 毫米的小小智慧球，能够在洗衣过程中同时完成洗桶功能，从源头上防止“脏桶”问题的产生。经过 6 年的艰苦探索和反复试验，免清洗洗衣机终于成功上市，并迅速引爆市场。随着用户需求的变化，许升团队在接下来的 5 年里，陆续推出了一系列免清洗的创新产品，2014 年的“智慧球”、2016 年的“桶间无水”、2019 年的“无外桶”等，让消费者不断体验到健康洗衣的升级。

质量迭代带来终身用户

为了满足不断变化的用户需求，企业需要不断探索新技术、新方法和新理念，这驱使企业在研发、生产、管理等各个环节进行持续创新。这种创新能力的培养不仅提升了产品质量，还增强了企业的竞争力。同时，通过不断迭代，企业积累了宝贵的经验与数据，为未来的发展奠定了坚实的基础。

1. 海尔空调的创新迭代

在世界创意经济研究中心（ICEC）发布的 2012 年度十大影响世界的创意产品中，海尔空调帝樽圆柱系列柜机作为家电行业唯一入选的产品，受到了极大的关注。海尔空调帝樽圆柱系列柜机拥有 18 项授权专利。该系列产品上市后迅速受到用户热捧，首年销量达到 15 万套。由此，全球空调行业在柜机产品形态的变革上也迎来了分水岭，圆柱形态颠覆了传统方形柜机。

对于海尔空调而言，空调的形状变革只是一个开始。随后，根据用户对静音的需求，2014 年帝樽系列进行首次迭代，推出了行业内首款静音效果最佳的圆柱形空调。

2015 年，海尔推出空调的“自清洁”技术，成为引领行业健康的风向标。

2016 年，海尔第三代圆柱形空调亮相，成为首款“感应空调”，在除甲醛、超静音、自清洁的基础上，加入了全场景舒适送风功能。

2017 年，海尔圆柱形空调净界系列问世，实现了全屋净化仅需一刻钟。

2021 年，海尔推出行业首款“会洗空气”的圆柱形空调，再次树立了一个有助健康功能的标杆。

自帝樽空调问世以来，围绕用户体验的不断迭代，海尔圆柱形空调已经创造了超过 1000 万套的销量。这些技术创新和产品迭代，源自海尔对用户需求的深入洞察。

2. 海尔产品都在创新迭代

类似空调产品迭代的案例在海尔屡见不鲜。海尔的产品都在迭代的路上。如烤箱原本是传统的家电产品，但海尔将其推向了一个新的高度。通过与用户建立社群互动，海尔收集了大量用户反馈，形成了一个“烤圈”。例如针对烤法国点心等问题进行不断改进和迭代。

在冷柜领域，海尔根据用户的反馈不断进行迭代升级。曾有部分用户提出冷柜结霜和分区设计的问题。海尔冷柜团队在三个月内走访了大半个中国，深入了解近千位用户和经销商的需求。由此，海尔推出了创新的 200 升卧式冷柜，采用燕翼式环抱送风方式，使冷冻能力提升了 38.8%；同时，集成式加隐藏式风道设计，100% 释放了卧式冷柜顶部的有效使用空间。新的 200 升中高端冷柜一经上市，迅速成为热销产品。

根据用户需求不断进行质量迭代是海尔确保产品和服务持续满足甚至超越用户期望的关键策略。正因为在质量和科技上的不断创新，海尔能够灵活应对市场变化，及时调整和优化产品特性，更好地满足用户需求。通过持续改进，海尔不仅提高了用户满意度，还在用户心中树立了优质的品牌形象，增强了品牌忠诚度。

在海外也是如此。2019 年，海尔生物㊀凭借其爆款产品——太阳能疫苗冰箱，成功进入乌干达市场，并迅速占据了约 70% 的市场份额。在持续的服务与互动中，海尔生物捕捉到了客户的新需求，并为产品增添了远程控制系统，以便实时监控每台冰箱的温度，确保疫苗的安全储存。在使用过程中，乌干达客户提出了新的个性化需求——当地的卫生站不仅负责接种疫苗，还承担接生工作，客户希望在疫苗冰箱内增加一个分隔空间，以便保存催产素。海尔生物随即调整了产品的内部结构，满足了这一需求。随后，海尔生物的海外市场团队发现，接生工作有时需要在夜间进行，而当地缺乏电力，这给夜间接生工作带来了困难和安全隐患。为此，海尔生物整合资源，为乌干达客户提供了太阳能照明系统，解决了电力不足的问题。

海尔生物的这些举措为其赢得了市场好评和终身用户，并推动了企业的创新与进步。2018 年 6 月 14 日，张瑞敏在和我带队的质量小团队进行交流时说道：

质量管理的一些工具和手段，其实都是必要条件，不是充分条件。充分条件就是始终和用户的体验结合到一起。

孤立起来看质量其实是没有质量。比方说冰箱或者洗衣机，质量不高、功能不行，产品肯定不行。但是现在用户要的不只是一个冰箱，而是新鲜的食品。要的不只是一个洗衣机，而是衣服的全流程洗护。

没有交互，就没有真正的质量。交互才能真正根据用户的要求不断改变。美国经济学家说：21 世纪企业的竞争力最后体现在谁拥有的终身用户

㊀ 青岛海尔生物医疗股份有限公司，海尔集团旗下企业，简称海尔生物。

多。终身用户是怎么来的？就是用户有一个体验需求，你给解决，用户又有新的需求，你又迭代，体验可以不断升级，一直升级到什么程度？升级到找别人可能满足不了，只有找你，这就变成终身用户了。

张瑞敏的一席话，启迪了我们对终身用户的深刻理解。

引导消费，从走进市场到培育市场

1994 年 9 月 25 日，张瑞敏应邀在中国质量高层论坛发表演讲，他表示："仅仅跟着用户走是不行的，以销定产是最基本的市场经济规则，是被动地顺应市场。只有主动地驾驭市场、创造市场、引导消费，才能走在前列，领先于竞争对手。即不要去全力挤占已有的市场份额，而要靠超前的科学的预测和决策，推出最新成果，创造新的市场，引导消费趋向。"如同吃蛋糕，不是去分享既定的蛋糕，而是自己做新蛋糕。随后，在 1995 年中国质量高层论坛上，张瑞敏再次强调，"高质量"的内涵已经远远超出了仅仅符合工厂或国家标准的范畴，而是要适应市场的需求，并且利用高科技来创造市场、引导消费。

引导消费，创造市场

2016 年 6 月 28 日，张瑞敏在全面实施质量强国战略专题研讨班上发表题为《质量标准是用户定义的》的演讲，他表示：

"德鲁克在《管理的实践》里有一句话：'关于企业的目的，只有一个正确而有效的定义——创造顾客。'所有的关于质量的问题，对企业来讲，说到家不要光盯着质量的要素是什么、质量的方法是什么。全世界的工具怎么用，那是战术手段，重要的一条是创造顾客。从创造顾客这个角度出发，可以解决很多问题。"

张瑞敏的话提示了这样的理念：好的公司只是能够满足需求，而伟大的公司则能够创造顾客、创造市场。

1. 探寻用户的潜在需求

对海尔来说，高质量不仅仅意味着产品的耐用性和性能好，更重要的是要创新性地满足用户的潜在需求。海尔提出，不以自己的水平为上限，而是以用户需求倒逼自己，要不断满足用户的潜在需求。秉持这一原则，海尔不断创造出“第一”和“唯一”的产品，并且不断否定自己的旧产品。

20 世纪 90 年代，洗衣机和冰箱、彩电一起成为结婚的“三大件”。那时，我国整体居住条件还不是很好，有些家庭房屋面积较小，对于洗衣机的使用存在诸多不便。如不使用时将洗衣机放在一个地方，使用时再搬到另一个地方。由于每次使用都要来回搬动，通常就会一次性洗很多衣物。而到了夏天，由于要洗的衣物数量较少，为免去搬动洗衣机的麻烦，人们几乎就不再使用洗衣机。而且，在很多人眼里，洗衣机不仅费水费电，还使用不便，因此形成了洗衣机夏季的销售淡季。

受到“没有淡季的市场，只有淡季的思想”启发，海尔洗衣机研发团队敏锐地意识到，用户并非没有洗衣需求，只是缺少符合需求的洗衣机，这便是用户的潜在需求。

2. 满足用户潜在需求的创新

探寻到用户的潜在需求，海尔启动了迷你洗衣机的设计与研发。那时的研发工程师舒海，现已成为海尔智家大研发平台主，他回忆道：“当时行业内并没有这种产品。我们研发这款产品就是为了满足用户在夏季清洗小件衣物的需求。为了让用户在当年夏天就能使用这款‘小小神童’迷你全自动洗衣机，我们必须在四个半月内完成开发。对于一个从零开始设计的新项目来说，这几乎是不可能完成的任务。为赶时间，团队决定从接到任务的当天起就在公司住下，全身心投入研发。那段时间，我们每天工作到深夜，睡在电脑旁，早上醒来继续工作。经过研发团队的日夜奋战，这款洗 3.3 公斤衣物的小容量洗衣机终于按时间进度要求问世了。”

接下来，如何让用户接受这款迷你洗衣机呢？如何以用户易懂的方式向用户传达？经过团队互动，找到了一个切入点：既然用户担心洗衣机费水费电，那就给用户算一笔账：例如，洗 3.3 公斤衣服只用 0.1 度电。当时，洗衣机厂的总经理柴永森认为仅靠这一点还不足以打动用户，大家继续探讨，找到了一个更加容易理解的算法比喻：“1 度电可以洗 33 公斤衣服，而 33 公斤衣服足够装满一小平板车。也就是说，1 度电可以洗装满平板车一整车的衣服！”这一形象化的比喻让用户很容易理解，这款小小神童洗衣机一经推出，便一炮而红。1997 年 7 月 26 日，上海百货大楼内 109 台小小神童洗衣机在 30 分钟内售罄，创造了洗衣机销售的“淡季神话”。

直到现在，担任海尔智家大研发平台技术中心链群㊀主的许升仍然感叹那一刻：“那件事震撼了我年轻而迷茫的心，从此以后，一切以用户为中心、为用户创造价值的理念成了我今生的信念。”

从用户中来，到用户中去

从创造顾客这个角度看，在每个年代，海尔都能提前洞察、提前创新、提前满足用户需求。从 20 世纪 90 年代的分体式空调到 21 世纪初的防电墙热水器，再到 21 世纪 10 年代的双子洗衣机、21 世纪 20 年代的全空间保鲜冰箱，海尔有很多从用户中来到用户中去的典型案例。

1. 冰箱保鲜技术带来高度认可

通过深刻理解用户的需求，海尔创新保鲜技术，提供了更精细的食材

㊀ 链群，即“生态链小微群”，是由为满足同一用户需求，不同职能的小微自发聚合而成的组织。

存储解决方案，进而改善了消费者的购物和生活习惯，提升了消费者的生活质量。

这一技术的研发始于2014年。那时，海尔冰箱的研发团队在入户调研时关注到一个稀松平常的现象：因为一般蔬菜在冰箱放置时间长了，就会变蔫，甚至被扔掉，所以用户通常是每隔两三天就得去买新鲜蔬菜。研发团队从这一情况中读出了“言外之意”：可否延长蔬菜在冰箱里的保鲜状态，让用户不用频繁买菜？研发团队开始思考这个课题。

中国人的饮食结构多样，食材的多元化和饮食偏好的地域性决定了用户的保鲜需求也多样且复杂：广东人爱囤煲汤的干货，西北人对牛羊肉的口感要求颇高，沿海地区冰箱里有鱼虾是常态，南北方的水果各有各的存储条件。当瑶柱、鲜鱼、蔬菜和茶叶同时放置在冰箱里，传统的“一刀切”保鲜方式必然满足不了需求。

研发团队开始探索一种能够同时提供多种存储环境的分储保鲜技术。于是，2014年，研发团队提出了以食材细分为核心的保鲜理念，把研发焦点从产品转移到食品，把冰箱的核心功能由制冷转化为制冷+食品保鲜，让冰箱不止“存得住”，还能“存得鲜”。

研发团队由此开始研究食材的存储特性。他们发现，对于蔬菜而言，关键的储存条件是湿度。这成了海尔冰箱干湿分储保鲜技术的研发开端。根据食材对存储湿度要求的不同，将部分冰箱的空间分为干区和湿区。干区湿度维持在45%左右，适合存放茶叶、药材、干货海味等；湿区湿度达到90%左右，让果蔬保持饱满多汁。

这个新模式一经推出，就立刻刷新了消费者对冰箱保鲜的理解。为了测试冰箱的保鲜效果，消费者在家中、服务人员在销售门店中，用真实的果蔬进行测试，7天之后，冰箱对果蔬的保鲜效果让消费者大开眼界，海尔的保鲜冰箱让消费者又多了一种选择。与此同时，干湿分储也开始成为行业的共识。

自此以后，海尔冰箱的保鲜技术又经过数次迭代，干湿分储、红外恒温制冷、控氧保鲜（MSA）、磁控冷鲜等技术陆续推出。2017 年，使用了控氧保鲜技术的“卡萨帝 F+ 自由嵌入式冰箱”受到用户的格外青睐，这款售价 2 万多元的高端冰箱引爆了市场，保鲜技术赢得了市场的高度认可。

回顾历史，海尔对冰箱保鲜技术的研发，本身就是在创造用户：当时在业界基本上都以冰箱容积、耗电量、制冷速度等性能为主导，很少考虑如何提升性能来满足消费者的需求。而今，冰箱需要“存得鲜”已经成为用户心中的普遍需求。这一转变不仅仅是为了追求技术的提升，更重要的是海尔从用户需求出发，主动探索市场需求的潜在层面，从而“创造”了新的消费趋势。特别是“存得鲜”的理念，突破了传统冰箱的单一功能，将产品与用户的实际需求紧密结合，从而塑造了新的市场竞争格局。

海尔冰箱的保鲜技术充分展示了从“创造顾客”到“创造市场”的思维转变。可以说，世界的冰箱业在海尔的带领下进入了“保鲜”时代，家电的巨头们纷纷把保鲜作为冰箱研发的重点。2023 年，海尔的全空间保鲜冰箱零售额突破 100 亿元，在家用电器一种品类里的表现就超越一般单个品牌的销量。2024 年，**海尔家用保鲜技术荣获了国家科学技术进步奖二等奖。**

2. 以用户为中心充实高质量的内涵

从用户中来，到用户中去，这是一个良性的循环，也是海尔冰箱保持领先的基本法则。以用户为中心，为用户多想一层，比行业快走一步。唯有如此，才能把握住时代的脉搏，引领行业前行。海尔通过这种创新的管理理念和实践，不仅推动了海尔从注重基本性能的阶段，向关注用户体验和需求细化的方向发展，也推动了更多家电巨头在技术和市场方向上的变革。海尔“以用户为中心”的理念，已经成为行业质量文化建设的标杆。

管理的绩效靠实践检验，海尔以用户为中心的创新实践丰富并充实着

“高质量”的内涵。引导消费，意味着给用户提供所需的“价值”，而不是简单的制造商生产的“产品”。正如2009年张瑞敏在接受《哈佛商业评论》采访时所说：“我们运用了德鲁克的方法，要求所有的高管每天问自己三个最重要的问题：第一，我们的业务是什么？第二，我们的顾客是谁？第三，顾客认为什么是最有价值的？我们为什么要求高管这样做，是因为顾客的需求每天都在变，如果故步自封，明天就跟不上顾客的要求了。你必须挑战自己固有的思维，打破自己过去的成功，不要自以为是，要自以为非。这样的话，管理者就会不断思考‘我现在的业务流程有什么问题，我现在给顾客创造的价值还差什么’，我们就能不断地改变和提高。”

海尔的成功之道不是单纯提供产品，而是深刻理解并预见用户的需求，通过技术创新和产品迭代来引导市场，进而创造出超出用户预期的价值。这种以用户为中心的模式得到了市场和消费者的高度认可，成了“高质量”管理和创新实践的经典范例。

第 3 章　高质量产品源自高质量人才

企业即人，质量掌握在员工手中

“质量的关键问题究竟在哪里？”1993 年 7 月，张瑞敏在《党建》杂志发表文章《我的人生坐标——争雄国际市场》，首次提出了这个振聋发聩的问题。他指出：“经过分析我感到：人是质量中最关键的因素。第一流的产品应该是第一流的人干出来的，质量实质上是职工整体素质的体现。”在张瑞敏看来，质量不仅是技术的标准，更是由每一位员工的创造力和责任心共同塑造的成果。

质量的第一要素是人

从创业初期起，张瑞敏就坚信，“人的品质决定产品的品质”，即质量的第一要素是人，而非产品或技术本身。他认为，优秀的产品是优秀的人干出来的；只有每一位员工的素质都得到提升，企业的整体质量才能真正实现质的飞跃。他清醒地认识到，在人、财、物、时间、空间等多种要素中，人是企业发展的核心，既是主体，也是活力的源泉。这一理念贯穿了他带领海尔前行的数十年，他也为此持续坚持实践与探索。

1996年12月，美国《家电》杂志刊登了对张瑞敏的专访，文章特别强调了他对人的重视："张先生总是回到人的因素，无论如何，这决定了他本人及其企业未来的成功。"在专访中，张瑞敏说："我们按国际通行的业务标准培训人员。**高质量的产品是由高素质的人生产出来的，这就是管理哲学的核心。**"

1. 员工质量意识是企业发展的核心动力

2013年6月，在清华大学研修班青岛高端论坛上，张瑞敏进一步阐释："如果只强调技术和设备，那只是条件之一，而更重要的是人。如果创业初期，我们将松下的设备搬过来，或者让我们的人去松下工作，能否生产出松下质量的产品？答案是不能。因为那时海尔人的素质还在培养之中。**归根到底，质量就是人，没有高素质的人，就没有高品质的产品。**"这一观点在2021年11月第13届全球德鲁克论坛上，又再次被张瑞敏强调："**质量并非技术问题，它最终是人的素质问题。**海尔之所以质量不倒，就在于始终抓住人的管理不放松。"

海尔始终将员工的素质提升与质量意识的培养视为企业发展的核心动力。通过一系列实践，如"砸冰箱"事件和"日清日高"管理模式，海尔持续深化这一理念。张瑞敏常说"企业即人"。他曾指出："最为重要的是提高工人及管理人员的素质，我们必须充分发挥他们的潜能，其次是如何发挥我们其他的资源优势。""**我的任务就是创造出一个合适的环境，在此环境下使每个人都能发挥和贡献才能。每个人都有其特殊才智和素质。**"[㊀] 通过以人为本的管理哲学，海尔不仅实现了高质量的产品输出，也为企业的长远发展奠定了坚实基础。

按照张瑞敏的管理理念，海尔投入了大量资源提升员工素质。为建设

㊀《海尔是海：张瑞敏的管理艺术》，汪洋、康毅仁，民主与建设出版社，2002。

一流员工队伍，海尔采取了诸多措施。

- **国际化培训标准**：从创业初期起，海尔便引入国际通行的业务培训标准，帮助员工提升专业能力。
- **严格的质量管理流程**：通过高标准的质量管理制度，倒逼员工不断提高个人素质。
- **公平公正的激励机制**：通过透明的机制激励优秀员工脱颖而出，为企业发展注入新动能。海尔坚信，通过提升员工的素质和质量意识，企业能够持续保持高质量的标准。优秀的员工队伍成为海尔持续提升质量的根本力量。

2. 培养人，用一流的技术和标准武装员工

为了掌握世界最先进的电冰箱生产技术，1984 年，海尔的前身青岛电冰箱总厂，选择了与德国利勃海尔公司合作，引进德国先进技术。当时，许多中国企业也都热衷于技术引进，认为先进的技术和设备是生产高质量产品的关键。然而，那时的张瑞敏有着更深刻的洞察：光靠技术远远不够，人是质量的关键。只有高素质的人才，才能生产出高质量的产品。

（1）派员赴德国学习。

海尔派出的赴德学习团队由时任总工程师杨绵绵任团长，成员来自冰箱产品设计、制造工艺和质量检测等领域。在给培训团队送行时，张瑞敏特别强调：“我们借钱引进设备，上马冰箱项目，成败在此一举。你们承载着全厂员工的重托，要认真学习利勃海尔的技术，尽早生产出全国一流的冰箱。”那时除海尔之外，还有另外两家家电企业也前往德国引进技术。虽然都是培训，但对待培训的状态还是有区别的。周末时间没有培训安排，海尔派出的 20 多名技术人员没有一人像其他企业的培训人员一样出去旅游，全都选择了投入学习。他们不仅吸收技术，还加班加点翻译和整理资

料，将德国严谨的质量标准带回国内。

那时，利勃海尔拥有 1942 条工业标准，而中国的冰箱企业没有一条标准。海尔团队不但接受了生产培训，还在一个月内全面消化了这些标准，整理了上千页技术文档，几乎每天都工作到深夜，甚至是凌晨。他们的专注和敬业让德国人惊叹：“这些来自青岛电冰箱总厂的中国员工，不一样！”

赴德国利勃海尔培训的人员夜以继日地学习

赴德团队回国后，立即在全厂开展全员培训，推动形成积极学习技术、追求卓越质量的企业文化。1985 年底，海尔实现了当年上项目、当年安装设备、当年试生产、当年扭亏为盈的“四个当年”目标。此后，海尔不断派出技术人员赴海外培训，进一步提升员工技能，逐步建立起坚实的技术和管理基础。

（2）实施严格的质量管理流程。

除了引进先进技术，海尔还建立了严格的质量管理流程，推动员工素质的持续提升。2004 年 12 月，张瑞敏在海尔创业 20 周年研讨会上发表了关于“发展是硬道理”的讲话：

“在海尔发展过程中，在提出“**有缺陷的产品就是废品**”以后，如何来做呢？就是要找到重点。非常简单，就是在最后下线这道工序上卡住，只要是不符合要求、检验不合格的产品就不能下线，这一卡不要紧，全线都停了，有了这个重点之后一下子把所有问题都反映出来了，零部件的质量问题、人员的素质问题、工艺的问题，等等，于是在整个系统中对每一个环节进行优化。到了 1988 年，我们表面上拿到了中国冰箱史上第一枚金牌，但本质上我们得到的含金量最高的金牌是一支优化了的有竞争力的员工队伍。”

有竞争力的队伍也就意味着他们往往不满足于现状，他们会不断挑战自我，不断追求更高的质量标准，使质量达到新的高度。

2010 年，《财富》杂志中文版发表文章《发掘商业“真理”》，讲述了海尔对质量的不懈追求。例如，从德国利勃海尔引进设备和技术时，针对冰箱外壳的生产工艺，海尔坚持使用体现品质的喷粉技术，而非传统的喷漆工艺。可是当时的德国利勃海尔都还没有掌握冰箱外壳的喷粉技术。为实现此项技术，利勃海尔专门研制和组装了设备，研究并试验成功后，按照海尔的需求传授给海尔。

从先进技术的引进到产品质量的保证，再到质量管理水平的提升，海尔持续地向世界一流企业迈进。张瑞敏的管理悟性带领海尔在国内率先通过了由挪威船级社负责评审的 ISO9001 认证，海尔成为中国第一家获得该认证的家电企业。这不仅标志着海尔的质量管理达到世界级水平，也证明了德国技术已经完全融入了海尔的生产体系和质量管理之中。杨绵绵回忆，当时她和张瑞敏共同的想法就是证明海尔冰箱的品质，从而向世界展示中国制造的实力。

3. 鼓舞人，用员工的名字命名创新成果

对于内部涌现的质量创新人才，海尔从不吝惜给予认可和鼓励。其中，一种备受赞誉的方式是以员工的名字命名他们的创新成果。

1991 年，张瑞敏宣布以李启明的名字命名了他的一项技术创新：**启明焊枪**。李启明是海尔的一名焊接工，2015 年出版的《海尔创新史话》一书中收录了他的创新故事。

李启明天天泡在生产线上，琢磨怎么去解决一些生产瓶颈问题。“焊接是生产线上比较重要的一道工序，冰箱焊接点又多，一旦处理不好，就会直接影响冰箱的制冷效果。”

李启明对此仍记忆犹新：“当时我们用的是国内最小的 3 号焊枪，焊枪头长 7 ～ 8 厘米，喷出的火舌达到 15 厘米，焊接温度也有 1500℃。冰箱有七八条管路，焊接的时候绕来绕去，很不方便，不但影响焊接质量、生产节拍，还经常烧坏侧板。只好又为焊接工序加了一个用石棉板挡护侧板清焊工位。”

李启明想，如果有再小一号的焊枪就好了。当时国内冰箱产业生产刚起步，没有专用的钎焊焊枪。李启明在仔细研究家用电冰箱生产钎焊焊接工艺后，开始对焊枪进行改造。他说：“经过多次试验，我把焊枪头的角度从原来的 120 度改为 90 度，将焊枪头长度缩短一半，焊枪头的孔径也缩小了 0.3 毫米。经过这种改造，新焊枪火舌缩短为 8 厘米，温度也能控制在 800 ～ 1000℃，原来的问题就都解决了。”

海尔通过以员工名字命名创新成果，不仅认可了员工的个人贡献，还增强了他们对企业的归属感和忠诚度。这种做法让员工深切感受到自己的工作价值，激发了更高的创新热情。在这一机制的推动下，海尔成功营造了一种积极向上、勇于创新的企业文化。受这种文化氛围的感染，更多员工主动投身创新活动，形成了全员创新的良好局面。

海尔用员工名字命名创新成果

至今，海尔依然延续着用员工名字命名创新成果的优良传统。各个工厂通过创新发布评选出“每周之星”“月度冠军”“季度擂主”和“年度总冠军”。年度总冠军的名字还会被用于命名他们的创新发明，让员工的名字永远留存在工厂和岗位中。走进海尔的工厂，可以看到诸如“荣杰检测”“洪帅涂料”“春贵钻孔”“先利封头”等创新成果，每一项都凝聚着员工的智慧与贡献。员工真正把自己视为质量的主人，大批技术工程师和技术工人在海尔的平台上充分发挥才干，为海尔的质量发展提供了坚实保障。正是这种“人尽其才，才尽其用”的理念，使海尔的质量创新没有止境。

发挥每个员工的最大潜力

尊重人、解放人并释放每个人的最大潜力，是海尔 40 多年来始终践行的核心理念。正如张瑞敏在《海尔是海》中所言：“因为海尔确立了海一样宏伟的目标，就应该敞开海一样的胸怀。不仅要广揽五湖四海有用之才，而且应具备海那样的自净能力，使这种氛围里的每个人的素质得到提升和升华。海尔人都应是能者，而不应有冗者、庸者，因为海尔的发展需要各种各样的人才来支撑和保证。要把所有海尔人凝聚在一起，才能迸发出海一样的力量。”

1. 员工能翻多大的跟头，就给多大的舞台

为了鼓励优秀人才不断涌现，海尔从20世纪90年代就提出了“赛马不相马”的机制，即根据员工能力与成果，给予相应的舞台。正如《道德经》中所说：“天道无亲，常与善人”，即“道”是公开展示的，任何人都可以感悟和顺应，但能否领悟最终取决于自身能力。海尔的领导者秉持着这一公平原则，创造一个公平的平台，让每个人都能自由创新。在这一机制下，海尔的员工不仅感受到自身价值的存在，还获得了成就感。有很多鲜活的例子，展示了一批批年轻有为的员工成为海尔技术创新和质量管理的生力军。

（1）夏中良研究的发泡技术。

1988年7月，夏中良背着行李箱来到海尔报到，从此专注于冰箱发泡技术研究30余年。发泡技术是冰箱制造中一种重要的填充技术，直接影响冰箱的结构外观及保温制冷效果。

在20世纪80年代，发泡材料完全依赖进口，技术受制于人。夏中良和团队通过不断钻研，逐步打破了国外技术垄断，推动了发泡质量的提升。

20世纪90年代初，海尔对标欧洲先进技术，开始研究以环戊烷替代氟利昂的环保发泡技术。环戊烷无温室效应，不破坏臭氧层，但因易燃易爆，技术风险极高。在从实验室到工厂的切换阶段，夏中良和团队坚持在现场连续工作三天两夜，最终成功应用该技术，使海尔成为欧洲以外首个成功掌握并运用该技术的公司。

2011年，夏中良和团队又投入到更高难度的真空发泡技术研发中。为

了实现技术突破，他们从六个维度进行创新，实现了 135 项技术升级，获得 9 项发明专利。经过一年半时间的不断调试，团队成功建成**全球首条真空发泡生产线**，使海尔成为行业领跑者。“我初入海尔时，冰箱发泡时间是 720 秒，而如今缩短为原来的 1/10，并领先全球 20 秒。这是从跟跑到领跑的全过程，我为海尔感到骄傲！”回忆起这段历程，夏中良充满自豪地说。

（2）马坚的压缩机谈判。

1996 年，现任海尔大规模定制负责人的马坚当时还是一位 20 多岁的年轻员工。当时，他与日本某公司谈判压缩机技术改进事宜。对方代表是一位 50 岁左右的资深制造部长，最初对马坚不以为意。然而，在谈判中，马坚对压缩机技术性能、国际产品水平及价格体系的深入分析赢得了日方认可，促成了海尔的技术改进。马坚的谈判经历体现了海尔机制对年轻人才的激励与培养。

2. 现任董事局主席周云杰的成长经历

现任海尔集团董事局主席、首席执行官周云杰同样是在这一机制下成长起来的。1988 年，他大学毕业后加入海尔，不久便主动申请到基层冰箱二厂担任工人管理工作。他拜访了 20 多个技术员、工艺员和维修工，梳理从冰箱建厂以来遇到的所有问题，总结大家多年的经验教训，把这些内容整理成了 156 道工序卡，明确每一道工序怎么干比较好、怎么干不容易出错、出现错误以后如何处理等，为迅速处理生产遇到的问题和快速培训员工提供了技术和经验保障，不仅大大提升了生产效率，而且质量水平和工艺水平都成为全公司的学习样板。

1993 年，周云杰担任二厂厂长，首创冰箱双层生产工艺，生产效率提高近一倍。1995 年 7 月，周云杰开始担任海尔电冰箱事业部总经理，他把

“三高”作为高质量的前提。第一“高”是高质量的产品，有了质量高可靠的产品，才会获得用户对品牌的高忠诚度；第二“高”是高质量的体系，整合全球优质资源建立快速响应的全产业链体系，以高质量供应链保证质量的高稳定性；第三“高”是高质量的人，高素质的员工是高质量产品的根本保障。

周云杰借鉴日本丰田公司的全面质量管理和美国通用电气（GE）公司的六西格玛管理体系，结合中国文化和中国企业发展的现状，创建了以用户满意为中心、具有中国特色的质量管理体系；同时把国际质量标准融入生产经营的全过程，形成与之相对应的企业文化。

周云杰通过系统化管理和技术创新，不仅提升了产品质量，还为海尔的国际化发展奠定了基础。1999 年，年轻的周云杰被评为全国优秀质量管理工作者。2014 年，时任海尔集团轮值总裁的周云杰在内部交流时说：海尔不仅仅抓产品的高质量，而且特别关注在高质量的产品背后，有没有一个高质量的质量体系。在关注高质量的质量体系时，还要更加关注高质量人才队伍的建设，因为**队伍建设是企业可持续发展的根本保证**。

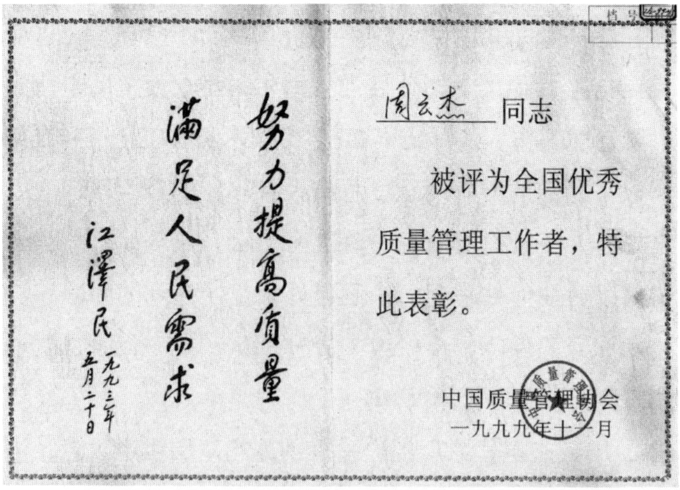

1999 年，年轻的周云杰被评为全国优秀质量管理工作者

人人参与，人人都是质量创客

“每个人都来关心自己的企业，每个人都认同企业发展的目标，企业才能爆发出不可思议的力量。”1997 年，在海尔创业纪念日，张瑞敏如是说。他特别强调，每个人的潜能是无限的，关键在于企业能否提供一个激发潜能的环境。基于这一理念，海尔将质量管理视为全体员工的责任，而不仅仅是质量部门的工作。通过提高全体员工的质量管理意识、能力和主动精神，海尔最大限度地释放了创新力和持续改进的动力。

每个人都是企业质量管理的主体

在 20 世纪八九十年代，我国质量管理尚处于萌芽阶段，大多数企业的关注点在产品的性能和检测手段上，而海尔的关注点已经向前推进了一大步，就是如何提高员工的质量意识。

1. 标准化的质量管理流程

1993 年，《海尔人》报刊登了张瑞敏的文章《从“盛也玄宗，衰也玄宗”谈起》，提出了**“人人是经理，人人是老板”**的理念。为了贯彻这一理念，海尔建立了标准化质量管理流程，并通过组织和机制激发每个人的自驱力和活力。

在管理流程上，海尔确保每位员工都将质量视为自身工作的重中之重。企划人员借助质量功能展开（Quality Function Deployment，QFD）等工具挖掘用户潜在需求，设计人员在产品开发阶段就要确保产品的稳定性和可制造性，研发人员与供应商紧密协作，保证零部件质量。海尔通过产品生命周期管理系统贯穿全流程的质量控制，建立了关键评审节点，确保研发质量。验证人员通过可靠性测试方法，把控产品在出厂前的质量问题，确保用户使用高可靠性的产品。

在生产环节中，海尔的每个岗位严格执行质量标准。厂长、质量部长及技术人员每天深入生产线，与工人协作解决问题，所有人员在下班前总结当天的产能、质量和工艺改善情况，并针对问题迅速反应。海尔还建立了质量改善经营团队，培养了专业六西格玛团队，这些团队有效支持了质量的持续改进。

在海尔，从研发、采购、生产到销售和售后，每个环节的员工都积极主动承担起质量责任，成为质量管理的主人。这种“人人质量”的文化与机制，充分释放了员工的创造力，推动海尔产品在全球范围内获得用户认可，实现了企业的持续创新与发展。

2. 自主管理班组

从组织和机制上，海尔探索并创新了激发每位员工积极参与质量管理的方法。20 世纪 80 年代，中国制造尚未建立起系统的质量管理体系。为了确保冰箱的质量，海尔构建了全面质量管理体系，制定了自检、互检、专检三位一体的制度。当时，每个班组配备一名质检员，对下线产品进行专业检查。然而，这种模式使员工对专检质检员产生了依赖性，容易造成残次品漏网。针对这一问题，海尔提出了建设免检班组的课题。

免检班组的运作是取消专检质检员，员工通过自检和互检确保产品质量。这一改革不仅提升了产品质量和生产效率，也增强了班组成员的责任心和凝聚力。

1991 年，海尔开始探索班组自主管理建设，设立了从**“合格班组”**到**“免检班组”**再到**“自主管理班组”**的逐步升级机制。免检班组的建立，是对员工敬业精神的认可，而自主管理班组则进一步激发了员工的主动性和创造力，让员工能够自己管理自己，在培养员工主人翁意识的同时，增强他们的能动性和责任感。

那时，由于整体员工素质尚未达到完全自主管理的水平，许多班组的返修工作有时要加班到晚上八九点才能完成。然而，有一个门封条班组却是个例外。这个班组的班长叫刘梅兰，就是她在海尔率先提出了“每个班的产品必须本班做好，不需要专门检验员”的理念，得到了全体员工的认可和响应。

为了提高冰箱门封条的质量，刘梅兰带领班组成员通力合作，从修改黏合模具到精确调整加热温度，再到反复试验胶条切角精度，她们克服了一个又一个技术难题。每次改进后，她们都针对门封条进行严格的冷冻试验，确保质量达标。即使改进的效果获得了德国专家的认可，她们仍在不断寻找继续改进的方法，以进一步提升门封条的黏结质量。在实际生产中，这个班组的产品质量合格率达到 100%。

通过自主管理班组的探索与实践，海尔不仅实现了更高的产品质量，也为每位员工提供了充分发挥主观能动性的机会，进一步推动了企业质量管理的整体提升。1994 年，刘梅兰所在的门封条班组成为海尔首个自主管理班组，取消了质检员岗位，班组人数从 8 人减至 7 人，同时也将原质检员的工资平分给班组成员。这一变化大大地激发了员工的干劲儿。面对工作难题，班组成员自发实行“早来 10 分钟，晚走 10 分钟”的制度，共同研究解决方案。虽然车间的生产条件没有变化，但班组不仅提高了产品质量，还大幅增加了产量。在取消专检质检员后，班组成员对自身工位的产品进行自检，同时对上一个工位的产品进行二次检查，真正实现了“人人都是质检员”，人人对产品质量负责。门封条班组的成功为海尔推行自主管理班组树立了榜样，自主管理班组如雨后春笋般涌现。

空调事业部的班长王宁在 1999 年被评为“海尔功臣”，她带领的班组被评为自主管理班组。王宁以严格的质量管理著称，给班组提出了高标准的管理目标要求。她带领的班组担负着海尔空调 2/3 的出口任务。她们对空调产品极其严格的质量把关，使得海尔空调的一些产品指标超出国际标准的规定，为全球市场树立了质量标杆。还有洗衣机事业部的自主管理班组的班长金翠荣，她以“严格出觉悟”为信条，坚持“实施标准只有‘认真’二字，才能生产出最好的产品”。这种全员紧绷的质量意识使海尔建立了稳固的质量管理体系。

刘梅兰自主管理班组讨论如何提升质量

全员战略事业单元

在“自主管理班组”成功实践的基础上，海尔进一步探索组织创新，提出“全员战略事业单元（Strategic Business Unit，SBU）”的理念，即每个人都是一个战略事业单元，结合业务推动企业流程再造。SBU 的核心思想是将公司战略目标分解到每个独立的业务单元，每个单元围绕自身目标，利用资源自主创新，通过实现个人目标推动企业整体发展。2003 年，张瑞敏提出让海尔 3 万名员工都成为合格的 SBU，即每个人都是创新的主体。

1. 首个示范 SBU

张永劭是海尔首个示范 SBU。2002 年初，海尔物流推进本部决定进行 SBU 模式的试点，选中了钢板采购岗位，张永劭也因此成为钢板采购经理。

他与物流推进本部签订了一份合同，全面负责钢板采购业务。

这位不到30岁的年轻人从一名普通职员担当起了年营业额亿元计的“公司老板”。可合同刚刚签过，就遇上了因国际贸易争端导致钢板价格上涨的情况，这让他面临十分棘手的问题。他没有气馁，积极应对。通过与国际分供方的合作，开发新型替代材料，在保障客户利益的同时，化解了钢材涨价给企业带来的压力。张永劭跟《大众日报》的记者说：“钢板进港，以前我只管采购，何时拉货我不用管。现在不一样了，我得赶紧联系拉货，因为晚拉一天就多一天港口费用。拉进物流中心，我又得赶紧将钢板发出去，因为晚发一天，就要多交一天仓储费，这些都是我自己必须考虑的事情。”为降低钢板运输环节的破损率，他亲自跟踪运输过程，还编写了一本《钢板运输、装卸、存储指南》，送到每一位运输工手中，将钢板破损率降至零。

张永劭是海尔几万个SBU中的一个，他用自己的实践诠释了海尔组织变革的成果。海尔的目标是把每个员工都经营成张永劭式的创新主体，在为企业创造价值的同时，个人价值也得到了提升。

2. SBU管理模式

SBU管理模式是海尔集团在中国首推的组织管理制度。在传统的组织架构中，质量管理责任往往分散在多个部门和层级，容易出现职责不清、相互推诿的情况。而海尔的SBU管理模式则从组织层面将质量管理责任明确到每个独立的业务单元，甚至每个员工，使每个人都成为质量管理的直接责任人，清楚地知道自己的工作对产品或服务质量的影响，从而增强员工的质量意识和责任感。从市场调研、产品研发、生产制造到售后服务的全过程，每个SBU都有明确的业务范围和目标，杜绝了质量管理的责任盲区。一旦出现问题，能够迅速追溯到相应的责任人或单元，有效解决问题并防止质量缺陷扩大。

海尔的 SBU 管理模式对质量管理的影响是深远的。SBU 管理模式使员工能够像独立的经营者一样对自己所负责的业务进行决策和管理。在质量管理方面，员工会更加主动地关注质量问题，主动采取措施提高产品和服务质量，因为质量的好坏直接关系到他们所经营的“小事业”的效益和发展。这种自主经营意识激发了员工的内在动力，促使他们积极寻找质量改进的机会，提高质量管理的效率和效果。

自主管理班组和 SBU 管理模式的背后，都是企业对员工的充分尊重和对其能力的激发。通过为用户创造价值来实现员工自身的价值，让每个人都充满活力，也防止企业在发展过程中可能形成的机构臃肿、职能交叉、责任推诿等“大企业病”。

海尔的组织变革吸引了很多国际管理学者的关注。当时在瑞士洛桑国际管理学院做教授的比尔·菲舍尔（Bill Fischer）在考察了海尔的 SBU 管理模式后说：“海尔的真正成就在于开创了一种使平凡人不断取得不平凡成就的管理模式。如果这种管理模式能贯彻到底，海尔将成为第一位来自中国的世界级的竞争者。”（来源《“SBU”的魔力——感受“再造”中的海尔》，大众日报记者吴洪斌，海尔集团官网，2003.9.13）

无论是自主管理班组还是 SBU 管理模式，其核心都是最大限度地激发人的潜力，实现人的价值最大化。通过让员工成为责任主体，海尔不仅提升了质量管理效率，也促使员工在创造企业价值的同时实现个人价值。2005 年，海尔在自主管理班组和 SBU 管理模式的基础上正式提出“人单合一”模式，开启了质量管理的新篇章（详见第 7 章）。

卓有成效的质量文化建设

2013 年 8 月 19 日，张瑞敏在一次内部交流中指出，真正做好质量管理，关键在于企业文化。质量的提升不仅在于技术和管理手段，更依赖于企业文化的支撑。脱离企业文化谈质量，就失去了根基。而企业文化的形成，必须建立在一个正确的观念之上，这个观念只能由企业领导人提出并传递至全体员工，而非自下而上逐渐形成。由此，企业文化成为质量实施的核心保障。

企业文化的三个层次

企业文化理论的先驱埃德加·沙因（Edgar Schein）在其著作《组织文化与领导力》中，将组织文化定义为："一种基础性的假设模型——由特定的企业在处理外部与内部问题的过程中发展出来的，由于运作效果好而被企业上下认可，并传授给新成员以作为理解、思考和感受问题的正确方式。" ㊀

1. 沙因定义的文化组成

沙因认为文化由三个相互作用的层次组成：人工制品、信仰与价值观、基本的潜在假设。

（1）第一层：人工制品。

人工制品是企业文化中最外显的部分，指那些能够直接观察到的文化产品。这些包括企业的组织结构、办公环境、员工着装、企业标语、工作流程、噪声标准以及心理气氛等。这些物质形态揭示了企业的一些基本特征，但仅靠表面的观察，很难深入理解其文化内涵。例如，海尔注重办公环境的整洁和标语的积极导向，这些人工制品不仅体现了企业追求高质量的外在要求，也传递了深层次的文化信念。

（2）第二层：信仰与价值观。

信仰与价值观是隐藏在人工制品之下的核心部分，决定了企业如何制

㊀《组织文化与领导力》，埃德加·沙因，中国人民大学出版社，2011。

定战略、设定目标以及提高质量意识。这些价值观影响企业员工的行为与思考模式，例如，海尔通过“人人都是质检员”的理念，将质量责任落实到每位员工身上，形成了以用户为中心的质量文化。

（3）第三层：基本的潜在假设。

基本的潜在假设是企业文化的最深层次，指那些根深蒂固、难以察觉的信仰、认知、思想和感受等。它们通常处于潜意识层面，直接影响员工的行为模式。正因为这些假设是长期积淀形成的，它们一旦确立，就很难被改变。例如，海尔员工潜意识中对“用户需求第一”的执着源于长期的文化熏陶，这种潜在假设成为推动高质量工作的根本动力。

2. 海尔质量文化的三个层次

根据沙因提出的企业文化三层次理论，海尔的质量文化同样分为三个层次：最外层是物质文化，中间是制度行为文化，最核心的是价值观。价值观是最关键的，是企业的灵魂。这三个层次相互影响、相互支撑，共同推动着海尔质量管理的持续发展与进步。

（1）第一层：物质文化。

在质量文化的外显层面，海尔通过各种形式强化员工对质量重要性的认识，将质量理念渗透到日常工作中。

环境影响：在工厂和园区内设置大量标语、看板，如“用户永远是对的”“要么不干，要干就争第一”“有缺陷的产品就是废品”“质量改进是个没有终点的连续性活动，停止就意味着开始倒退”等，让质量意识深入每位员工的工作场景。

文化培训：海尔将质量理念融入企业文化之中，让每一位员工从思想上深刻认识到质量是企业的生命。通过持续培训、内部宣传等方式，营造质量氛围。新员工入职时安排专门的质量课程，分享海尔历史上的质量事件，如“张瑞敏砸冰箱”，使员工深刻认识到质量对于企业的重要性。

质量活动：海尔各园区定期开展质量文化活动，如质量月、质量标兵评选、质量知识竞赛、质量问题案例分析与分享会等。比如在海尔家庭中央空调合肥互联工厂，通过质量明星红旗、明星专座和抽奖激励机制，增强员工的荣誉感和参与感。

此外，海尔还建立了跨部门的质量沟通平台，如定期的质量协调会议，由设计、采购、生产、销售和售后等部门共同讨论产品质量问题，分享质量信息，协商解决方案；通过文化传播渠道（如《海尔人》报、《企业文化手册》等），保障质量文化的有效传递。

（2）第二层：制度行为文化。

在制度层面，海尔通过战略和规则确保质量管理贯穿全流程。

高层推动：高层领导高度重视质量文化建设和质量文化战略的制定与实施。高层领导亲自参与并推动质量管理会议，针对特色鲜明的质量案例，组织全员讨论和总结学习；海尔曾经每月定期召开“誉殇自新”大会，从高层领导到各部门负责人全部出席，针对质量问题进行讨论，通过头脑风暴找出解决方案。“誉殇自新”“破茧成蝶”，这些是持续了多年的海尔最高级别的质量会议。至今，海尔的质量专题会议，周云杰等高层领导都全数出席。

流程规范：海尔的质量管理体系不仅打通了企业内部全流程，构建涵盖供应商、经销商和服务商的全流程的质量管理体系，实现高质量覆盖全节点、全周期。海尔在率先通过 ISO9001 认证之后，又先后通过了德国 VDE/GS/TUV、美国 UL、加拿大 CSA 等认证，畅通了海尔产品的出口渠道。海尔不断创新质量管理模式和工具，被行业视为典范。

考核机制：设立明确的质量考核指标（如产品合格率、用户投诉率等），并将结果与部门及个人的绩效直接挂钩，推动质量责任制的全面落实。

（3）第三层：价值观。

海尔的核心价值观是“创业创新”，赋予了质量管理更高的标准和更深刻的内涵。对质量的要求涵盖了高质量的产品、体系和人。质量第一的理念在每位员工心中转化为一种坚定信念，无论何时都要捍卫质量的尊严。这个价值观是海尔质量得以屹立的根基。

张瑞敏曾指出：“我们的规章制度是基于价值观制定的，规章制度是根据市场不断变化的，只有价值观才是企业文化的核心。”这种价值观让质量成为企业发展的灵魂，推动着海尔的持续创新和进步。（来源：1999 年 5 月 13 日，张瑞敏在中欧国际工商学院所做报告）

“激活休克鱼”，海尔质量文化走进哈佛

企业文化是一个严肃且重要的议题，它不仅支配着员工的行为方式，还决定了员工在各种场合中的选择依据。海尔的成功在于深刻理解了企业文化在质量建设中的核心作用，并通过正确的观念引领、全员参与和长期实践，将文化内化为推动质量提升的强大力量。质量文化的建设最终使海尔在质量管理领域取得了卓越成效，也为其他企业提供了宝贵的借鉴。

1. 管理的本质在于实践

在具体的实践中，海尔是如何让质量文化深入人心的呢？我们看一个案例。

（1）背景：接管红星电器。

1995 年，海尔整体兼并了资不抵债的青岛红星电器。红星电器曾是我国洗衣机行业的骨干企业，但其管理松散、质量低下，导致库存积压和大

量退货，债务达 1.33 亿元。这样的兼并是海尔发展史上遇到的一个新情况，也是一场充满挑战的质量文化实践。成功了，海尔就会增加一支新的生力军；失败了，海尔则会背上沉重的包袱。2017 年，张瑞敏在海尔创业 33 周年演讲时回忆这次并购："红星电器当时亏损得很厉害。我们把它兼并过来之后，不是给多少钱补贴，而是首先从质量入手转变人们的观念。那时候产品卖不出去，为什么？质量太差，用户和商场都要退货。所以从质量入手，出了质量问题，谁是头儿谁承担责任。"

（2）措施：从质量入手盘活资产。

按照张瑞敏以无形资产盘活有形资产的决定，在接管红星电器后的第二天，杨绵绵就带领海尔的企业文化、资产管理、资金调度、规划发展和咨询认证五大部门组成的团队进驻了红星电器。她首先介绍了海尔的质量文化，阐述了海尔"敬业报国，追求卓越"的企业精神，解释了海尔强调个人责任、追求产品高质量信誉，以及实行岗位责任制的情况，引导和鞭策员工首先从思想上转变。并购后，柴永森出任了新成立的洗衣机厂总经理，他一上任就从解决质量问题入手，通过两个行动来推动员工质量责任意识的建立。

行动一：质检员责任引发的反思。

并购后的当月，一名质检员因漏检插错的开关和插头被罚款。看似简单的质检员的个人问题，受到惩处是理所应当的。但是怎么才能杜绝以后不再发生此类情况？柴永森认为这不是质检员一个人的责任，而是关联到质量管理体系的缺陷，责任要逐级追究。为此，《海尔人》报发出了关于上级责任的大讨论：罚这位质检员对不对？质检员错了，她的上级应该负什么责任？质检员有没有经过严格的培训？上级是不是对她进行了检查？出了问题都推到具体工作人员一个人身上对不对？大讨论在原红星电器的员工中引起强烈反响。洗衣机厂的质量负责人悟出了自己的责任，自罚并做书面检查，开始从质量管理体系上对质量检查工作进行整改。

行动二：管理层自罚。

加盟海尔后的红星电器，存在质量问题的洗衣机要在规定的时间内修好，这是柴永森下达的指令。修理任务未按时完成，他认为是自己的岗位责任没有尽到位，因此自罚 500 元。领导层的率先垂范，极大地震撼了员工，特别是管理层。由此强化了责任意识，带来了全新的变化。

（3）成果：从亏损到行业标杆。

原红星电器的员工真正了解并体验到了海尔文化的威力，尤其是认识到管理的责任与差距，许多长期难以根除的质量问题由此得到解决。

红星电器很快出现了蒸蒸日上的新气象，仅三个月就实现扭亏，第五个月盈利超过 150 万元。一年半时间，通过了 ISO9001 认证，红星电器的快速变化和持续改进，奠定了海尔洗衣机在行业中的领先地位。

2. 国际认可：哈佛案例的诞生

海尔并购红星电器取得的成功，在当时被社会媒体争相报道。哈佛大学教授潘夏琳（Lynn S.Paine）看到后，觉得这是一个企业管理史上堪称典范的案例。于是，1997 年 10 月她主动致函海尔并希望亲自来中国探访海尔。

1998 年，被称作“海尔文化激活休克鱼”的案例正式录入哈佛商学院案例库。1998 年 3 月 25 日，张瑞敏受邀在哈佛讲坛分享这一管理实践，也因此成为首位登上哈佛讲坛的中国企业家。当张瑞敏在哈佛讲坛上面对众多商界精英，阐述海尔独辟蹊径、通过企业质量文化激活“休克鱼”的创新意义时，获得了与会者的高度赞誉。走进哈佛讲坛的意义远远超越了演讲本身，这是企业文化赋能管理的一个成功标志，是海尔的文化理念赢得国际商业界高度认可的里程碑。

通过这场并购，海尔不仅成功激活了“休克鱼”红星电器，更将质量文化升华为一种具有国际影响力的管理模式。这一案例的成功超越了商业领域，成为中国企业文化走向世界的标志性事件。

1998 年张瑞敏应邀前往哈佛大学讲课期间与潘夏琳教授合影

第 4 章　与时代共进的质量理念

质量的时代性与发展演进

张瑞敏有一句广为流传的话：“没有成功的企业，只有时代的企业。”企业必须顺应时代变化，唯有踩准时代的节拍，方能实现基业长青。同样，在质量管理领域，没有所谓“成功的质量”，只有与时代同步发展的“时代的质量”。

2010 年 9 月 2 日，张瑞敏在由工业和信息化部、国家发展改革委、商务部、国家工商总局等六部门联合举办的首届中国工业产品质量信誉论坛上发表演讲，他指出：“质量是与时俱进的，时代在发展，如果不能满足当代消费者的需求，就无法在市场中立足。”也就是说，质量标准具有鲜明的时代属性。如果不随着时代发展而升级迭代，必将被淘汰。

质量是与时俱进的

在传统工业时代，产品的耐用性和无瑕疵是质量的核心标准，产品即质量；进入互联网时代后，用户更加注重高质量的服务，服务即质量；而在物联网时代，用户需求日益个性化、动态化，质量标准进一步提升到满足用户全流程最佳体验的高度，体验即质量。

伴随着时代的发展，海尔从最初注重产品质量，到聚焦服务质量，再到为用户创造个性化体验，使用户体验成为衡量质量的新标准，其质量管理始终在不断进化。在 40 多年的发展历程中，海尔以每 7 年为一个战略阶段。在不同的战略阶段，海尔的质量管理始终紧扣时代脉搏，与时代同频共振。

六个战略阶段的质量进程

1. 名牌战略阶段

在名牌战略阶段（1984 ～ 1991 年），海尔用 7 年的时间专注于做好冰箱产品。在这一阶段，海尔秉持“有缺陷的产品就是废品”的理念，建立了零缺陷质量管理体系，以提升产品质量为核心，增强企业的竞争力。海尔将质量管理视为头等大事，通过构建质量文化，斩获了冰箱行业的第一个国家质量金奖、首批国家质量管理奖和首届中国十大驰名商标，成功打造了第一个冰箱名牌。

当时，质量管理在我国尚处于萌芽阶段。在从计划经济向市场经济转型的过程中，人民的物质需求迅速增长，各类商品供不应求，解决“有没有”的问题成为主要矛盾。然而，彼时老百姓的质量意识相对薄弱，企业质量管理水平与发达国家相比明显滞后。海尔以其领先的实践，开启了我国企业质量管理的新时代。

2. 多元化战略阶段

在多元化战略阶段（1991 ～ 1998 年），海尔着力打造用户“零抱怨”的服务质量体系。在提升产品质量的同时，海尔将重心扩展到服务领域，大力提升服务品质，率先推出“无搬动服务”和星级服务等创新举措，引领了家电行业的服务升级。与此同时，海尔率先建立起覆盖全国的服务网络，为用户提供便捷、高效的服务体验。从这一阶段开始，高品质服务成为海尔品牌的新标签，与高质量产品相辅相成，“真诚到永远”这一品牌口号也深入人心，成为家喻户晓的经典承诺。

当时，从国家层面看，质量工作逐步迈入法治轨道。为了加强对产品质量的监督管理，提高质量水平，明确质量责任，保护消费者合法权益，维护社会经济秩序，1993 年，《中华人民共和国产品质量法》发布。2001 年 4 月，国家质检总局正式成立。

这一时期，在国家政策的推动下，国内大多数企业开始重视产品质量。然而，此时海尔又提前迈出了一步，率先提出企业必须在满足狭义质量标准的基础上，追求广义的质量。广义质量的内涵更加全面，质量管理的范围从产品生产阶段延伸至设计、制造、营销和服务的全过程。通过这一创新理念的提出，海尔进一步引领了中国企业在质量管理方面的变革与发展。

3. 国际化战略阶段

在国际化战略阶段（1998 ～ 2005 年），海尔 1999 年 4 月在美国南卡罗来纳州建厂，并于 2000 年 5 月建成投产。由此，海尔在全球逐步形成了“三位一体”的研发、制造、营销中心。2005 年，海尔冰箱和洗衣机获得了国家质检总局授予的首批中国世界名牌产品称号。

4. 全球化品牌战略阶段

在全球化品牌战略阶段（2005 ～ 2012 年），海尔将精益生产理念与互联网深度融合，提出了“零库存下的即需即供”模式，并在组织内部推行“人单合一”自主经营体和“倒三角”的管理变革。通过这些创新举措，海尔不仅成为全球白色家电领域的第一品牌，还成为管理创新的引领者。

这一时期，海尔构建了用户“零距离”的全面质量管理体系，成功打造出全球家电第一品牌。随着改革开放的进一步深入，尤其是中国加入世贸组织后，大量进口产品让消费者深刻认识到国内产品的质量差距。同时，“中国制造”在出口领域也面临着激烈的国际质量竞争。质量成为提升综合经济实力、满足人民生活需求和抢占国际市场的关键因素。

在这样的背景下，海尔不仅凭借过硬的产品质量赢得了国际市场，还向全球输出了创新的质量管理模式，展示了“中国质量管理”的智慧与实力，为世界提供了一个独具特色的质量管理“中国方案”。

5. 网络化战略阶段

在网络化战略阶段（2012 ～ 2019 年），海尔聚焦用户体验，创新推出用户“全流程参与”的体验模式，成功创立物联网品牌。海尔将质量的内涵从单纯的产品迭代跃升到体验迭代，推动质量管理进入全新的高度。海尔坚持从大规模制造向大规模个性化定制转型，推出了用户全流程参与体验的工业互联网平台。在智能互联工厂中，用户可以深度参与个性化定制的全过程，真正实现了“用户定义”的生产模式。

这一时期，我国经济发展方式正从数量扩张型向质量效益型转变，质量工作被提到了更加突出的位置。2011 年 1 月召开的全国质检工作会议上首次明确提出了“质量强国”战略。随后，2012 年国务院印发了《质量发展纲要（2011—2020 年）》，强调“质量发展是兴国之道、强国之策”，并提出在新形势和新挑战下，坚持以质取胜，建设质量强国的目标。海尔积极响应国家号召，首创“以用户最佳体验为核心”的质量管理体系，开创了行业质量管理的新局面。海尔不仅推动了自身的高质量发展，也带领行业迈入高质量发展的新时代，成为质量强国建设中的中坚力量。

6. 生态品牌战略阶段

在生态品牌战略阶段（2019 年至今），海尔聚焦场景化体验，创新提出生态方“共创共赢共享”的生态模式，成功创建物联网生态品牌。海尔的质量管理体系持续向数字化转型，通过数字化改进和创新，不断优化内部流程，提升产品和服务的一致性与可靠性，从而持续提升用户体验。

这一时期，我国开始迈入高质量发展阶段，推动发展“新质生产力”成为实现高质量发展的核心要求和重要抓手。新质生产力的显著特点在于创新，不仅涵盖技术与业态模式层面的创新，也涉及管理与制度层面的变革。从行业发展的视角看，海尔的质量创新是质量管理发展趋势的缩影。作为行业的龙头企业，海尔以用户需求为中心，不断提升用户体验，对质量创新的内涵和举措进行持续迭代。在管理方法和管理模式上的创新成果，不仅为行业加强质量管理提供了宝贵的借鉴范本，还有效推动了行业整体质量水平的全面提升。

在传统工业时代，海尔是追求产品质量文化的“先行者”；而在物联网时代，通过质量数字化驱动质量模式的变革，海尔不仅实现了自身质量的持续提升，还通过建设生态品牌，为各类企业的转型升级赋能，推动行业进入大规模定制时代，持续改善人们的生活质量，成为融合生态方共创共赢的“引路人”。海尔的质量模式变革不仅促进了社会经济的高质量发展，也助力中国制造业迈向高质量发展新阶段。

从国家战略层面看，2023 年 2 月，中共中央、国务院印发《质量强国建设纲要》，纲要指出，建设质量强国是推动高质量发展、促进我国经济由大到强转变的重要举措，是满足人民美好生活需要的重要途径。实现质量强国的目标需要全社会万众一心、共同努力。海尔通过实际行动积极探索质量创新，不断提升质量效益，实现质量强企，为落实国家质量强国战略的目标而努力奋斗。

从产品质量到服务质量，真诚到永远

2004 年 12 月，海尔创业 20 周年时，张瑞敏在内部发表关于“发展是硬道理”的讲话，他表示：海尔从创业初期就开始抓质量管理，提出“有缺陷的产品就是废品”。因为海尔要做世界一流的产品就必须保证产品质量，“砸冰箱”就是为了支持这个价值观。到了 1989 年，很多企业的产品不好卖，在这种情况下，很多企业开始抓产品质量，但是海尔又提升了一步：从抓产品本身的质量这种狭义的质量提升到一种广义的质量，延伸到服务。其实从生产线下来的产品质量再好，也不是完整的质量，要把产品的质量延伸到用户的家里去。海尔当时是全国第一家提出星级服务的企业……企业一定要根据市场的变化不断提出新的理念，并且总要超前几步来满足用户的需求。但是不管怎样说，不同理念的提出一定要有一个核心的东西不能变，就是海尔的“真诚到永远”，永远接近用户，与用户零距离，来满足用户的需求。

服务质量管理创新

海尔对服务的重视可以追溯到 1985 年。20 世纪 80 年代，冰箱、洗衣机等家电还属于普通中国家庭的“大件”商品。这些家电出现故障时，用户需请服务人员上门维修。然而，当时行业内服务规范尚未健全。用户为了让服务人员能尽心维修，递烟、请吃饭等现象时有发生。在这种普遍的行业潜规则背景下，如何规范家电维修的售后服务质量，是关系到行业发展的大问题。

1. 上门服务“四不准”规定出台

1985 年，海尔率先提出了上门服务的“四不准”规定：不喝用户的水、不抽用户的烟、不吃用户的饭、不收用户的礼物。这个“四不准”规定成为行业服务质量规范化的先行者。正是海尔推行的规范服务，奠基了我国家电服务业规范化水平的不断提升。

2. “无搬动服务”

1994 年，海尔推出了“无搬动服务”，这一服务的诞生源于一个小故事。

1994 年 3 月，青岛一位姓王的老人购买了一台海尔空调，并搭乘出租车运回家。由于上楼时需要找人帮忙搬运，出租车司机趁机将空调拉跑了。这一事件被《青岛晚报》报道后，引发了社会广泛关注，人们纷纷谴责司机的不义行为。但张瑞敏却从中看到了用户服务的盲区，立即决定由空调事业部免费为这位老人赠送一台空调并上门安装。他还批示各事业部自查服务中的不足，并制定措施解决用户可能面临的问题。

通过这一事件，海尔空调事业部意识到，用户在购买空调时常面临自行拉货、搬抬的种种不便。为此，海尔完善了服务内容，提出了“无搬动服务”，开创了国内家电行业送货上门服务的先河。用户购买海尔空调后，只需支付款项，其余事务，包括送货、安装、调试等，均由海尔负责。这在今天看来是行业标配，但在当时却如同一场行业服务理念的变革。

3. “星级服务”

1995 年，海尔正式推出“星级服务”，以“用户永远是对的”为宗旨。一方面，海尔致力于不断为用户提供意料之外的满足；另一方面，努力让用户在使用海尔产品时毫无怨言。1997 年，海尔进一步提出“五个一”规范服务模式，即递上一张名片、穿上一副鞋套、配备一块垫布、自带一块抹布、提供一站到位的产品通检服务。1998 年，海尔学习并吸收了原本应用于高档酒店和航空业的星级服务理念，在家电行业开创了“星级服务一条龙”，其目标是：用户的需求有多大，海尔的服务内容就有多广；市场覆盖有多远，海尔的服务范围就有多大。此后，海尔的服务体系每隔一两年都会进行一次针对售后服务质量的全面升级，引领家电行业的服务创新。

20 世纪 90 年代的“海尔星级服务万里行”活动，海尔主动送服务到用户家

4. “成套服务”

进入 21 世纪，2007 年海尔推出“成套服务”，为用户提供涵盖送货、安装、调试、维修、保养等全流程的一体化服务，真正成为用户的贴心家电管家。2012 年之后，海尔进一步推出“送安同步”“超时免单”等服务，借助用户评价体系来衡量服务质量。自 2019 年以来，海尔的服务进一步延伸至场景服务、生态服务、高端服务及数字化服务领域。海尔旗下的高端品牌卡萨帝更是推出了全球首个七星级服务标准，树立了行业售后服务的新标杆。

海尔服务质量发展的五个阶段

进入 20 世纪 90 年代，随着家电产品进入千家万户，海尔的质量观从产品质量延伸到了服务质量。海尔的售后服务变革和发展大体经历了五个阶段。

1. 规范化服务阶段

20 世纪八九十年代，海尔以产品质量为核心竞争力，逐步建立品牌知名度和用户信任，并开始高度关注服务对企业发展的重要作用，着手研究如何提高售后服务的规范化问题，海尔的售后服务从“五个一”服务提升到“星级服务一条龙”，海尔在行业中率先实现了规范化服务。

2. 主动服务阶段

21 世纪初的 5 年间，海尔从被动响应用户反馈转变为主动服务。例如，2000 年的“爱心”换季提醒大回访和 2002 年的“一站式”通检服务，均体现了主动为用户提供全方位家电检查和维护的理念。这一阶段海尔的售后服务更加注重与用户的互动与沟通，通过主动服务，增强用户的黏性和品牌忠诚度。

3. 高增值服务阶段

2005 ～ 2012 年，海尔推出了一系列高附加值服务，以满足用户不断升级的需求。例如，2006 年的“安全测电，家电健身”、2007 年的“成套服务一次就好”、2011 年的“成套精致服务”等，将服务模式转变为全流程、全方位的体验型服务。

4. 虚实融合服务阶段

2012 ～ 2019 年，随着互联网技术的快速发展，海尔开启虚实融合的服务模式。在线下（实网），海尔通过售后、销售一体化的社区店提供产品体验和服务支持；在线上（虚网），通过小区论坛及在线平台实现用户的便捷互动与售后服务。

5. 数字化服务阶段

自 2019 年以来，海尔借助大数据、人工智能等技术，打造数字化服务平台，推动服务智能化与高效化。用户可以通过海尔智家 app、海尔服务小程序等多个渠道在线下单，实现双向实时沟通。服务全程透明化，线上标准化工单全流程可视、自动留痕，有效规范服务全过程。海尔还通过大数据分析用户的使用习惯和需求，提供更加个性化的服务解决方案，从而实现服务体验和效率的全面提升。

服务标准的制定与服务的典范

海尔的每一次服务升级，不仅推动了自身发展，还促进了行业的服务变革。

1. 制定售后服务标准

海尔的售后服务模式俨然已成为家电行业乃至其他服务行业的范本。为了更好地规范售后服务工作，2023 年 8 月，海尔智家联合有关机构牵头制定的家电行业首批优质服务标准正式发布。该系列标准涵盖了《家用电器优质售后服务》《家用电器优质服务评价规范》和《家用电器优质服务承诺规范》。该系列标准从服务的基本要求、评价的原则与评价内容、承诺范围等方面进行了系统的规范，让售后的优质服务有章可循。

2. 唯有真诚暖人心

海尔人认为，服务不仅是售后维修，更是对用户的永久承诺。高质量是服务的前提，而“零距离”服务则是赢得用户长期忠诚的关键。张瑞敏曾说：“所谓零距离，其本质是心与心的零距离。只有企业同员工的心是零

距离，员工才能同用户的心零距离，那就真正做到了卖一台产品赢得一颗用户的心。这不仅是国内的用户，也包括国外的用户。”㊀

“送货上门、服务到家”，海尔人用一颗真诚到永远的心，急用户所急，实践着自己的承诺，感动着广大用户。

（1）毛宗良的感人故事。

1995 年 7 月 6 日，海尔广州工贸公司与潮州用户陈先生约定在 7 月 8 日送去他选购的滚筒洗衣机。当时，潮州还没有海尔的专卖店。7 月 7 日上午，驻广州服务人员毛宗良租车拉着洗衣机上路。途中，车辆发生故障。烈日下，毛宗良守着洗衣机试图拦车，但无人愿意帮忙。眼看时间紧迫，他决定将近百斤重的洗衣机背到用户家。38℃的高温天气下，饥饿与疲惫并未阻挡他坚定的脚步。两公里的路程，他硬是走了两个多小时。当用户得知毛宗良为履行承诺而背着洗衣机上门时，深深为之感动。

（2）直销员刘玉华。

2002 年 7 月，海尔直销员刘玉华接到用户的电话，对方急需一台空调。电话中，刘玉华听到孩子的哭声，便带上售后服务人员连同特意准备的痱子粉赶往用户家。一到门口便见孩子因酷热长满痱子、哇哇大哭。当刘玉华递上痱子粉时，用户感激不已，由衷地向邻居推荐：“要买电器，就选海尔！”

（3）崎岖山路用马车送货。

云南省偏远乡村的村民张先生想买一台海尔家电。但山路崎岖，送货的汽车进不了张先生所在的村子，于是当地海尔专卖店老板找来一辆马车去送货。

㊀《海尔中国造之竞争战略与核心能力》，胡泳，海南出版社，2002。

（4）赤脚与草鞋送货。

在湖南省常德市，有位农民买了一套海尔家电，海尔的送货员脱下鞋子，抬着电器穿过泥泞的田间小路；四川省绵阳市三台县古井镇一位村民想买一台冰箱，但村子坐落在海拔 1800 米的山上，山高路险，当地的海尔销售人员脚踩草鞋，用竹竿特制了一台“轿子”，将冰箱抬上了山，送到用户家中。海尔服务感动用户的实例不胜枚举。

1996 年 6 月，美国优质服务科学协会依据“所评机构能否在其所有运作程序中达到最高产品质量标准和服务水平”的评审标准，授予了海尔“五星钻石奖”，这是亚洲第一家获此殊荣的企业。同年，因服务理念创新与卓越贡献，张瑞敏荣获了个人终身最高荣誉奖“五星钻石奖”，这一奖项不仅肯定了海尔服务理念的国际领先地位，也为海尔品牌的全球化战略注入了强劲动力。

张瑞敏获得“五星钻石奖”

从 20 世纪八九十年代起，“真诚到永远”伴随着海尔的高质量产品和服务走进了千家万户，成为海尔品牌的闪亮标签。如今，海尔的服务覆盖全球 200 多个国家和地区，拥有 14 000 多个服务网点和 15 万多名服务师，服务全球超过 10 亿多位用户。从一部电话到一张全球服务网，海尔用实际行动兑现了对用户的承诺。

2024 年 12 月 11 日，在杭州举行的 2024 年消费者责任对话会上，海尔智家“用‘心’助力行业高质量发展”的案例，成功入选《中国消费者》杂志社高品质服务典型案例，再次彰显了海尔服务质量的行业标杆地位。

从服务到体验，打造极致用户体验质量

2009 年 12 月，中国质量协会举办“我国推行全面质量管理暨中国质量协会成立 30 周年纪念大会”，张瑞敏代表获奖的“杰出管理者”发言。他说道：“能够在正确的时间、正确的地点为用户创造正确的需求，这个就是质量。过去我们局限在产品标准质量上，互联网时代还应该关注怎样快速满足用户个性化的需求！”

随着时代的发展，用户需求逐渐趋向个性化与动态化，质量管理的目标需从单纯的产品质量上升为满足用户的全流程最佳体验。质量管理的定义也从传统工业时代的“标准”“耐用”“无瑕疵”等静态标准，演变为物联网时代的“个性化制造”“事先参与”“心理认同”等动态标准。

用户体验是检验质量的标准

进入互联网时代，产品合格仅是基础，能否带来个性化体验、赢得用户心理认同，才是衡量质量的最终标准。海尔通过全面升级质量管理模式，搭建了用户全流程参与的平台，使用户深度融入产品研发、设计、生产等每个环节，打造出极致的体验质量。

1. 5 年“消灭”最后 2 厘米

2016 年之前，全球用户家中的冰箱与橱柜之间通常保持至少 10 厘米的距离。2016 年，海尔集团旗下高端品牌卡萨帝将这一间隙从 10 厘米缩小至 2 厘米。然而，这一突破并未完全满足中国消费者的需求，因为冰箱仍无法与家居实现完美融合，缝隙还容易积灰，清洁不便。基于用户体验的需求，卡萨帝的研发团队用整整 5 年时间彻底“消灭”了最后 2 厘米。如今，卡萨帝冰箱可以做到与橱柜“面面齐平、线线相通”。

为什么行业多年来无法实现零距离嵌入？主要原因在于普通冰箱在实现零距离嵌入后无法正常开门，同时两侧也难以有效散热，有较大的安全隐患。多年来，这两个问题始终未能得到有效解决。为了解决散热问题，卡萨帝团队将冰箱的制冷系统从传统的后部布局全部移至冰箱底部。乍看之下，这似乎只是改变了一个位置，但实际上，这一设计颠覆了冰箱百年来的制冷系统布局传统，要求在冰箱底部有限的空间内实现极致的制冷与散热效果。

为此，卡萨帝的研发团队围绕四大核心技术课题和 45 个子课题展开攻关，组建了七大专业方向、近百人的技术团队，历经 2 万小时，开创了全新的原创制冷系统。同时，为了解决冰箱开门的问题，团队创新性地引入了“双轴”设计方案，最终研发出双轴变轨铰链这一原创技术。在 5 年的研发过程中，卡萨帝团队共获得 155 项发明专利，其中包括家电行业唯一的国家专利金奖。通过这些技术创新，卡萨帝不仅带来了全新的用户体验，还开创了嵌入式冰箱的百亿级新市场。

2. 给用户换洗衣机电脑板

2023 年，上海的一位庞女士（网名胖大仙）在小红书上发布了一篇点赞海尔客服的帖子，引发了热烈关注，收获了 1.4 万个赞！什么原因呢？庞女士在某次使用洗衣机清洗衣物时发现，原本应该在最后一次漂洗时释放的柔顺剂，却在之前的洗涤阶段就被冲走了，导致衣物完全留不住柔顺剂的香味。于是，她随手在小红书上记录了这一情况。海尔客服在监测到这一用户反馈后，第一时间主动联系了庞女士，与她及时沟通并着手解决问题。在沟通过程中，客服发现洗衣机功能正常，其程序设计的初衷是为了避免洗涤剂盒内的残留，并非机器故障。然而，庞女士的反馈体现了她生活中的真实需求，也代表了一类用户的心声。因此，海尔客服团队高度重视此事，并联动洗涤产业部门，共同寻求解决方案。

为了让用户满意，洗涤产业和设计团队当天便上门，通过模拟操作复现问题，并为庞女士定制了一块专属电脑板，将最后漂洗模式的程序进行了调整。仅用一周时间，问题就得以圆满解决。庞女士深受感动，感慨道："这就是中国速度！没想到海尔能如此认真对待我们普通消费者的意见！这次体验超出了我的期待，感谢海尔，让我的柔顺剂香气回来了！"

此后，多家媒体对这一故事进行了报道，其中包括新华社旗下的《新华每日电讯》。相关短视频更是收获了30多万个赞，广泛传播。这个故事背后彰显了海尔对用户体验的高度重视。通过建立跨部门的用户声音团队，海尔实现了客服、质量、企划、制造等各环节与用户的零距离高效协同，能够快速识别、分类并响应用户的需求。

从以上两个故事可以看出，用户体验和质量管理的深度融合，推动企业从"符合要求"与"满足需求"向"满足个性化体验"的方向转变。

2021年8月19日，张瑞敏在接受《哈佛商业评论》中文版采访时表示："创造新体验有两点不同：第一，企业可以与用户交互，产品是为用户量身定做的、为用户服务的。第二，体验不像产品是一次性的交易，而是要不断地与用户交互、永远地交互。"

场景品牌"三翼鸟"起飞

如今，用户的需求已不再局限于单一的电器，而是转向智慧厨房、智慧卧室以及整个智慧家庭的场景解决方案。为了更好地满足用户需求，海尔在 2020 年创立了全球首个智慧家庭场景品牌——三翼鸟，提供集家电、家居、家装、家生活于一体的解决方案，为用户带来智慧家庭一站式定制服务，开启了行业从“让你选择”到“为你定制”的新时代，真正实现了“终身用户”与“终身服务”。

1. 三翼鸟定制平台

通过与用户的持续交互，深入获取需求，并联动企划、研发、设计、市场等多节点，海尔为用户提供全流程的解决方案。具体来说，三翼鸟可以为用户提供以下服务。

（1）全屋整装：针对新房或二手房需要重新装修的用户，三翼鸟提供从水、电、管路到橱柜、家电的全套设计与交付服务。

（2）局部焕新：针对希望改造特定空间的用户，三翼鸟提供针对局部空间的定制焕新服务。

（3）成套智慧家电：对于想迭代升级家电的用户，三翼鸟通过一站式成套智慧家电服务，帮助实现更智慧的居家生活。

（4）老房子装修：青岛的邵女士因老旧房屋的装修问题，选择了三翼鸟的服务。她家 22 年之前的“时髦装修”逐渐老化，特别是厨房，成了“重灾区”。通过三翼鸟的“旧厨房升级　7 天焕新方案”，邵女士的厨房完成了从颜值到功能的华丽蜕变。从拆除旧橱柜、砸墙布管线、贴瓷砖到橱柜安装、吊顶完成，所有工序仅用 7 天即宣告完成，“旧厨房升级　三翼鸟智慧厨房”变为现实，让邵女士大为赞叹。

（5）为特殊用户定制化服务：三翼鸟将智慧家庭的理念延伸到多个领域。例如，在阿勒泰，环保人士初雯雯为保护濒危物种的蒙新河狸而从事了河狸保护工作，给河狸创造了更好的生存环境，被称为“河狸公主”。可“河狸公主”的救助中心建立在山上，生活条件极为简陋，饮水都极为困难。三翼鸟团队在了解这一情况后，实地考察，并为救助中心提供了定制化的解决方案，不仅改善了救助中心的厨房设备，还针对当地供水难题，安装了净热一体机及过滤系统，同时更换节能家电并新增储存大冷柜，有效缓解了食物储存的压力，极大地提高了救助中心人员的工作效率。三翼鸟的努力，让“河狸公主”初雯雯能够更专注于濒危动物的保护工作。海尔人意识到，这不仅仅是服务的问题，更是海尔的一份社会责任。

2. 创造最佳用户体验

三翼鸟不仅为用户打造当下的智慧生活场景，更通过持续交互和服务，为用户提供从入住到长期衣食住娱的全方位支持。从“为用户定制”到“持续优化体验”，三翼鸟构建了一个无边界的生态系统，整合了智能硬件、智慧家居、设计师、交付服务等资源，不仅为用户提供优质的个性化场景服务，也实现了行业间的共享增值和共创共赢。

2023 年底，麦肯锡全球董事合伙人侯文皓在访谈海尔集团董事局主席、首席执行官周云杰时提问：如何在数字化转型背景下，既保持高品质产品，又满足个性化定制需求？周云杰回答道：时代在变，用户对产品的需求也在变。当前用户对产品品质的需求已不再局限于产品质量，而是需要更好的场景体验。产品是有形的，服务是无形的，而体验是令人难忘的。海尔现在要为用户提供的是全流程的最佳体验，其中不仅仅是产品，更包括智慧的场景体验等。在制造端，推动用户从消费者转变为产消者，全流程参与共创。用户永远是对的，在数字化转型的过程中，海尔就是要让用户参与设计、研发、生产等产品创新的全流程，以更符合用户需求的高品质方案和产品，**创造最佳用户体验**。在用户端，打造三翼鸟智慧场景解决方案，创造用户新体验。每个用户都有自己的生活方式，三翼鸟就是要根据用户的个性化需求，打造智慧生活方案。（来源：《海尔集团董事局主席周云杰谈转型：“识变、应变、求变”》，麦肯锡官网）

2024 年 12 月 5 日，在广州举办的“中国智能建筑品牌奖”颁奖典礼上，“三翼鸟全屋智慧”凭借卓越的技术与创新解决方案，荣获“十大智能家居品牌奖”第一名。这不仅彰显了三翼鸟在智能家居领域的领先地位，更是对其“以用户为中心”理念的高度肯定。

贴近用户的“量子小店”

提到海尔的体验质量，就不得不说到海尔**量子小店**。量子小店，顾名思义，就像量子一样，灵活而贴近用户。它们分布于每个城市社区和乡村，通过个性化的主动服务作为交互载体，与社区居民和村民无缝融合，创造出新的个性化需求，为用户提供增值的场景体验解决方案。

1. 量子小店的诞生

海尔量子小店于 2019 年诞生在上海市场，随后迅速发展到全国各地。

在海尔量子小店里，用户的需求已不仅限于家电购买和维修，还有拓展的需求，例如清洗衣物等。由于小店安全、便利，用户可以顺路将衣物送来，回家时顺便取走。一切服务就在抬脚之间。

2. 量子小店的用户体验

量子小店是海尔深入街道、扎根社区的一次创新布局。它成为海尔服务网络的“神经末梢触点”，最灵敏地感知用户需求，同时也是最直接、最有效的服务载体。

有一天，一位 80 多岁的老人来到上海松江区的一家海尔量子小店，说家里的窗帘很多年没有清洗了，但因为年事已高、行动不便，难以处理。看到老人的情况，小店主吴高杰立刻回应：“您放心，洗窗帘我们提供上门服务。”随后，吴高杰亲自来到老人家中，帮忙拆下窗帘，带回店里清洗干净后又送回并安装妥当。在回访中，吴高杰发现老人家中的地漏散发异味，他细心地为老人更换了防臭地漏，并对管道进行了改造。老人逢人便夸小店主吴高杰的热心帮忙，这一切也传到了老人的儿子耳中。

得知此事后，老人的儿子深受感动，特意来到量子小店，当面表达了感谢，并郑重地将一把家门钥匙交给吴高杰。原来，老人的儿子并不住在同一个小区，平时工作繁忙，无法时刻陪在老人身边。他感慨道："海尔这个服务小店，真是开到了我们心里。谁家没有老人？年轻人工作忙，不能一直守在老人身边，服务小店的到来，真是帮了我们大忙！"

老人的儿子不仅让吴高杰随时可以上门，还特意拜托他到自己的家中取窗帘，也希望享受这样贴心的服务。这一把钥匙承载着一份沉甸甸的信任——交出钥匙，交出的更是对一个人的认可和对服务的信赖。

那么，什么样的人才能赢得用户这样的信任呢？答案就是像吴高杰这样的海尔服务小店主。他们将店的名字定为"小店"，实则意义很"大"：家电的事他们管，生活的事他们也管，用户有需求，他们总是尽全力满足。在海尔服务平台的支持下，他们整合了丰富的生态资源，用以服务用户。

后来，老人的儿子又将海尔量子小店推荐给了朋友，这位朋友不仅成为小店的忠实用户，还将自己新房的装修全权交给吴高杰负责，实现设计、施工一体化，并购买了一整套海尔家电。这样的信任与支持正是海尔量子小店的独特魅力所在。海尔量子小店并非以销售为目的，而是通过扎根社区为用户提供便利服务，深入交互，建立信任关系。销售，只是"水到渠成"的结果。

3. 量子小店的服务模式

量子小店，正所谓"小"的是距离，服务就在身边；而"大"的是内容，服务覆盖方方面面，真正深入人心。海尔量子小店的模式既不同于传统的卖货渠道，也不同于 O2O 模式的线下体验店。传统卖货店以产品销售为核心，而 O2O 线下店则是线上品牌吸引流量的触点。两者的本质依旧是

“货找人”，围绕产品销售展开。而海尔量子小店则完全以用户为中心，通过服务与用户进行深度交互，挖掘个性化体验需求，并为用户创造增值体验。更重要的是，这种服务并非用户关系的终点，而是全新交互的开始。

通过持续交互，海尔量子小店逐步将用户培养为“终身用户”，实现了与传统模式的本质性突破。与泛零售行业其他公司对“小店”概念的探索相比，海尔量子小店更注重深度满足用户的个性化需求。它深入社区提供多元化服务，创造价值增值，最终塑造出对品牌高度忠诚的终身用户。

海尔量子小店是基于家庭生活多样化需求的一种全服务模式，彻底颠覆了传统服务模式。传统模式往往止步于“买完就安装，坏了就维修”，而海尔量子小店实现了从服务家电到服务家庭的转变。用户在从产品到家生活的全流程中，都能感受到海尔无微不至的服务。作为社区触点，海尔量子小店不仅提供家电安装、维修等基础服务，还延伸至家电清洗、水电路改造、便民服务、家政清洁等居家多样化需求。通过这些服务，小店不断增强用户黏性，进一步提升品牌市场份额。

约瑟夫·派恩（B. Joseph Pine）和詹姆斯·吉尔摩（James H. Gilmore）在《体验经济》一书中提出，**产品是有形的，服务是无形的，而体验是令人难忘的**。海尔量子小店的实践正是这一理念的最佳体现：通过创造让用户难忘的体验，赢得用户的长久信赖，进而转化为终身用户。

抓质量就是抓发展，谋质量就是谋未来。海尔通过对质量管理模式的不断创新与探索，推动了企业的可持续发展，并引领了质量管理的新趋势。通过关注用户体验，海尔不仅获得了用户的高度认同，也赢得了行业的权威认可。作为质量管理的创新先锋，海尔正为推动我国从制造大国向质量强国迈进贡献力量。

第5章　质量管理体系：从零缺陷到零距离

零缺陷管理：从保修到保证

“在中国的家电行业有两年的保修期，但我们现在改成了两年的保证期。虽然只差一个字，但非常不一样。保证期，就是我们要保证产品两年不坏，不会去修理。这点我们现在正在做，还没有完全做到。”张瑞敏在2013年海尔商业模式创新全球论坛上的演讲中这样说道。保证期，体现了海尔对零缺陷质量管理体系的信心和对质量的极致追求。不论过去、现在还是未来，质量都是海尔生存之本，而海尔在名牌战略阶段就追求的产品零缺陷则是海尔质量不倒的基石。

零缺陷：海尔质量管理的基础

自1985年“砸冰箱”事件唤醒了海尔人的零缺陷意识，确立了“有缺陷的产品就是废品”的质量观念以来，零缺陷质量管理就在海尔深深扎根。早期，海尔的每条生产流水线末端都安排了一位“特殊员工”，专门负责维修流水线产品各工序中遗留的缺陷。这位员工不仅修复缺陷，还详细记录维修时间，以此作为向缺陷责任人反馈的依据。同时，当产品合格率超过既定标准时，这位员工也会获得额外奖励，合格率越高，奖励越高。这种朴素却有效的零缺陷机制为海尔早期的创业奠定了坚实基础。

1. 从“亡羊补牢”到“未雨绸缪”

1989 年 1 月 23 日，张瑞敏在内部总结大会上明确提出，质量管理要从“亡羊补牢”转向“未雨绸缪”，实现真正意义上的零缺陷。这一理念源于 20 世纪 60 年代美国质量管理学家菲利浦·克劳士比提出的零缺陷理论，零缺陷理论在日本制造业得到全面推广，使其产品质量迅速提升，进而影响全球。零缺陷理论的核心在于“第一次就把事情做对”，强调预防系统和过程控制，确保产品符合客户的期望与承诺。

2. 海尔的零缺陷质量管理体系

海尔结合企业实际，将零缺陷理论与创新实践相结合，不断升级质量管理体系。海尔从 ISO9001 和现场管理星级评价准则出发，以六西格玛管理和卓越绩效管理为抓手，构筑了包括领导作用、战略定位、零缺陷文化、质量教育、质量预防、质量成本、过程管理和基础建设在内的八大模块，建立了零缺陷质量管理成熟度评价体系。通过对成熟度数据与经营成果的数学建模分析，海尔为企业制定质量战略方向提供了科学依据，并对质量管理体系进行动态评价和持续改进，使其成为一个不断优化的系统。

海尔还实现了六西格玛管理与零缺陷理论的结合，并融入精益生产、可靠性分析等理念。在此基础上，海尔的质量管理从“保修期”向“保证期”进化，彻底颠覆了传统质量管理的范畴。保修期是“坏了来修”，而保证期则要求“不要坏”，进一步延伸到持续交互、迭代和升级，真正从用户体验的角度实现质量管理的全面进步。

3. 航天冰箱：零缺陷的最高实践

航天冰箱是零缺陷质量管理最具代表性的成果。与普通家用冰箱不同，航天冰箱在太空环境中必须实现零故障、零缺陷。它分为医用冷储箱和食品冷藏箱两类，分别用于存储生物试验样本和航天员日常食品。

2006年，当中国航天提出研制医用冷储箱的需求时，海尔凭借硬实力脱颖而出，成功接下这一挑战。太空环境极其特殊，航天冰箱的性能、设计等也跟家用冰箱大有不同。在太空环境下，物品是漂浮状态，这就需要保持物品稳定的同时又要方便取放。航天冰箱项目对重量、效率、耐久性等方面提出了极高要求，成熟的蒸气式压缩机制冷技术不适用，需要探索其他制冷技术。因此，海尔团队在制冷系统、结构设计、抗震性能等方面攻坚克难，使箱体重量比限制要求轻25%，节省了飞船发射成本。同时，团队解决了发射升空强震、微重力环境传热等一系列难题，其性能表现超出规定指标。

2011年，海尔航天冰箱随神舟八号首次进入太空，使中国成为继美国、俄罗斯之后第三个掌握航天冰箱技术的国家。此后，航天冰箱在多次太空任务中的表现稳定可靠，为中国航天事业的发展做出了重要贡献。

不止步于零缺陷

零缺陷始终贯穿海尔40多年的发展历程，但它只是海尔质量管理的基础。张瑞敏在2010年首届中国工业产品质量信誉论坛上表示：

“海尔从开始创业到现在25年多的时间，开始的时候，我们抓住了最主要的用户需求，就是一定要有一个好的产品。产品质量逐渐提高以后，我们又开始抓售后服务，再后来，直到现在，消费者所需要的不仅是一个好的产品，更是一个好的服务方案。我们自己把它总结成了九个字——零缺陷、差异化、强黏度。所谓零缺陷是产品质量的必要条件，但它不是一个充分条件，也就是说产品即便做到无懈可击，也不一定能取胜，但是如果质量不好就一定会失败；在零缺陷的前提下做到差异化；强黏度，就是我们和用户之间应该是零距离，建立非常强的关系，而不是一次性的买卖的关系。所以我觉得首先要有一个必要条件，然后是一个充分条件，最后就是可持续的发展。”

通过对零缺陷理念的持续深化和创新实践，海尔不仅赢得了用户的高度信任，还在国际质量管理领域树立了标杆，为中国从制造大国迈向质量强国贡献了重要力量。

以用户体验为核心的全流程管理

2012 年 2 月 15 日，张瑞敏在海尔亚洲国际株式会社新闻发布会上发表题为《创造在物联网时代与用户零距离的管理模式》的讲话，他指出：“我们的组织结构调整是为了打造两个‘零距离’的能力，第一个‘零’来自内部，是组织的零距离，所有的组织不是原来的层层下达指令，而是全流程协同到一起，共同面对用户的需求，面对同一个目标。第二个‘零’来自外部，内部组织协同起来和外部用户之间形成零距离。”

零距离：从用户出发的质量进化

海尔对用户零距离的关注可以追溯到 1999 年。当年，彼得·德鲁克在《21 世纪的管理挑战》中指出：“互联网消除了距离，这是它最大的影响力。”正是在这样的背景下，海尔开启了对“零距离”的探索。彼时，海尔通过以市场链为纽带的业务流程再造，打破了传统企业组织结构中封闭的“墙”，为用户交互创造了全新路径。

海尔的质量管理体系也从那时开始，从“零缺陷”逐步向“零距离”进化。21 世纪初，海尔率先打造了与用户零距离的全面质量管理体系。在海尔看来，零缺陷依然是质量的基础，但唯有与用户零距离，企业才拥有未来。

1. 与用户零距离：颠覆传统组织结构

与用户零距离，意味着对传统企业组织结构的彻底颠覆。在下面的 4 个环节中，海尔进行了有效的创新实践。

（1）研发设计环节。

传统研发以产品生命周期为核心，采用瀑布式设计，用户仅在产品完成后接触产品。而海尔通过搭建全球开放式创新平台，将研发设计转型为以用户为中心的迭代式创新体系。用户不仅是产品的消费者，更是产品设计的参与者，在交互平台上主动表达需求，共同创造解决方案。

（2）模块资源环节。

海尔将供应商从零件商升级为模块商，构建了资源生态圈，并搭建全球首个模块商资源服务平台，形成以用户为中心的供应链生态系统。通过这一系统，海尔实现了全流程、全生命周期的高效服务，为用户创造持续价值。

（3）智能制造环节。

海尔依托 40 多年的制造经验，推出了全球首个用户全流程参与的卡奥斯工业互联网平台，实现了从大规模制造到大规模个性化定制的转型。先进科技如大数据、生成式人工智能的应用，让用户交互更加便捷高效，个性化需求得以快速满足。

（4）智慧服务环节。

海尔从单一服务模式升级为“1+N”服务模式，即由 1 名服务人员对接用户，背后链接 N 个资源，快速响应用户需求，提供个性化定制服务。

在质量保证期方面，海尔构建了从串联到并联的保证期体系。从保修期到保证期，是物联网时代质量的必要条件；从事后满意到全流程体验，是物联网时代质量的充分条件，让用户事先参与、进行全流程的交互，快速满足用户个性化定制的需求，提供全流程的用户最佳体验。在物联网时代的质量管理中，事后满意已经不足以满足用户需求。海尔通过用户全流程参与和实时交互，可给用户提供超越预期的最佳体验。

2. 开放的交互平台提供最佳体验

2013 年，张瑞敏为《朱兰质量手册》（第六版）作序时写道：

将世界作为我们的研发部、质量部才能满足用户全流程最佳体验。

互联网时代，企业和用户信息不对称的主导权转移到用户手中，用户的选择决定企业的生存，企业只有通过创新跟上用户点击鼠标的速度。海尔的做法是搭建开放的交互平台。

一方面，让用户可以从产品设计阶段就参与进来，并参与制造、模块化供货、营销等环节的体验。这样，产品在生产出来之前就已经是有用户的了。一般企业把回款视为销售的终结，我们把回款作为和用户交互的开始。

另一方面，和用户交互的不仅是我们自己的研发人员，还有全球的一流研发资源，包括研发、模块化设计等利益攸关方在海尔平台上与用户直接交互，共同创造价值。这些资源方都是动态的，按单聚散。比如我们研发总部的工程师只有 1000 多人，整合的研发资源多达 5 万人，外围合作方更是超过百万人。

现在，海尔在德国市场的冰箱售价超过当地品牌，而 5 年前，海尔冰箱的售价只是当地品牌的零头。这得益于我们欧洲研发中心的开放平台。

海尔开放的全球研发体系还吸引了世界一流的超前研究团队，在无线电力传输领域，海尔与国外高校、研究机构、企业共同成立无线电力传输联盟，共建专利池并输出标准。

在海尔开放的平台上，用户不再是被动的接受者，而是可以全流程参与交互设计的重要力量，用户参与设计和全流程的交互，赋予用户全流程最佳体验。

零距离带来的质量突破

在传统组织架构中，各部门仅对上级负责，而非直接面向用户。海尔的零距离理念要求研发、生产、市场等各环节均必须与用户零距离互动，这一颠覆性转变，为海尔质量管理带来了革命性突破。

1. 全流程的用户参与

用户不再是被动的接受者，而是全流程交互设计的重要参与者。用户需求不仅被快速响应，更通过海尔开放的全球平台转化为具体的产品和体验，海尔赋予了用户全流程最佳体验。

例如，有个叫“核桃桃”的宝妈，手绘带小鹿标尺的冰箱图案，希望能时刻记录孩子的成长过程，引发众多用户的共鸣，海尔冰箱团队邀请了包括这位宝妈在内的6位典型用户，共同设计出了“小鹿冰箱”的原型，这款产品2014年在线上平台首发，在10分钟内1000台一抢而空，开启了引领行业的大规模定制模式。**这种零距离的探索，使海尔在全球市场中实现了用户价值和企业发展的双赢。**

2024年，有网友提出希望海尔生产一台能同时洗内衣、袜子、衣物的一体式“懒人”洗衣机，并直接手绘出了草图，海尔洗衣机团队立即与用户交互，确定设计方案，2025年3月，这款“懒人”洗衣机预售，一周预约超过8.8万台。

2. 与外部资源并联，共同实现创新

与用户零距离交互的背后，也少不了外部资源的并联合作。比如，电热水器漏水问题曾长期困扰用户。海尔热水器团队通过拆解上百台漏水热水器发现，焊缝是漏水的主要根源。能否完全取消焊缝？一开始，团队认为这是不可能的，因为行业中从未有过先例。然而，通过整合行业顶尖资源，并经过上万次试验，团队成功将跨领域的深拉伸技术应用于热水器内胆，研发出“金刚无缝胆”，彻底解决了漏水问题。这一创新突破了行业传统认知，使海尔成为业内唯一敢承诺“终身不漏水，漏水换新机”的品牌。

3. 深入全流程的质量管理

全流程的用户零距离交互并不意味着质量团队的重要性被削弱，反而赋予了他们更关键的责任。他们不仅要解决传统的质量问题，还需要主动并联内部资源，推动整体质量的改善。

（1）到“最后一公里”探寻解决方案。

箱体外损曾是海尔洗涤产业的质量顽症之一。这一问题由多重因素引起，团队决定深入现场调研，通过全国各地的明察暗访，将自己与产品“绑定”在一起，全程记录产品从仓库到用户家的运输过程。通过深入“最后一公里”的现场，团队发现了许多“失效场景”，如超高夹抱、违规装卸等。为解决这些问题，团队并联物流部门和质量平台，一方面优化夹抱设备的设计，另一方面部署“天眼监控系统”，实现运输场景的可视化管理。此外，团队还将现场调研中发现的问题引入实验室，结合研发、结构、仿真和制造等多个节点，从源头设计端寻找改进空间。

针对外损问题，团队开展了多次跌落、躺放运输及三层洗衣机顶部冲击测试等场景的研究，发掘潜在问题，并通过借鉴最佳实践实现了部分产

品平台的结构升级。最终，最容易发生碰撞损伤的四个产品平台通过结构迭代，大幅降低了箱体外损的不良率。

（2）尼日利亚用户冰箱的解决方案。

海尔的质量管理全流程零距离的理念也落地到了海外。在开拓海外市场早期，有一次，海尔市场人员在考察尼日利亚当地最大的自由市场时，发现有许多破旧的冰箱，箱体和侧板都有不同程度的锈迹，而且这些锈迹都有一个共同的特征：锈迹都是从箱体底边向上延伸。是什么原因造成这些冰箱生锈的呢？原来，当地人把冰箱都放在厨房里，而厨房大都非常潮湿，一般的冰箱使用一两年，箱体、侧板就开始从底边生锈，并逐渐向上延伸，很快就会“惨不忍睹”了。针对这一情况，市场人员立即找开发部的技术人员一起研究，更换了冰箱箱体和侧板的材料，并在产品包装上打上了“永不生锈”的广告词，满足了当地消费者的需求，从而获得了冰箱销量的提升。

（3）海尔生物与用户零距离交互。

海尔生物国际公卫链群在从零开拓非洲市场时，通过与用户零距离交互、提供高质量方案，取得了突破。海尔生物团队走到用户身边，在当地引入合伙人，参加大大小小的医疗展会，请潜在用户到海尔参观。国内与非洲有 5 ～ 8 小时的时差，非洲客户和经销商不管什么时候发来信息，国内团队都迅速响应、认真解答。这些交互，不是为了推销产品，而是为了了解用户的需求和痛点，提供高质量的方案。比如在和乌干达客户交互的过程中，海尔生物团队了解到他们对太阳能疫苗箱的防盗特别看重，同时有分区存储药品的需求，于是立刻调整产品方案，把所有的设备都贴上永久资产牌，还贴了他们的国旗；采用了防盗件设计；大大缩短了方案交付时间，赢得了用户的认可。如今，海尔生物已经是乌干达免疫部门的重要合作伙伴。

2015 年，哈佛商学院把海尔的探索写成了案例——《海尔：与用户零距离》。这个案例让海尔再一次成为学者、学子关注的焦点，被评为 2015 年最受哈佛商学院师生欢迎的案例之一。

零距离管理的三大特性

零距离的时代性、挑战性与紧迫性

在 2024 年 9 月的第八届人单合一模式引领论坛上，张瑞敏对零距离的特性做了详细阐述。

我个人认为“零距离”的特性可以归结为三点：零距离的时代性、零距离的挑战性、零距离的紧迫性。

（1）零距离的时代性。

零距离的时代性体现在与互联网的关系上，如果没有互联网，就没有零距离。谁最早提出的零距离？我认为是管理大师德鲁克。20 多年前，在他 90 岁时已经洞悉了互联网的真谛。他在《21 世纪的管理挑战》这本书中提到：“互联网消除了距离，这是它最大的影响力。”在我看到的文献里，德鲁克是首次提出这个理念的。当然，今天我们大家都已经能看得很清楚了，比如，如果没有互联网就没有今天电商的零距离网购。

（2）零距离的挑战性。

零距离对我们既是机遇也是挑战，它的挑战性在于摧毁经典的管理模式。为什么呢？因为经典的管理模式都是有距离的，它的很多管理原则设立的基点也是有距离的：传统企业和用户的距离太远，不但没有交互，甚至连交易也没有，因为传统企业做得更多的是把产品卖给经销商而不是用户。

零距离最重要的就是要和用户零距离。德鲁克在1999年提出了“零距离”，我们也是从那年开始了对零距离的探索。第一步做的就是和用户的零距离，即第一个“零”。通过和用户零距离，从大规模制造变成大规模定制，由此带来了第二个“零”，就是产品的零库存，再由这两个“零”倒逼职能部门，倒逼出第三个“零”，也就是零签字，不需要职能部门去指挥，让大家可以自主创新。

在此基础上，2005年9月20日，我们提出了“人单合一”。从这个角度来看，零距离是一个体系，涉及各个方面的零距离，它的本质是，从零距离体系演变成一个生态型的结构、一个生态型的组织。

（3）零距离的紧迫性。

紧迫到什么程度？紧迫到今天就必须改变、刻不容缓。德鲁克在2000年曾预言：“据我们所知，公司在未来25年后不可能得以幸存，从法律和财务方面来看可以，但从结构和经济方面来看无法做到。”这句话带给我们的启迪就是，如果不改变，那你在物联网时代就会变成名存实亡的公司。“名存”，就像德鲁克说的，法律和财务意义上还存在——从法律上来讲是合法注册的，从财务上看可以公布财务报表、进行财务核算，这都没有问题，虽然还“名存”，但就像行尸走肉一样。“实亡”，就像德鲁克说的，从结构和经济方面来看不可以——从结构上，如果你的组织结构还是科层制而不是自组织，那么必定会被物联网时代所抛弃；从经济上，如果仍然是产品经济而不是生态经济，那么一定会被物联网所抛弃。德鲁克预言25年后，也就是明年（2025年），其实不用等到明年，现在我们就已经看到大量没有改变的公司已经难以生存了，有的已经开始倒闭。所以，企业要么进化为生态，要么就是名存实亡。

以“生态”为核心的零距离组织模式

论坛上，张瑞敏还说：“我们刚才说了零距离的三个特性。那零距离到底意味着什么？它意味着我们的组织内是零距离的，也就是我们相互之间没有从属的距离。没有‘你是我的上级’‘你是我的主管部门’‘你是我的职能部门’这些关系，我们之间是零距离的。我们只是合作伙伴，这就是组织零距离要达到的目标。”

自 2005 年 9 月 20 日，海尔首次提出“人单合一”模式以来，其组织形态便持续向“零距离”进化。从传统的正三角结构转变为倒三角，再升级为网状组织，直至进入人工智能时代，**海尔以“生态”为核心构建了全新的组织模式**。这一模式通过小微和链群组织的创新实践，让每个人都成为自主人，每个人都能与用户实现零距离。

张瑞敏关于零距离的理论阐述与海尔的实践探索，得到了全球管理学界的高度认可。“人单合一”模式已不再局限于海尔内部，而是走出了企业范畴，在全球众多组织和企业中落地生根并结出丰硕成果。中国社会科学院信息化研究中心秘书长姜奇平对此评价道：“令人惊讶的是，当国内许多企业还在通过大量进口管理畅销书渴求学习西方管理经验时，世界最前沿的企业却开始追随中国先进的管理模式。这次的潮流是‘零距离组织’。”

零距离：全球视角下的认可

麻省理工学院斯隆管理学院高级讲师、国际管理发展学院创新管理荣誉教授比尔·菲舍尔高度认可这一模式。他表示，零距离的理念可以有多种实现形式，而海尔无疑是最具代表性的实践者之一。他撰文指出：

很少有竞争策略能像贴近用户一样有力。无论是即将到来的颠覆的可能性，还是寻找下一个突破性创新，或是增加组织在动荡期间可持续和繁荣的可能性，拉近与用户的距离都是制胜法宝。半个多世纪以来，在关于创新成功的实证学术研究中，这一信息一直响亮而清晰。海尔、W. L. Gore、Zappos、Oticon 和 ABB 等组织率先将组织创新作为提高用户响应速度、员工参与度和创业精神的手段，并产生了更多新颖的创新活动。

虽然在变化的时代无法确保组织能够持续发展，但那些成功从一个行业的 S 形曲线跃升到另一个行业的卓越组织的故事表明，适应未来始于与用户的紧密联系，但并不止步于此，组织要想取得成功，就需要领导层有足够的智慧来感知未来，而且要有足够的胆识来做出大胆的组织选择，从而满足日益苛刻的用户需求。

近来的学术研究强调，“更贴近用户”和“愿意变革组织”这两者的结合对于创建适合未来的组织至关重要。詹卡·柯林斯－克勒贝（Janka Krings-Klebe）和约尔格·施赖纳（Jörg Schreiner）即将（2025 年）出版的《反脆弱组织》一书强调：“零距离组织超越了单纯的以用户为中心……并确保与用户偏好和生活方式的变化保持深度和持续的一致。”追求零距离是转型之旅的起点，也是历史学家、美国国会图书馆前馆长丹尼尔·布尔斯廷（Daniel J.Boorstin）所称的“社会创造力”。这种创造力在两种截然不同的经验（比如，设计师和用户）直接接触的情况下蓬勃发展，并在这种接触的混乱中合作，创造出一种对两个群体来说都是全新的东西。（来源：《“零距离”英雄：组织创新的新奖项》，《海尔人》半月刊，2024 年 18、19 期合刊）

第6章　以质量品牌开拓全球市场

用卓越质量征服高难度市场

创业之初，张瑞敏到德国寻求技术合作，恰逢当地一个盛大的节日。在德方举办的晚宴上，陪同张瑞敏的德国人指着腾空而起的烟花说："德国的中国货不多，但中国的烟花很好。"这句话深深刺痛了张瑞敏的心。他自问："难道中国人只能永远靠祖先的四大发明过日子吗？"从那一刻起，他便下定决心，要打造一个属于中国人自己的世界品牌。张瑞敏的这一经历成为海尔品牌故事的重要起点。

打造中国人自己的世界品牌

回顾改革开放以来中国企业"走出去"的历程，主要的出口方式有两种：一种是走较容易进入国外市场、快速创汇的路径——贴牌代工。在当时，多数企业选择了这种模式，由此形成了中国品类齐全的制造业生产能力，中国也被誉为"世界工厂"。然而，这些企业虽然获得了大量订单和出口创汇，却因缺乏国际市场上的品牌认知而无法拥有自己的用户，在国际市场的竞争中没有话语权。另一种是像海尔这样，走自主品牌之路。

1. 立志以自主品牌进入发达国家市场

决定走自主品牌之路开拓全球市场的海尔人认为：“国门之内无名牌。”他们坚定了“下棋找高手”“先难后易”的决心，立志以自主品牌进入发达国家市场。所谓“先难后易”，即先打开发达国家市场，然后再进入发展中国家市场。海尔认为，能够在成熟市场中与 GE、松下、飞利浦等知名企业竞争并获胜，就能比较容易地占领发展中国家市场。

在强劲对手已占领的区域竖起中国品牌，海尔为自己制定了清晰的方针：“要在国际市场竞争中取胜，第一是质量，第二是质量，第三还是质量。”要在家电质量方面参与国际竞争，必须满足三个条件：第一，质量管理体系需取得 ISO9001 认证；第二，产品需通过国际认证，获得进入各国市场的通行证；第三，检测水平需获得国际认可。这三个条件，海尔全部达到了。但是，这只是具备了参与国际竞争的资格。实际的国际竞争远比国内竞争更为激烈、复杂。

中国企业在国际发展中遇阻，通常并不是产品或服务本身有问题，而是由于与进口国当地的理念和文化有所差异。海尔认为，一个企业要实现真正意义上的国际化，必须充分理解国外的理念和当地的文化。国际竞争，不仅是简单地将产品卖到国外，更重要的是在全球范围内树立自己的品牌，从而取得国外消费者的信赖。为此，海尔制定了“三步走”的国际化发展战略：第一步是“走出去”，通过产品出口打开国际市场的大门；第二步是“走进去”，实现产品、渠道、营销和管理的本土化；第三步是“走上去”，融入当地文化，成为当地人心中的世界品牌。

2. 孤勇者：与德国造、日本造、美国造比高低

1986 年 2 月，国务院发布《国务院关于鼓励出口商品生产扩大出口创汇的通知》，企业界积极响应并行动起来。1989 年，海尔开始了探索出口之路。海尔按照“先难后易”的出口战略，决定将海尔产品出口到德国——

海尔“老师”的家，迈出了“走出去”这一步。作为欧洲家电强国，德国孕育了利勃海尔、米勒等世界级品牌，也拥有全球对产品质量要求最为苛刻的消费者。

（1）海尔冰箱敲开欧洲家电市场大门。

海尔冰箱用一年多的时间通过了德国的严格认证，理应顺利进入德国市场，但德国经销商却不愿意接纳海尔产品。经销商们持固有的偏见，仍旧认为中国电器无法与德国制造相提并论。然而，海尔人对自己的产品充满信心。他们向德国的检验官提出建议：把海尔冰箱和德国冰箱的商标都揭去，然后把两国的冰箱摆放在一起，让德国经销商们自行选择经销哪种产品。结果出乎意料——海尔冰箱凭借卓越的质量脱颖而出，海尔拿到了超过 2 万台冰箱的大订单，成功打开了欧洲家电市场的大门。1991 年，海尔成为亚洲向欧共体出口冰箱最多的厂家。随着海尔冰箱在国际市场的影响逐年扩大，海尔的国际化战略从 1998 年正式启动。1999 年，海尔冰箱因高质量和无氟节能的设计获得了德国政府的环保补贴，绿色节能加持了海尔冰箱的品牌知名度和世界认可度。

（2）海尔洗衣机进入日本家电市场。

海尔的冰箱技术源于德国，海尔冰箱出口的首站也选择了德国。同样，海尔的洗衣机技术源于日本，海尔洗衣机也把出口的首站选在了日本。作为当时家电产品的制造强国，日本对进口家电产品是极为挑剔的。1995 年，日本计划大批量进口洗衣机，吸引了许多国际知名洗衣机厂商参与竞争。由于日本消费者颇为注重的是质量而非品牌，因此，日本相关方面要进行严格的性能测试，采用严苛标准对各国不同品牌的洗衣机在不贴商标的情况下进行检验。一般我国标准要求洗衣机运行 5000 次无故障，日本方面的这次检测将标准提升至 7000 次以上。更为苛刻的是，我国国内一根水管测试标准为 500 次无故障，而日本实验室要求在 0℃以下连续测试 6300 次，检测强度是中国标准的 10 多倍。经过如此严格的测试，最终结果显示，海尔洗衣机在各项性能指标中均排名第一，海尔成功敲开了日本市场的大门。

此外，20 世纪 90 年代初，海尔将 7000 台电冰箱出口至澳大利亚。当时，澳大利亚经销商对产品质量心存疑虑，特意预留了 10 台冰箱作为备品以防返修。然而，3 年后，这 10 台冰箱一台都未用上。经销商对海尔产品的可靠性感到震撼，主动联系海尔，寻求更大的订单，并全部打上海尔品牌销售。通过与德国造、日本造的竞争，以及在澳大利亚市场的表现，海尔以质量为利器，逐步确立了中国家电制造的国际地位，为中国品牌赢得了世界的认可。

（3）德国科隆博览会的展示。

1997 年 2 月，海尔第一次参加德国科隆博览会，当时海尔产品已经进入了全球几十个国家。在科隆博览会上，有记者问张瑞敏："在欧洲，中国产品一直是以质差价廉的形象出现的，海尔能在欧洲赢得市场吗？"张瑞敏很诚恳地回答："海尔进入国际市场正是为了改变过去某些'中国造'的不好形象。我们比欧洲一些知名的企业还更早通过了 ISO9001 认证，产品质量在欧洲市场销售已经经受 5 年的考验。欧洲的消费者已经在使用海尔产品过程中，对'中国造'有了新认识。"[1]

（4）美国渠道的认可。

一山放过一山拦。出口产品如果仅仅符合进口国当地的标准，还只能算是迈过了这个国家的门槛；而要想登堂入室，赢得用户认可，就必须进入当地顶尖的渠道。这意味着必须攀登质量金字塔的最高峰。

[1]《海尔中国造之跨国攻略与领导之道》，胡泳，海南出版社，2002。

1997 年德国科隆博览会期间好汉大桥上飘扬的海尔旗

20 世纪 90 年代末，中国即将加入世贸组织，“狼来了”的声音不绝于耳。许多人担心大量国外商品和外资企业涌入中国，会给本国产业带来灾难。而张瑞敏认为，与“狼”共舞，才能成为“狼”，就像下棋，只有与高手过招，才能成为高手。

1999 年 4 月，海尔在美国南卡罗来纳州建立了冰箱生产基地，迈出了征服海外市场的关键一步。同年，海尔聘请了美国的迈克 · 杰麦尔担任海尔美国贸易公司总裁。可是在随后的两年时间里，迈克和他的团队一直没找到机会让沃尔玛的采购部门看一眼海尔的产品。直到有一天，当一块“海尔代表质量和创新”的巨大广告牌竖立在沃尔玛总部的对面时，海尔终于引起了沃尔玛的关注:“海尔是谁？”

沃尔玛一向以严苛的质量要求著称。从采购环节开始，沃尔玛就委托美国权威的第三方机构对准备采购的海尔产品进行全方位检测。检测分为产前、产中和装船前三个阶段，每个阶段涵盖六七十个项目，只有通过全部测试的产品才能拿到沃尔玛的“入场券”。1999 年，海尔在开拓美国市场时，沃尔玛的货架上同时销售 5 个品牌的空调产品。后来经过严格的检验和相关方面的审核，最终只有海尔和 GE 两个品牌留在货架上。

（5）足以征服海外市场的产品与服务质量。

海尔征服海外市场不仅仅靠产品质量，还有优质的服务质量。有一次，一位德国客户在当天的下午 2 点发来订单，希望海尔第二天就发出 7 个集装箱的货物。这意味着必须在 3 小时内完成包括确定货船、备货在内的所有手续，而这些工作在国外通常需要至少一周的时间。海尔人秉承“订单就是命令单”的理念，克服了常人难以想象的困难，当天晚上 9 点半，货物全部装船完毕。

另外一件事更令人动容。一位欧洲客户提出了对样品的修改意见，并计划 2 个月后对样品进行验收。次日，当这个客户和他的团队准备离开海尔前往机场时，手工修改完成的 2 台样机已摆在他们面前，令他们十分惊讶。看到科研人员通宵达旦、满眼血丝的模样，客户感动地说：“这些样品我全订了，**海尔人的精神是不可战胜的**。”还有一位中东经销商，他之所以选择代理海尔产品，是因为海尔能用最快的速度响应消费者的需求，他曾请求一家跨国公司更改产品包装的印刷设计，那家公司承诺 6 个月后完成，而海尔的承诺是 15 天。

1998 年，在国内市场供大于求、国际市场受到东南亚金融危机影响的情况下，海尔仍然保持快速增长。1998 年 7 月 21 日，国务院表彰了 14 个取得显著成绩的先进企业和单位，海尔因为开拓国际市场成果显著而成为中国家电行业唯一一个受到表彰的企业。这标志着其在家电行业的领导地位和国际影响力的提升。

1999 年 12 月 26 日张瑞敏在海尔创业 15 周年纪念会上的演讲中阐述了海尔成功开拓国际市场的三个阶段：“第一是认知阶段，第二是扎根阶段，第三是名牌阶段。认知阶段，我们先难后易，达到认知，出口到国外的产品，以我们的高质量，使当地的消费者能够知道中国有一个质量很好的海尔品牌的产品。扎根阶段，我们也叫三位一体，即集当地的设计中心、当地的营销中心和当地的制造中心于一体。名牌阶段，要成为本土化名牌，一要在当地融资和融智，用当地人力资源和当地资本；二要超前满足当地消费者的需求。欧盟要求不但要无氟还要节能，我们就超前达到这个指标。我们现在在美国销售的冰箱，是按照美国提出的 2001 年能耗标准生产的，比现在高很多，我们提前达到了它的标准，因此冰箱在美国也受到消费者的欢迎。”

创新者：为当地用户提供差异化质量创新

走出去之初，海尔进入国外主流市场的道路充满挑战。1999 年，当海尔在美国建厂时，美国家电行业已被惠而浦、GE 和 Maytag 等知名品牌掌控。这些公司不仅拥有强大的品牌认知度，还有覆盖广泛的分销网络。美国市场的特征，就是消费者对质量和可靠性具有高期望。海尔当时需要应对的挑战是如何建立品牌的认知和深入了解当地消费者的偏好，才能与这些根基较为深厚的公司展开竞争。海尔找到了竞争的突破口：从用户需求入手，专注于当地品牌未能满足的“缝隙化”市场，以创新的差异化产品为契机进入国际主流市场。

1. 创新的“电脑桌冰箱”

曾经风靡北美的“电脑桌冰箱”就是海尔在全球创牌过程中，针对美国大学生推出的一款创意产品。当时，海尔发现美国大学的宿舍普遍空间狭小，不便放置家电。针对这一状况，海尔设计了一款迷你尺寸的冰箱，并在冰箱顶部加了一个折叠台，使其兼具电脑桌的功能。这款“电脑桌冰箱”不仅节省了空间，还满足了学生的多重需求。一经上市，这款产品便供不应求，迅速风靡美国大学校园，撬动了美国的学生市场，取得了空前成功。海尔通过这款产品向消费者传达了一个清晰的信息：用户购买的不只是一件普通商品，而是一种能为他们创造价值的体验。这款专为学生设计的电冰箱，不仅满足了对节省空间的需求，为用户创造了价值，而且由此开辟了一个新的细分市场——学生市场。

2. 创新的多品种个性化产品

（1）基于进口国当地用户需求的创新。

基于对进口国当地用户需求的深入研究，海尔陆续推出了迈克冷柜（抽屉式冷柜）、透明酒柜、移动式空调等多品种的个性化产品。这些产品不仅设计新颖，功能丰富，还深受消费者喜爱。例如，迈克冷柜和透明酒柜带动了海尔冷柜 2001 年出口同比增长 97%。美国权威家电杂志的编辑格里·贝蒂（Gerry Beatty）评价道："海尔的成功源于产品的质量，其设计比美国产品更具创新性，功能更为丰富。海尔产品本身就是最好的广告。"（来源：海尔集团官网，2002.3.9）

对其他进口海尔产品的国家，海尔同样坚持本土化经营策略，根据当地用户的需求进行差异化创新，稳步实现创国际品牌的战略目标。

（2）巴基斯坦的大容量洗衣机需求。

2001 年，海尔在巴基斯坦拉合尔建立了工业园。经过调研，海尔发现当地家庭多为 6 ～ 7 口人，每次洗涤衣物较多，国内主流的小容量洗衣机不适用。于是，海尔研制了容量达 12 公斤的大型洗衣机，不仅能一次性清洗全家衣物，还针对当地电压不稳的情况增加了"自动启动"功能。后来，根据用户反馈的需求，这款洗衣机又新增了洗毛毯功能。由于洗衣机采用了全塑设计，既防止了生锈，又减轻了重量。这一系列创新让海尔洗衣机在巴基斯坦市场稳居第一，成为家喻户晓的信誉最高的家电知名品牌。

（3）尼日利亚 100 小时不化冻的冷柜。

在尼日利亚，针对当地电压不稳、经常断电以及气温较高的情况，海尔研发了一款 100 小时不化冻的冷柜，有效应对了断电造成的影响，满足了当地的消费需求，广受消费者欢迎，收效非常好。

（4）满足进口国的用户需求。

针对澳大利亚的节水需求，海尔推出了节水洗衣机，不仅通过了当地权威机构的检测，还获得了当地经销商和用户对海尔洗衣机品质的信赖，使海尔成为第一家获得澳大利亚政府节水津贴的中国家电品牌。

针对欧洲多雨潮湿的气候，海尔推出了大容量除菌干衣机；在印度，结合素食文化等特点，设计了无须弯腰的冰箱（印度冰箱冷冻在上层，导致印度用户常常需要弯腰去拿位于冰箱下半部分的素食品）；在日本，推出超窄设计的三门冰箱和前开门式冷柜，宽度仅 50 厘米，完美契合小户型住宅需求……

通过对全球各地消费者需求的精准洞察，海尔以差异化的高质量产品和服务逐步打开国际市场。无论是满足空间需求的电脑桌冰箱，还是解决断电问题的长效冷柜，海尔始终以用户需求为导向，以创新为驱动，成功打造出一个又一个差异化产品，在全球赢得了越来越多用户的喜爱和信赖。

改变中国制造质差价廉形象的引领者

张瑞敏孜孜以求的永远是为中国民族工业创造一个真正的世界名牌。1997 年 1 月 17 日，他在《海尔人》报发表文章《海尔，中国造》，其中写道："'海尔，中国造'是民族造。自鸦片战争以来的一百多年间，仁人志士、革命先驱为着'中国人民从此站立起来了'而前赴后继，换来了民族的解放与独立。而今天，世界名牌的多寡已是强国的重要标志。中华民族理应也必须有自己的世界名牌。因为那是一个民族高素质的外化，是划分世界市场版图的唯一武器。”

1. 打造世界品牌的先行者

曾经有记者问张瑞敏：“把一个企业的发展目标与一个民族的理想合二为一，您是这样想的吗？不累吗？”张瑞敏回答说：“创世界品牌的路很长，充满艰辛，但如果大家都不去做，中国就永远没有机会。再苦再难，也要打造一个世界名牌，因为一个国家没有世界名牌，就很难跻身世界民族之林，海尔愿做一个先行者。”㊀

张瑞敏带领海尔，做到了。在开拓海外市场10年后，海尔凭借卓越的质量和信誉征服了世界上最为挑剔的消费者，并在全球范围内赢得了广泛的美誉。海尔的产品在欧美市场已跻身前列，成为国际家电行业的一支强劲力量。

2001年1月，美国著名杂志 *TWICE* 统计了全美最畅销家电排行榜，海尔的BC111和BC50两款小型冰箱分别位列第一和第二。在美国，海尔小型冰箱的市场占有率高达50%，牢牢占据了这一领域的半壁江山。同年，英国“好管家协会”的 *BUY THE BEST* 杂志对英国市场各大品牌冰箱进行评测，海尔成为首选推荐品牌。海尔HR146NR/B型号冰箱的综合评价优于一些德国知名品牌。

海尔不仅在冰箱领域表现卓越，其空调产品也取得了卓越业绩。2001年10月，海尔空调通过了美国家电制造商协会（AHAM）认证，成为唯一通过该认证的中国品牌。同年11月，欧洲EUROVENT认证组织发布的全球空调性能认证监测结果显示，海尔空调成为唯一跻身最强行列的中国品牌。根据2001年欧洲欧睿国际的统计数据，海尔在全球冰箱品牌排名第

㊀《海尔品牌之路》，海尔企业文化中心，青岛出版社，2005。

二；美国 *Appliance* 杂志的统计显示，在美国市场销量排名前十的冷柜和空调品牌中，海尔冷柜位列第三，空调也成功进入前六名。

2. 海尔品牌的国际影响力

2002 年，《海尔人》报的主编写下了如下报道：时任国家质检总局认监委副主任的刘卓慧在意大利参加会议期间，亲眼见证了海尔的国际影响力。一天，她在去往会场的途中，司机的一个突然紧急刹车令车上的人吓了一大跳，大家都向司机投去了诧异的目光。这时只见司机摇下车窗，伸出手去指着不远处一座高耸的建筑物上醒目的海尔广告牌，大声喊着："Look，Look！ China Haier！" 海尔的广告牌与其他国际名牌广告一起构成了一道"独特的风景线"。当地的司机特别对她们说道："At the top of the building, there is an advertisement for the famous Chinese brand Haier"（在建筑物的顶部有一个来自中国著名的海尔品牌的广告）。回忆当时的情景，刘卓慧感慨万千："那一刻，我的感受很难用一句话来表达。只觉得周身热血沸腾，全身细胞都在高度兴奋之中！或许是因为见证了海尔的奋斗历程，或许是因为自己也曾经为海尔的发展做过一点点小的贡献，又或许是因为我骄傲于十几年前对海尔成功的预见。"她曾在原国家轻工业部工作多年，目睹海尔的发展历程。1995 年她曾深情地寄语海尔："腾飞吧，海尔！托起中国的轻工业……"（来源：《海尔人》报，2004.6.9）

海尔，这个从中国走向世界的品牌，用奋斗、坚持、创新和诚信书写了一个又一个可歌可泣的篇章。它不仅代表了中国轻工业的崛起，更为全球消费者提供了高品质的家电产品，赢得了世界的尊重与认可。

3. 理论与实践完美结合的企业家

张瑞敏是将理论与实践完美结合的企业家，不仅让海外消费者改变了对中国制造质差价廉的刻板印象，还让世界看到了中国民族工业的磅礴力量。这是中央电视台在 2003 年 1 月 14 日报道“感动中国 2002 年度人物评选——入围人物张瑞敏”时对他的高度评价。

2003 年 2 月 14 日，“感动中国 2002 年度人物”评选结果正式揭晓，张瑞敏荣膺此项殊荣，成为唯一获奖的企业家。此次评选活动历时 4 个多月，由中央电视台新闻中心主办，经 38 位来自社会各界的精英推荐以及全国电视观众投票共同产生。

感动中国 2002 年度人物评选委员会授予张瑞敏的颁奖词写道：“无论是在种种赞美与表彰之中，还是在种种质疑与非议面前，他始终如一，以自己的创新与开拓树立了东方的产品品牌；以智慧和魄力打造了与时俱进的企业文化；以胆识和勇气缔造了融入世界的品牌传奇！”

在颁奖仪式上，主持人问张瑞敏，海外营业额从原来的 0 到现在的 10 亿美元，对于他个人来说，除了这种数字上的成就感，还有什么？张瑞敏回答说：“得到一种尊敬。当时我们引进德国设备的时候，我们认为设备太贵了，德国人说了一句话对我刺激很大，他说我们就是这个价钱，一分钱都不降，因为我们是日耳曼民族，日耳曼民族是世界上最好的民族，日耳曼民族能生产出世界最好的产品。因为质量非常好，我们就是这个价钱。当时我的感觉就是中华民族也是最优秀的民族，所以我们当时就立下了一个誓言，要么不干，要干就一定要争第一！现在我们的冰箱在世界上也已经成为第一了。”（来源：《张瑞敏“感动中国”》，海尔集团官网，2003.2.19）

从引进来到走出去：中国质量管理的崛起

在全球制造业中，西方实施的 ISO 质量管理体系、六西格玛管理和卓越绩效管理模式等，长期占据主导地位，如同严丝合缝的精密齿轮，在工业化进程中发挥了重要作用。海尔认真学习并借鉴这些管理模式，导入 ISO9001 质量管理体系在世界家电制造业中也是早的。尽管如此，海尔并未止步于以流程规范和数据驱动的管理模式，而是以用户体验为核心导向，在实践中不断创新管理模式。从产品设计的源头到售后的每一个环节，海尔织就了一张以用户需求为经纬的“质量之网”。这种独树一帜的方式，伴随着海尔的全球化拓展走向海外，在全球范围内掀起了一场质量管理理念的创新风暴。海尔的质量管理探索让世界认识了中国的质量管理模式，重新认识了中国制造的力量。这一模式，不仅仅是对全球质量管理理念的一种补充，更是对其深刻的再造与升华。

改变观念，人人为用户创造价值

内生增长与并购增长是企业增长的两大途径。海尔在国际化发展初期，选择了从零开始的内生发展模式，随着海外市场的逐步拓展，逐渐加速了并购的步伐。无论通过哪种方式扩展海外市场，海尔始终秉持“观念先行”的理念，致力于为海外当地带去以用户为中心的管理思维，通过观念的变革驱动行为的改变。通过海尔三次海外并购实例，可以深刻感受这一观念的转变。

1. 对日本三洋白电的并购

2012 年，海尔并购了日本三洋白电。日本企业有两个鲜明的特点：一是团队精神，二是年功序列制。长久以来，这两种文化特征推动了全面质量管理在日本的广泛应用，使“日本制造”成为质量的代名词。然而，团队精神在发挥优势的同时，也可能抑制了许多具有优秀潜力的人才脱颖而出。

从组织结构来看，日本企业普遍鼓励团队协作的集体成果，却不鼓励个体的突出表现，也不鼓励创新突破。时间久了，许多渴望表现自我、证明自我的个体的观念受到一定程度的压制，结果就无法真正创造出符合用户需求的高质量产品。海尔并购三洋白电后，便开始着手改变这些较为根深蒂固的观念。

张瑞敏在一次演讲中讲述了三洋白电的观念变化：

“我们把日本三洋白电兼并之后，给日本员工提了一个问题：企业亏损了 8 年，谁的责任？所有人都说自己没有责任，设计人员说‘所有的设计都达到了设计任务书的要求，而且还有超过的’；制造人员说‘我制造的产品无懈可击’；而销售人员说‘就这个产品，我也没有办法在市场上卖出去，所以也不关我的事儿’……所有的人都没有问题，但企业就是亏损了 8 年。虽然有团队精神，每个人都忠于职守，但市场变化都不关注。

“我们说：‘你们不要再跟上级签合同，要跟市场签合同。’我们做了很长时间的工作，最后他们同意跟市场签订合同，其实就是要创造自己的用户价值。这样做之后，企业 8 个月止亏。”（来源：2016 年 6 月，张瑞敏在“全面实施质量强国战略专题研讨班”上发表题为《质量标准是用户定义的》的演讲）

2. 对美国通用家电的并购

2016 年，海尔并购了通用家电，这是一家百年企业，拥有颇为详细的管理制度和质量控制体系，能够将质量做到极致。然而，产品是否符合市场需求却少有人关注。一般企业在跨国并购后，通常的做法是派遣管理人员直接进入被并购公司进行管控，但海尔的做法截然不同。海尔选择将决策权、用人权、分配权三权下放，由通用家电自主管理，鼓励员工创新，同时利用海尔的全球资源为通用家电进行充分赋能。在交割沟通会上，张瑞敏与员工进行了关于“我们共同的领导是用户”的对话，从此，海尔与通用家电之间建立了一个相同的以用户为中心的底层逻辑。

观念一旦改变，局限也会被打破。海尔并购通用家电后，没有更换一台设备，也没有派遣一名管理干部，只做了一件事——**引进“人单合一”模式，激发全员的创新活力**。这一变革促使整个企业发生了翻天覆地的变化。经过 8 年的转型，通用家电完成了一次蝶变，成为美国增长最快的家电公司。从刚加入海尔时的市场地位第二，到现在成为美国最大的家电公司，通用家电不仅拥有了全美最完善的品牌屋，还通过多品牌、全品类的产品，满足了美国不同用户的需求。

有一个特别值得回顾的故事。1992 年，美国通用家电想在中国寻找一家代工企业，经过考察后认为海尔集团最为合适，于是提出了控股海尔并要求所有产品使用 GE 品牌的条件。当时，海尔意识到，代工容易，但要打造自己的品牌却非常困难。如果接受通用家电的条件，海尔品牌可能会因此消失，因此毅然拒绝。当时的决策看似风险巨大，但经过 20 多年的脚踏实地的发展，海尔终于在 2016 年成功反收购了通用家电，并将海尔文化注入了这家百年企业，使其焕发了新的生命力，重新走上快速发展的轨道。

3. 对新西兰家电品牌的并购

2012 年，海尔并购了新西兰国宝级家电品牌斐雪派克。斐雪派克一直以技术领先而闻名，尤其是在其研发的 FPA 直驱变频电机方面，拥有全球领先的技术。

这项技术的优势何在呢？传统洗衣机运作时，需要电机通过皮带驱动内筒，这样不仅容易导致洗衣机转动不稳，还可能产生噪音。而采用直驱变频电机后，电机直接带动内筒转动，这可以使洗衣机更加稳固、安静。

在加入海尔之前，斐雪派克在推广这一直驱技术洗衣机时，过于强调产品的技术领先性，忽略了对于普通消费者而言抽象且陌生的技术语言，使他们难以理解技术所带来的优势，造成市场拓展一直受限。加入海尔后，斐雪派克受到了海尔文化的影响，观念发生了转变。团队不再单纯从技术角度出发，而是转向用户体验思维，思考如何让用户直接感受到技术带来的良好体验。

他们尝试着用一种形象的方式，向消费者展示看不见的技术优势：在一台高速运转的洗衣机上以竖立方式摆放硬币。用户不仅能看到硬币在高速旋转的洗衣机上稳稳竖立，甚至还能看到各种由硬币搭建而成的造型，如用硬币搭建一个 2 米多高的埃菲尔铁塔造型，它在洗衣机高速运转的状态下依然稳如泰山。形象的比喻让消费者立即理解了使用直驱变频电机的洗衣机既稳固又安静，技术的内涵也变得易于感知。

市场很快便对此产生了认同。仅仅 18 个月后，斐雪派克的滚筒洗衣机就在当地市场成功占据了市场份额的第一位。到 2020 年，斐雪派克实现了逆势增长，首次扭亏为盈，展现了强大的市场竞争力和转型能力。

传播企业文化，融合新生力量

要让海外员工理解并接受“每个人都是质量的主人”“质量的标准是用户定义的”等理念，并非一蹴而就的事情。在把国内的管理模式向国外输出的过程中，海尔充分考虑到了不同国家的文化差异。尽管输出的管理理念具有普适性，但达成目标的方法和表现形式在不同国家各有不同，需要因地制宜。

1. 输出物质文化

在**物质文化**层面，海尔通过营造符合当地文化特色的工作环境、组织多种形式的文化培训等方式，使员工们都能认识到自己的工作对产品和服务质量至关重要。例如，在美国的工厂，悬挂着“EXCELLENT PEOPLE PRODUCE EXCELLENT PRODUCTS”（优秀的产品是优秀的人干出来的）和“CUSTOMER IS ALWAYS RIGHT”（用户永远是对的）的标语，既醒目又鼓舞人心。在国内广泛流行的员工以漫画形式诠释海尔理念的文化氛围，也推荐到了美国。美国的海尔员工同样也通过绘画、写诗等多样化的形式表达了他们对海尔文化的理解和认同。例如，基于海尔提出的“1% 的质量缺陷会导致 100% 的灾难”这一理念，美国的员工创作了一幅生动的绘画：一辆汽车在高速公路上因质量问题抛锚，象征着质量缺陷可能引发的灾难性后果。这种结合了共性理念与个性表达的文化融合方式，不仅拉近了不同文化间的距离，也让海尔的全球化管理理念在多元文化的土壤中扎根成长。

2. 输出制度规范

在**制度规范**层面，海尔在引入新规范并调整原有规则时，始终坚持尊重当地的宗教、文化和习俗，这为文化建设奠定了基础。

（1）尊重当地的文化特色。

在推进 OEC 管理法实施的过程中，国内采用笑脸和哭脸来表示业绩状况，但美国员工对此并不容易接受。于是，他们根据自己的文化特色，改用两种玩具——熊和小猪，表现员工的工作状态，业绩好时在工位上放熊，业绩差时则放小猪。类似的做法在巴基斯坦也得到了应用，海尔在当地工厂内建立了一座祈祷室，聘请了专职神职人员，方便员工进行宗教活动，并且在礼拜期间暂停工作，尊重当地的风俗习惯。

（2）当地文化与海尔文化的融合。

在日本，海尔接手三洋洗衣机时，面对日本企业传统的年功序列、论资排辈、平均主义和终身雇佣制等管理模式，海尔日本区域的 CEO 杜镜国深感头痛。张瑞敏给出了“兼并成功与否，关键在于文化融合”的指导，杜镜国坚定了自己的原则：“第一，尊重日本文化；第二，融合海尔文化。”在进入日本后的前十几年，在充分尊重老员工的基础上，对干部的选拔任用，杜镜国采取了不拘一格降人才的做法，如通过大胆提拔一名 34 岁的年轻人担任部长，取得了很好的激励效果；另外按照市场业绩评价员工的绩效等具体做法，使大家逐步理解并接受海尔的企业文化。通过文化融合，海尔在全球各地引导海外员工接受了其创业创新的核心价值观。

（3）“人单合一”理念海外落地。

海尔智家的南亚负责人黄德成回忆道：“我们刚进入印度和巴基斯坦时，当地普遍实行的是固定工资制。可海尔推崇的是‘人单合一’和‘多劳多得’的理念，给予优秀员工更快的升职机会和去总部深入学习的机会。那时只有海尔坚持这么做！”“记得有一次，暴雨倾盆，一名仓库管理员放心不下仓库，冒雨驾船去查看，成功抢救了大量物资。还有一次，一位售后维修工程师，在所有公共交通停运的情况下，骑摩托车行驶200多公里为客户去提供服务。可见，通过这些年的文化融合，他们已经完全理解并践行了海尔‘自己就是自己的CEO’的理念。”

在美国，通用家电早期的质量管理采取传统的层级结构，这使得对市场变化和用户反馈的响应较慢，也造成了改进产品质量和用户反馈响应的延迟，以及团队合作效率较低等问题。海尔通过推行“人单合一”的模式，打破层级框架，成功实现了决策的去中心化，使员工能够迅速响应用户需求。这一转变不仅培养了更加注重用户满意度的企业文化，还增强了团队的责任感和响应能力，进而提升了产品的质量，使得产品和服务更贴近用户的期望，显著提高了用户满意度。此外，通过优化流程、减少浪费，生产和维护成本也得到了有效降低。

（4）加快数字化转型的步伐。

张永雄是海尔越南洗衣机工厂的质量部部长，负责质量保证（QA）和质量控制（QC）两个部门。交付给用户的每一件产品都直接关乎他的职责，因此他始终在探索更加高效的质量管理方式。两年前，张永雄注意到越南的制造业正处于数字化转型的浪潮中。他果断提出，在越南市场，AQUA品牌的质量管理必须紧跟数字化转型的步伐。该提议得到了公司支持。张永雄多次往返海尔集团总部，学习青岛工厂的数字化转型经验。那时他就表示："我的愿景是从满足用户需求出发，严格控制生产流程和产品质量检测。数字化转型后，我能够看到 100% 的问题，而不仅仅是以前关注的 5%。虽然工人们可能觉得我苛刻，但如果他们了解我就是想最大程度满足用户需求，我想他们会理解我。"

无论是欧洲、澳大利亚，还是独联体，海尔将其独特的质量文化带向全球各地，激发了员工的创业创新精神，发挥了每个人的价值，从而推动了质量管理水平的提升。

质量管理模式引发国际关注

2016 年 6 月 1 日，欧洲质量组织（European Organization for Quality）成立 60 周年大会在芬兰赫尔辛基召开。会议期间，特别举办了"中欧质量论坛"，进行了中欧质量对话。海尔作为中国家电行业的代表参与论坛发言。时任海尔质量革新总监张德华在大会上做了《互联网时代海尔质量创新实践》演讲，与会的质量专家们纷纷拿起相机、手机，拍摄海尔的 PPT。演讲获得了与会代表和专家们的一致好评。这也是中国家电企业首次在欧洲质量年会上发表成果。

论坛结束后，一些与会质量管理专家主动与张德华交流，询问"如何将用户体验作为质量标准"以及"海尔有哪些具体实践案例"。在欧洲，海尔的产品质量已经获得了良好的口碑，在当地的家电卖场里，海尔的产品价格有的甚至高出欧洲品牌的价格。因此，有很多专家对海尔如何做到这一点进行了询问和探讨。

"把产品做好"是欧洲消费者对海尔的直观印象，而海尔"将用户体验作为检验产品质量的最终标准"这一管理模式，是现场质量专家最想了解的"质量管理模式创新"。张德华着重介绍了海尔的"模式创新"，正是通过质量管理模式创新，使得经过无数道工序加工的产品得以严格审核。

卓越的质量管理模式，使海尔成了国际质量大奖的多次获得者。2002年，海尔获得亚太质量创新奖，成为中国家电行业首家获得此项殊荣的企业。在第43届、第44届和第47届国际质量管理小组大会（ICQCC）上，海尔均获得了金奖。ICQCC被誉为质量界的“奥林匹克”。这些国际奖项的获得，不仅是对海尔质量管理模式的高度认可，也不断提升了海尔品牌在全球的知名度和影响力，进而受到更多国际消费者的关注和青睐。

瞄准国际质量品牌的高端定位

2005年，海尔正式进入全球化品牌战略阶段。海尔认为，国际化与全球化的区别在于，国际化是以中国为基地向全球扩展，而全球化战略则是将本土化的海尔深入到各个当地市场，整合全球资源，打造获得当地主流用户认可的本土化品牌。作为中国家电行业的领军者，海尔的全球化品牌战略不仅是中国品牌“出海”的典范，更是实践全球化布局的生动案例。

海尔凭借全球化的经验，结合各地市场的独特需求，为当地用户带去了卓越的质量体验。海尔针对不同市场的需求，灵活调整产品组合，满足各地特定的需求，并通过创新的产品功能、卓越的质量和用户体验展现出其独特优势。海尔的产品始终以高于当地市场标准的要求为目标，专注于精湛的设计、先进的技术、优化的功能以及服务升级，确保其产品在全球范围内赢得广泛的认可。

全球协同，打造高品质产品

海尔的成功不仅是技术创新和高质量产品的体现，更是其全球化战略的有力见证。从走出去到走进去，再到走上去，海尔始终以初心为指引，携手全球团队进行深度融合和创新。

1. “五个全球化”推动质量创新

海尔在走向海外初期，通过高质量的产品成功打开了国际市场的大门。随着全球化进程的深入，海尔构建了全球协同研发体系，建立了全球技术研发机制，实现了通用模块和复用技术的共享，并在合规范围内共享专利。通过全球产品开发机制，协调全球产品的合作创新，推动产品类别之间的区域合作与互补。这些举措成为海尔推出更高品质产品的重要支撑。

海尔通过整合全球资源，成功推动了质量创新，具体体现在“五个全球化”上。

- **全球化的采购。**
- **全球化的设计。**
- **全球化的制造。**
- **全球化的营销。**
- **全球化的资本运作。**

2. 构建全球协同的研发创新体系

海尔充分利用全球协同平台，在研发、产品开发、采购、供应链、营销以及品牌推广等方面进行综合功能整合，将已有的成功市场经验共享并拓展至全球各个市场。通过不断深化全球业务间的协同效应，海尔为其全球质量创新注入了强大的动力。

（1）并购斐雪派克后。

在澳大利亚，并购斐雪派克后，海尔国内团队与斐雪派克共同研发了直驱滚筒洗衣机，仅用三年的时间便占据了澳大利亚市场第一的位置。

（2）并购通用家电后。

在美国，2016 年海尔刚刚并购通用家电时，通用家电因缺乏竞争力正准备放弃滚筒洗衣机产业。后经海尔团队与通用家电的沟通，通用家电收回了放弃的想法。2019 年，双方合作研发的能换气通风的美式大滚筒洗衣机投产，成功解决了困扰美国消费者的异味问题。该产品上市后，通用家电一扫多年颓势，迅速成为美国洗衣机市场发展最快的品牌，洗衣机从原本的市场“非主流”走向了主流市场。此外，在美国最常见的洗衣场景是一次洗衣需要洗衣机、烘干机两台机器完成，既浪费时间又耗电。针对这一需求，通用家电与海尔国内研发团队和海尔欧洲团队一起研发了 Combo 超高效洗干一体机，将行业普遍需要 6 小时才能完成的洗烘时间缩短为 2 小时，并节能 50%。这款产品定价 2899 美元，是行业平均单价的 3 倍，目前已成为美国洗护一体机市场份额的第一。

（3）在欧洲的海尔节能洗衣机。

在欧洲，海尔的洗衣机产品比欧洲 A 级能效标准节能 60%，这一成绩源于全球研发和制造体系的协同。中国研发中心负责软硬件设计，澳大利亚研发中心负责电机升级，欧洲研发中心聚焦节能问题，美国研发中心提供新风技术解决方案，产品制造在中国完成。

（4）海尔日本的共同开发。

日本市场有着严苛的质量标准要求。中日团队携手提升质量标准，建立了一套涵盖中国、德国、日本三地特点的综合性质量体系。通过 2007 年成立的“海尔三洋电子株式会社”以及 2012 年兼并项目导入的专利技术，海尔日本全面掌握了质量管理和生产体系的全流程，使得高水平的质量体系与安全标准得以沉淀到技术团队和生产线。例如中日团队共同开发的多门风冷技术突破了行业的技术壁垒，解决了卡脖子的技术问题。海尔开发的六门五温区控制的风冷技术高端产品，实现了风冷产品的行业引领。

（5）南亚的市场开发。

在南亚市场当地团队通过与中国开发团队的紧密合作，突破了传统产品开发模式，实现了 HRT-683 冰箱的成功研发，使其成为当地市场的中高端差异化产品的代表。这种跨国团队合作的创新模式，不仅提升了产品竞争力，也推动了成本控制和资源整合，使海尔的品牌形象得到了进一步的巩固。

海尔在全球家电市场的崛起，体现了中国品牌在国际竞争中的强大实力。凭借精准的市场洞察力、对技术的不断追求以及对用户体验的重视，海尔不仅打破了全球高端市场的壁垒，还通过不断的产品创新和优质的售后服务，树立了全球品牌的领导地位。海尔的成功，是中国品牌逐步在全球市场实现引领目标的缩影，也证明了中国企业在全球化竞争中的独特优势和潜力。

高质量服务："真诚到永远"的国际形象

"服务的国际化要什么？其实到最后只有一条，要的就是用户资源、用户的忠诚度。作为一个企业，所有有形的方面都可以用钱买来：全世界最好的设备，有钱就可以获得；全世界最好的技术；只要有钱也可以买到；全世界最好的人才，花大价钱可以挖过来。唯有用户资源买不到，因为那是用户的心。用户资源怎样可以得到呢，没有别的办法，只有通过国际化的服务才可以得到。"2002 年 12 月 26 日，张瑞敏在内部讲话中表示。

1. "真诚到永远"打动全球用户

海尔的"真诚到永远"不仅在国内赢得了广大消费者对海尔品牌的信任和认可，也成功打动了全球用户，充分展示了海尔品牌的全球竞争力和服务理念的深远影响。

（1）日本市场的成功突破。

日本市场一直是全球家电行业的高地，本土品牌占据绝对优势，曾让其他国际品牌望而却步。然而，海尔凭借其坚持的“真诚到永远”的服务理念，成功突破了“外资品牌进不去”的“禁地”。从刚进入日本市场时的第八位，到最终登顶日本白电市场的第一位，海尔用实际行动证明了中国品牌在国际市场的强大实力。海尔日本公司的成功不仅展示了中国品牌在全球市场的崛起，更证明了服务与创新的力量。通过始终如一的真诚服务和迅速响应市场需求，海尔不断提升自身的全球竞争力，也为全球用户创造了真正的价值。

（2）全球新冠疫情期间海尔日本公司的创新业绩。

在2020年全球新冠疫情肆虐的特殊时期，海尔日本公司的应对策略和行动力成了行业的标杆。面对供应链停摆、生产停滞等挑战，海尔日本公司依然保持了产品更新和市场推广的高效运转。在对手普遍延迟产品更新的情况下，海尔日本公司三年推出了56款新产品。即使在新冠疫情导致现场服务困难时，也创新性地通过远程网络服务和直销员在线互动等方式，保证了产品的快速迭代和市场的稳定供应。这种敏捷的应对不仅加快了海尔的产品研发速度，还加速了海尔的市场渗透和品牌影响力的扩展。海尔日本公司承诺:“只要有一个店铺开门，公司就不停下”“产品计划不延期”。这让销售商在供应紧张和不确定性强的情况下，依然对海尔保持高度信任与合作。这种稳定的供应和服务让海尔与销售商的关系实现了质的飞跃，从过去的“第二梯队”跃升至市场的领导者。

杜镜国在回忆这一过程时提到，海尔的成功不仅来源于产品本身的优秀，更来自团队的坚韧与自我超越。通过这次艰难的历程，“我们的员工实现了真正的自我发现、自我认知，原来目标真的可以实现，原来困苦可以转化为契机，原来‘真诚到永远’可以以这样的方式奉献给客户和消费者。”（来源：杜镜国在 2023 年 9 月第七届人单合一模式引领论坛上的发言）

海尔的国际化战略，尤其在日本市场的成功，是其品牌全球化进程中的一个重要里程碑。早在 2003 年，海尔就在东京银座竖起第一座中国企业的霓虹灯广告牌，这象征着中国品牌开始了逐步走向全球的崭新篇章。杨绵绵曾说：“点亮海尔广告牌的灯并不难，难的是海尔品牌这盏灯真正在每一个日本用户的心中闪亮。”这番话深刻表达了海尔品牌文化的核心：用真诚打动用户，赢得他们的信任与忠诚。这一理念深深触动了海尔日本团队，成为他们追求卓越的动力源泉。海尔不仅通过产品的高质量和创新进入了日本家电市场，还通过一系列服务创新，建立了与当地消费者的深厚关系。这种从心出发的服务理念，成为海尔品牌在全球范围内扩展的强大支撑。

2005 年，海尔品牌在日本市场的日渐崛起，标志着其国际化进程的进一步突破。张瑞敏在视察日本市场时，看着 Bic Camera（日本第二大家电零售渠道）的家电卖场大厦外墙上展示的众多国际著名家电品牌，感慨道：“海尔品牌上榜，就是我们在日本市场走上去的标志。”（来源：《杜镜国：追求卓越——从第一台到第一名》，《海尔智家文化》，2024 年 12 月 17 日刊）

2012 年，海尔进一步拓展其在日本市场的影响力，通过推出高端品牌“AQUA”和实施“双品牌战略”，实现了市场的全方位布局。AQUA 作为海尔在日本的另一张名片，不仅填补了高端市场的空白，还通过独特的双品牌运作机制，为海尔的全球品牌战略积累了宝贵的经验。如今，在东京银座的广告牌旁，海尔与 AQUA 并肩而立，成为日本市场上最闪耀的家电品牌之一。

2. “真诚到永远”的全球化战略

海尔的成功不仅仅体现在产品的市场份额上，更在于其全球化战略的多元化布局。在美国市场中，海尔通过创新的售后服务和精准的安装服务，树立了“快速响应”的品牌形象。而在欧洲，海尔推出的 hOn 智能家居平台，通过一站式的管理和智能互联，将家电产品融入消费者的生活生态中，不仅提升了家电性能，还优化了能源效率，降低了环境影响。

海尔的全球化战略，依靠的正是那份“真诚到永远”的承诺。无论是在产品的创新、服务的响应，还是在市场的布局上，海尔始终坚持以用户为中心，力求为全球用户创造最大价值。这一战略不仅让海尔成为全球家电行业的佼佼者，也为中国品牌赢得了在国际市场上的尊重与认可。

张瑞敏曾经在文章《海尔是海》中，围绕“真诚到永远”这样写道：“只要我们对社会和人类的爱‘真诚到永远’，社会也会承认我们到永远，海尔将像海一样永恒存在，而生活于其间的每一个海尔人都将在为企业创一流效益、为社会做卓越贡献的同时，得到丰厚的回报。这是海尔认为的企业存在的最高境界。”海尔创业 39 周年时，海尔集团董事局主席、首席执行官周云杰再次引用了张瑞敏这段话，并表示：“真诚到永远”是海尔人精神追求的起点，也是我们一切行动的精神导引。现在，“真诚到永远”有了时代的新色彩，他们不仅对用户真诚，对员工、对生态各方、对社会都是真诚的，这是一种更博大的真诚。

高质量体验源自一流解决方案

伴随着“真诚到永远”迈向全球市场的，不仅仅是海尔的高质量产品与服务，还包括高质量的解决方案和卓越的用户体验。

1. 海尔欧洲的暖通解决方案

2017 年 1 月 2 日，鲍勃·考拉德（Bob Cowlard）加入海尔的欧洲公司，成为海尔欧洲暖通小微初创团队的一员。经过 7 年的发展，在 2024 年行业整体下行的趋势下，海尔欧洲暖通业务实现了营收同比逆势增长 26%，成为欧洲暖通行业增长最快的企业，海尔欧洲暖通业务的整体营收，较2017年创业之初，已实现了8倍增长。

2024年4月，暖通小微拓展为海尔欧洲暖通解决方案链群，独立运营，覆盖整个欧洲市场的暖通业务。为实现与用户零距离的服务，鲍勃在团队设置上采用了“轻总部，重国家”的方式：在所有员工中，总部仅有5人，其余员工全部投入到当地的小微，专注于销售和售后服务等工作。与单一销售空调产品不同，海尔欧洲暖通解决方案链群提供的是完整的整体解决方案。如以节能减排为背景，酒店需要一整套能源解决方案。海尔欧洲公司对酒店的能源消耗进行监测，分析其碳足迹，并综合考虑酒店的布局、人员数量、工作时间、波峰波谷电费等因素，为其提供包括供暖、通风和空调在内的整体解决方案，从而帮助酒店实现最优的能源利用和在线能源管理。这样的能源解决方案需要多个型号的空调、热水器、智慧楼宇系统以及新能源等多种产品与服务的组合。产品型号越多，解决方案的选择就越丰富。海尔快速迭代的产品矩阵为海尔欧洲暖通解决方案链群提供了强有力的支持。“我们的产品矩阵中有超过2000个最小存货单位（SKU），你难以想象我们可以提供多少种解决方案。”鲍勃说道。

凭借完善的智慧家庭产品和新能源产品的支持，加上欧洲一站式智慧家庭生态平台（hOn）中的智慧能源管理平台，截至2024年底，海尔是欧洲市场唯一一家能够提供完整能源解决方案的企业。

“水能载舟，亦能覆舟。”质量是赢得信任的基石，稳定的质量供应就是海尔欧洲暖通解决方案链群赢得用户信任的前提。在暖通行业，安装、维修等环节的人工成本较高，设备成本仅占项目总成本的50%以下，但如果设备出现质量问题，维修所需的人工成本将大幅增加。由于海尔产品的故障率极低，充分赢得了用户的高度信任，也为企业争取了更大的利润空间。正如鲍勃所说：“海尔不仅是中国的高端品牌，更是中国的第一品牌，因为我们的产品不仅具备高价值，还有高质量。”（来源：《海尔人》半月刊，

2024年第23期）

2. 高体验让海尔海外战略落地

高体验的方案，是海尔海外战略落地的关键基础之一。周云杰总结如下：[㊀]

海尔生态品牌战略在海外的落地实施，可以概括为“四个一”，即一个基础、一个底线、一个信念、一个体系。

（1）一个基础，即打造高品质和高体验，持续为用户创造优质生活。

（2）一个底线，即充分尊重本土文化与法律，这既是基础，也是底线。

（3）一个信念，即始终坚持自主创牌。

（4）一个体系，即构建全球本土化的体系，依托全球化服务全球化，通过本土化推进全球化。

制定国际标准，走在行业前列

在过去相当长的一段时间里，欧美国家几乎掌握着国际标准制定的绝对话语权，而如今，越来越多的中国企业代表走进国际标准的舞台，成为全球技术标准起草制定的主导者或参与者。

“标准的目的是将技术市场化、产业化，最终为用户呈现高质量、高体验的产品。海尔从创业之初，每一步都要求制定高质量的标准，这也迫使我们不断超越行业，坚守质量至上的原则。”海尔集团标准专利总监王滨后表示，**产品质量和体验的竞争本质上就是标准竞争**。

随着不断走向国际市场，海尔越来越深刻地认识到国际标准的重要性。企业产品首先要符合国际标准，才能获得出海的“通行证”。而参与主导行

㊀《中国链主启示录丨从世界到无界——海尔集团链主风采背后的生态逻辑》，郭成林、高志刚，上海证券报，2024年12月6日。

业的国际标准，是海外创牌的关键。海尔代表了中国制造业的崛起，也是中国企业在标准化发展道路上取得突破的缩影。相比世界上拥有百年历史的老品牌，中国企业在参与“国际标准”的制定方面起步有些滞后，这也正是中国企业奋起直追的动力。以海尔为代表的具有自主知识产权的中国品牌，正展现出参与国际标准化工作的强烈意愿和能力。

1. 海尔牵头制定国际标准

（1）2002 年，海尔在国际电工委员会（IEC）的标准会议上，首次提交了“家用和类似用途的电储水式热水器的安全要求”（IEC 60335-2-21 *Household and similar electrical appliances-Safety-Part 2-21: Particular requirements for storage water heaters*）的国际标准提案，并于 2003 年被 IEC 采纳。2008 年，这项提案进入国际标准草案（FDIS）阶段，最终成为国际标准。海尔的“防电墙”技术能够将漏电电压降至人体承受范围内的 12 伏特以下，从根本上规避安全隐患。这是中国家电行业首个具有自主知识产权的 IEC 安全标准，标志着中国企业在国际安全标准领域的重大突破。可以说，海尔牵头主导国际标准的制定，为中国品牌的海外创牌提供了强有力的支持。

（2）2005 年 7 月，海尔“双动力”洗衣机被纳入 2006 年国际电工委员会国际标准提案。这是继海尔热水器“防电墙”技术之后，又一项海尔的自主知识产权发明被纳入国际标准。凭借整合创新，海尔的“双动力”洗衣机打破了近百年来国外企业对洗衣机行业标准的垄断，开启了由中国家电企业主导和参与国际标准制定的新时代。

（3）2025 年 3 月，由海尔冰箱主导的 IEC 冰箱保鲜国际标准正式发布，为全球冰箱保鲜效果提供统一的参考标准。这不仅是 IEC 119 年来第一个冰箱保鲜标准，填补了世界空白，也是首个由中国品牌主导制定的冰箱业国际标准，实现中国在该领域国际标准上“零”的突破。

2. 海尔参与国际标准化活动的卓越贡献

海尔始终把“用户”放在首位，从用户需求出发研制产品和找出解决方案。正是这种独特的思维方式，让海尔的标准成为全球行业的普适标准，推动海尔从行业的跟随者转变为引领者。截至2024年底，在全球家电行业中，海尔是参与国际标准制定和拥有国际标准专家数量最多的企业，也因此成为中国出海企业参与国际标准化活动的佼佼者：

（1）海尔累计主导和参与国际标准制定120项，拥有100余位国际标准专家；在国内主导和参与国家/行业标准制定912项。

（2）海尔是全球唯一同时进入IEC国际委员会理事会（IB）和IEC管理系统委员会（MSB）两大IEC最高管理机构的企业。

（3）海尔智家——累计主导和参与国际标准制定110项，国家/行业标准制定788项。海尔智家是中国家电行业唯一一个承担IEC技术分委会秘书处职责的企业，是行业唯一主导和参与IEC、ISO、电气与电子工程师协会（IEEE）、开放互联基金会（OCF）、智能家居设备互联互通标准协议（Matter）等多个国际组织的智慧家庭标准制定的企业。

（4）卡奥斯——累计主导和参与ISO、IEC、IEEE、UL等权威国际组织的国际标准制定12项、国家/行业标准制定98项，是首个在ISO、IEC、IEEE三大国际标准组织实现国际标准全覆盖的中国工业互联网平台。

（5）海尔生物——主导和参与29项国家/行业标准制定、1项世界卫生组织（WHO）国际标准制定，IEC PC130医用低温储存设备项目委员会下两个工作组的召集人、主导IEC医用低温存储性能国际标准制定。

（6）海纳云——参与1项国际标准制定，主导和参与6项国家标准制定。

作为最早意识到标准化重要性的企业之一，海尔用40多年的实践，在标准化的探索中落实了“强化标准引领，促进高质量发展”的理念。作为参与国际标准化活动的企业先行者，海尔不仅在全球市场中发出了中国声音，更推动了“中国标准”走进“国际标准”。以海尔为代表的中国企业，已经成为企业参与国际标准化领域的重要力量。“胜人者有力，自胜者强。”正如周云杰所说：“创品牌犹如走‘窄门’，进入的过程艰难，但一旦走进去，路会越来越宽。正是凭借这种精神，海尔才能走到今天。”㊀

积极参与国际标准和国家 / 行业标准的制定和修订工作，有效推动了海尔市场表现的卓越业绩。

3. 海尔开放式全球创新体系

坚持自主创品牌的海尔，已成为诸多全球用户知晓的“中国制造”。到 2025 年，海尔已在全球建立了 10+N 开放式创新生态体系，拥有 35 个工业园、163 个制造中心、23 万个销售网络，业务覆盖全球 200 多个国家和地区，服务超过 10 亿家庭用户，打造了全球规模最大、产业链最长的数字化制造体系，制造有效率、服务有品质，能够为不同国家和地区提供差异化的定制服务，满足用户的最大需求。根据欧睿国际的数据，海尔已经连续 16 年位居全球大型家电品牌零售榜第一；在中国、美国、巴基斯坦、新西兰等 7 个国家成为行业第一；在法国、西班牙、葡萄牙、英国等 12 个国家进入前三；在德国、波兰、捷克等 9 个国家进入前五。

㊀《海尔无界》，经济日报，2024 年 8 月 27 日。

第7章 “人单合一”重塑企业质量管理逻辑

“人单合一”质量管理模式的形成

在传统的认知中，物联网主要被定义为通过互联网将物理设备、传感器、软件和其他技术连接在一起，使其能够通过数据互动、协作和决策，实现更高效和智能的管理和控制。更深层次的意义在于通过连接人与设备、设备与设备，推动人与人、人与环境之间的高效互动与协作，从而实现更全面的智能化和自动化管理。物联网时代的核心特点包括“零距离”“去中心化”和“去中介化”，即通过技术手段消除信息壁垒，使用户与产品、服务提供者直接连接，从而提升效率，优化用户体验。

“人单合一”质量管理模式的内涵

基于互联网时代的物联网特性，张瑞敏于2005年9月首次提出了“人单合一”的管理模式，将物联网的本质落地，形成企业、员工和用户高度融合的生态系统，在此基础上进行战略定位、组织架构、运营流程和资源配置的持续动态变革，为用户创造价值。它不仅区别于传统的竞争方式，也超越了传统业务模式和盈利模式的范畴。通过不断的探索与实践，“人单合一”质量管理模式逐步形成，并在互联网企业的创新实践中持续演进和迭代。

1. “人单合一”模式的概念

“人单合一”的字面释义为：“人”指员工，“单”指用户价值，“合一”意味着员工的个人价值实现与所创造的用户价值相统一。“人单合一”的核心理念是，每个员工都应直接面对用户，创造用户价值，并在为用户创造价值的过程中实现自身的价值分享。员工并非从属于某岗位，而是因用户的需求而存在，正因为有用户，员工的价值才得以体现。由这个思路形成的管理模式，称为“人单合一”管理模式，也简称为“人单合一”模式或“人单合一”。

在“人单合一”模式下，每个员工的薪酬来源于用户的评价和付薪，而不是来自上级的评价或企业的支付。传统企业的薪酬通常依据岗位和职级进行划分，员工执行上级指令，绩效由上级评定，薪酬由企业发放。而海尔所探索的薪酬机制则是由用户支付薪酬，员工听从用户需求，为用户创造价值，价值由用户评价，薪酬则来源于为用户创造价值所带来的增值分享。

在“人单合一”模式（见图 7-1）下，企业中的每个人都要创造价值，都能够创造价值。创客根据用户需求，抢“单”后，具有共同兴趣的创客自发组织成小微团队。每个小微团队拥有“三权”：决策权、分配权和用人权，因而可以迅速根据市场变化做出自我决策且自负盈亏，并按照约定进行价值分享。这种模式下的小微组织架构，彻底颠覆了传统的“科层制”结构，超过 8 万名员工被组成 4000 多个小微团队。12 000 名中层管理者则面临选择：要么创业，要么离开。企业因此变成了一个扁平化的平台，没有层级，每个人都成了自己领域的 CEO。

图 7-1　“人单合一”模式

2.“人单合一”模式重新定义质量观念

“人单合一”模式在海尔的质量管理实践中，涵盖了狭义质量和广义质量两个层面。狭义质量的内涵从保修期创新迭代为保证期：由事后维修补救质量缺陷，转变为事前预防，确保产品质量不出现问题。而广义质量则从事后的用户满意度提升，转变为全流程的用户交互体验：过去，用户是被动接受问卷调查，而现在则是全流程并联云交互，用户主动参与从设计、制造、销售、配送、使用到环境和社会价值的每一环节，用户体验得到全流程的优化和提升。

海尔员工的质量观得到了升华：**用户永远是对的**。用户是企业生存的根基，缺少用户的支持，企业无法存活。自海尔创立之初提出的“永远以用户为是，以自己为非”的理念，更进一步提升为“人单合一”，这成为满足用户需求的动力源泉。“用户永远是对的”包含了两个层面的含义：一是质量标准由用户定义；二是在产品质量上，如果企业以不变应万变的态度对待用户的需求，那错误就在企业。

（1）质量的标准由用户定义。

在传统工业时代的质量管理中，无论是结果控制、过程控制还是系统控制，产品本身始终是质量管理的主体，质量被视为一个理性衡量的过程。然而，在互联网时代，产品质量的合格仅是最基本的要求，真正的标准是产品是否能为用户带来个性化的体验，并赢得用户的心理认同。因此，质量标准必须由用户来定义。

（2）质量标准随着用户需求变化。

随着互联网时代用户需求的个性化和动态化，质量标准不再是固定不变的，而是要随着用户需求的变化而不断调整。质量管理的目标不再仅仅局限于产品的质量，而是上升到满足用户的全流程最佳体验。从传统的“标准”“耐用”“无瑕疵”等静态标准，到物联网时代的“个性化制造”“事先参与”和“心理认同”等动态标准，产品的质量标准已全面转向用户的需求和期望。海尔的质量管理模式因此全面升级，建立了一个让用户全程参与到产品研发、设计、生产等环节中的互动平台，旨在创造出符合用户需求并能获得用户认同的高质量产品。

以用户最佳体验为核心的质量管理体系

实践“人单合一”质量管理模式，即创建以用户最佳体验为核心的质量管理体系。

1. 给用户带来最佳体验

“人单合一”模式，首先给海尔员工带来了两个质量层面的转变。

（1）狭义质量层面，从保修期到保证期，这是必要条件。海尔追求的保证期体现了对用户真正负责的态度，如在国际市场上，过去依赖“产品坏了免费修”和“延长保修期”作为卖点的做法已经行不通。海尔整合全球资源，创新了从保修期到保证期的新模式，建立了从串联到并联的保证期体系，一流的生态资源从企划阶段便开始参与，确保保证期的实施。

（2）广义质量层面，从事后满意转变为全流程用户最佳体验，这是充分条件。主要通过以下几个方面的创新来实现：一是设计质量创新，二是供应链生态系统质量创新，三是制造质量创新，四是服务质量创新。通过这些创新，海尔能够确保用户在产品的整个生命周期中都有最优质的体验，从而提升了用户的整体满意度和忠诚度。图 7-2 展示了海尔以用户最佳体验为核心的质量管理体系。

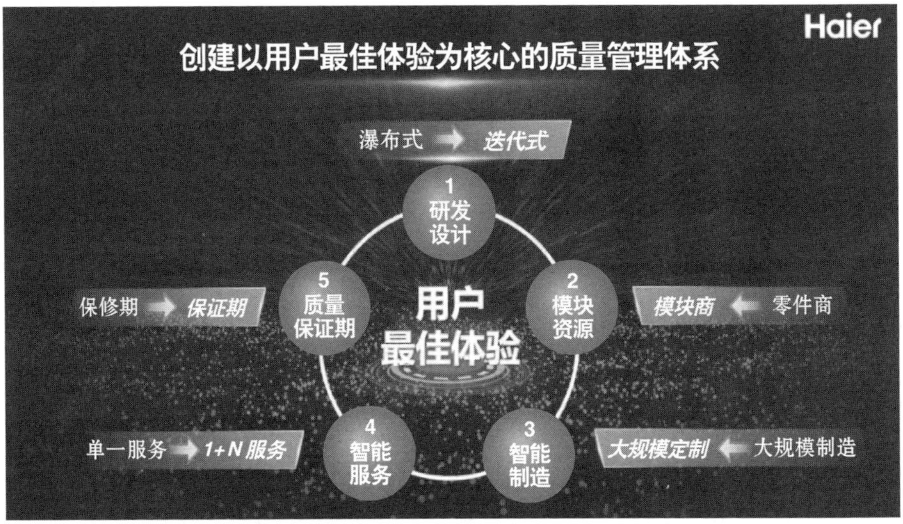

图 7-2　海尔以用户最佳体验为核心的质量管理体系

2. 让用户全流程获得最佳体验的创新活动

在物联网时代，随着个人品牌化的兴起，人们不再仅仅满足于厂商按传统设计规模化生产的产品，而是对产品提出了更深层次的“私有”需求。

（1）设计质量创新。

海尔坚持开放共享、共创、共赢的全球资源利用战略，搭建了面向全球的开放式“双创”平台，整合了线上线下各类创新资源，形成了遍布全球的创新资源网络，吸引全球一流创新资源为海尔所用，构建了一个开放式的共创共赢生态圈。海尔通过这一平台实现了“世界就是我的研发部”的战略。

在海尔的开放交互平台上，用户主动参与产品设计，不再是传统的被动产品接受者。用户参与设计的产品更加贴合其需求和期望，既提升了产品的销售额，也为用户提供了最佳的服务体验。同时，海尔与全球顶级设计师进行合作，打造了一个国际化的交流平台，使相关行业的专家能够充分利用国际资源，共同创造更多的价值。海尔通过以研发团队为核心，向外扩展，吸引了更多的专家参与平台建设，为用户提供最佳产品和服务。

（2）供应链生态系统质量创新。

海尔始终推进模块商资源与用户的零距离接触。为此，海尔构建了全球家电行业首个模块商资源服务平台，并通过高精度驱动和高效率形成了以用户为中心的全流程、全生命周期供应链生态系统。这一系统的目标是创造用户的终身价值。该供应链生态系统包括三类资源。

海尔的创业小微：这些小微团队与用户零距离，随时响应用户需求，创造用户价值。

海尔的多种资源：如设计资源、供应商资源、服务商资源等，所有合作资源也都与用户零距离。

物联网产品和生态资源：海尔的“食联网”通过整合全球美食烹饪生态资源，创建了智慧厨房生态平台，覆盖家装、食品、健康、物流、娱乐等 12 大类，近千家生态合作方共同打造出智慧厨房主动烹饪场景方案。

通过这三类资源的聚合，海尔打造了一个完整的生态系统，不断提升用户体验，并创造更多的用户价值。

（3）制造质量创新。

随着智能化时代的到来，万物互联、人机物深度融合等新兴模式和科技创新层出不穷。海尔凭借其40多年的制造经验，在“人单合一”模式的指引下，不断创新迭代，推出了全球首家引入用户全流程参与体验的卡奥斯工业互联网平台。该平台具备超级链接性、产品创新和生产管理的独特优势。到2025年，海尔在全球已经建成15座互联工厂，在世界经济论坛（WEF）公布的全球189座“灯塔工厂”中，海尔拥有9座“灯塔工厂”和1座“可持续灯塔工厂”，是全球拥有灯塔工厂数量最多的中国企业。

卡奥斯工业互联网平台的核心是通过各节点的全生态连接，持续与用户进行交互，将硬件体验转化为场景体验，进而将用户从被动的购买者转变为主动的参与者。用户全流程体验的迭代不仅推动了平台共建方的增值分享，还为全球制造业的智能化转型提供了有力支持。

（4）服务质量创新。

海尔通过打造让服务商、服务兵与用户都能参与的并联交互平台，创新了服务模式。对外，海尔通过用户评价、服务兵抢单、社区互动等方式，创造了“人人创业、人人管家”的服务模式，引领行业发展；对内，海尔通过零距离服务、电子保修卡信息到人、价值到人和用户付薪驱动，实现了全流程的自演进。

通过全流程用户体验交互平台，用户的声音、意见或抱怨可以直接传递给相关创客，实现与用户的零距离接触，打造一个资源共享、人人做自己的CEO的共赢平台。在这个平台上，用户能够享受到最佳的体验，也为企业和各利益相关方创造了更多的价值。当用户在全流程中获得最佳体验时，产品质量也达到了最适宜的水平。

海尔通过体验设计、供应链生态圈、智能制造和服务创新的综合发力，围绕满足用户个性化需求的全流程最佳体验，打破了不同产业、行业和企业间的壁垒，推动了从“卖产品”到“卖场景”的转型。同时，通过连接海尔、生态方和用户的技术平台，将大数据赋能落到实处，基于大数据的质量创新模式正在不断实践与探索。

（5）质量保证。

海尔在创新实践中整合了全球资源，构建了从串联到并联的保证期体系，从保修期到保证期，这是物联网质量的必要条件；从事后满意到全流程体验，这是物联网质量的充分条件。通过让用户提前参与并进行全流程交互，海尔能够快速满足用户个性化定制的需求，并提供全流程的最佳用户体验。这一创新模式不仅提升了产品质量，还帮助企业更好地实现了与用户的深度连接和价值共创。

质量管理模式的实施及成效

实施“人单合一”的质量管理模式，使海尔收到了卓越的绩效，特别表现在如下四方面。

1. 质量提升

在行业普遍重视产量时，海尔大力推进质量提升，成为中国家电行业第一块质量金牌的开创者。当行业开始注重质量时，海尔已经在全面提升服务质量。当行业关注产品保修期时，海尔已全面实施从保修期到保证期的质保体系。在互联网时代，海尔继续探索全流程用户最佳体验的质量管理模式，提出质量标准是由用户制定的。海尔提出的“零缺陷、差异化、强黏度、双赢”质量发展战略，带来了对传统质量概念的颠覆，体现了企业强大的自主创新能力和科技进步，展现了海尔通过自主创新促进品牌强国的自信与自觉。

2. 技术创新

海尔始终坚持原创科技，推动高质量发展。基于“世界就是我的研发部”的开放创新理念，海尔通过“技术专利化、专利标准化、标准国际化”，实现行业引领。海尔在全球已建立了“10+N”创新生态体系、20多个国家级科创平台，并拥有超过2.4万名研发人员。海尔在技术创新方面的成就包括获得国家科技进步奖、中国专利金奖等荣誉。海尔近期在家电领域的技术创新包括以下几方面。

冰箱保鲜技术：海尔创新的磁控冷鲜科技，通过磁场定格食材分子，解决了冷冻肉口感差、营养流失的问题。

洗衣机技术：推出3D透视烘干技术，解决了大件衣物的烘干难题。

空调技术：研发的可变分流科技，提升了制冷制热效率，带来更舒适的用户体验。

智慧家庭技术：通过研发垂域模型HomeGPT，使人工智能基于智慧家庭领域的知识库进行主动服务，并能进行个性化互动与服务。

这些创新成果不仅提升了海尔的核心竞争力，也推动了整个行业的发展，同时对社会各个领域都带来了积极的影响。

3. 高质量人才培育机制创新

海尔始终秉承“优秀的产品是优秀的人干出来的”的人才理念，注重提升员工的质量与技术素质，建立了完善的人才培养和激励机制。

（1）全球研发人才培养体系。

通过开放创新理念，海尔建立了全球研发人才培育体系，汇聚了世界顶尖的科研团队，研发人数超过2.4万人。通过院士工作站、博士后工作站、离岸创新基地、全球工程师发展项目等一系列措施，不断创新创业和培养人才。

（2）基于人才发展的学习培训体系。

海尔通过不断完善质量人才标准体系，推动了人才能力的螺旋式提升，构建了橄榄型质量人才结构，提升了智造质量人才的布局。该体系分为平台主、链群主、小微主和创客四个层级，旨在为每一层岗位提供无缝、无界、无感的赋能体验。系统培训聚焦四个维度，包括领导力培训、专业技能培训、通用能力培训以及新员工培训。例如，质量管理团队注重领导力培训，重点基于岗位需求，从个人效能、绩效管理、目标达成、团队管理、商业 / 战略洞察、市场 / 客户管理、价值贡献、国际化视野等方面进行赋能，以提升各层级管理者的领导能力和组织发展的前瞻性，确保组织的领先地位。专业能力方面，则根据不同职能群体定制培训内容，例如研发专业工具、电路系统设计、机械自动化技术、AI 智能交互、业务流程能力等。

（3）创建学习型组织的员工培养机制。

海尔通过开展“创建学习型组织，争做知识型员工”活动以及内外部质量赋能培训班，累计培训人数已超过 10 万人次。大量熟练的技术工程师和技术工人成为海尔质量发展的基石和保障，也是海尔在基层班组开展“传帮带”，为组织持续输送优秀技术人员的关键力量。为了鼓励生产线操作工人提升技能，海尔自 2013 年 3 月起推行首席技师制度。首席技师分为工厂级、供应链级及集团级，每位被评选为首席技师的工人，不仅能享受青岛市的补贴和技能增值补贴，还可以带徒弟并获得青岛落户资格。通过首席技师制度，海尔鼓励和激励了生产线员工提高工作技能，培养了一批顶尖技师。截至 2024 年，海尔已拥有山东省首席技师 2 人、齐鲁工匠 1 人、青岛市首席技师 3 人、青岛大工匠 1 人、青岛市突出贡献技师 15 人、高级技师 85 人、技师 394 人以及高级工 3997 人。

（4）人才培养与创新成果。

海尔通过完善的学习培训体系，培养不同层次的人才，筑牢了质量发展的基石，完成了多项科技创新成果。海尔整合全球资源组成无边界团队，每年开展数百个项目，解决了诸多的质量难题。如：

- 卡萨帝复式滚筒洗衣机噪音降低技术荣获“最佳技术创新奖”。
- 风冷冰箱噪音改善技术达到世界领先水平。
- 帝樽空调超静音技术引领行业发展。
- 机械手全自动打胶密封技术解决冰箱箱体溢料问题，攻克了30年来的冰箱溢料难题。
- 行业首条音品质全自动检测线，通过传感器与自训练模型实现了音品质在线检测和故障定位，支持了厨电产品的设计迭代。
- 引入航空领域的自动化无损检测技术，解决了热水器内胆焊缝漏水的顽疾。
- 结合航空领域的故障预测与健康管理（PHM）技术，推出冰箱智能自诊断和自预测的MFOP（无维修工作期）质量模式，即以用户为中心的智慧家电解决方案。

海尔秉承“人单合一”的管理模式，始终坚持“人的价值最大化”，坚信高质量的产品是高素质的人干出来的。多年来海尔造就了一支专业技术水平高、市场意识强，讲团结、顾大局、善创新、懂管理和敢于拼搏、敢打硬仗的质量人才队伍，这是海尔最宝贵的财富，也是最重要的战略资源。

4.“人人质量”的持续改善创新

质量从来不是单打独斗的工作。海尔秉承“质量是全员共同努力的结果”的理念和“以用户为中心”的海尔文化基因，通过组织并联与平台开放，打造全员、全面、全流程的质量生态圈，持续优化用户体验；通过持续的全员质量改善活动，为全球用户创造物联网时代的最佳体验，打造世界级的生态品牌。具体包括以下几个措施。

（1）QC 小组活动。

海尔秉承“人人创客，引爆引领”的发展理念，将质量控制小组（Quality Control Circle，QC）活动从原来的推进模式转变为自运营模式，依靠增值分享机制，实现由被动到主动的转变，激发员工创新，主动完成改善项目。各基层单位涌现出大量充满活力的 QC 创客。2024 年，海尔通过在线与线下活动积极开展项目交互和内外部分享交流活动，累计有 100 人次及项目参与各级项目发表赛，涵盖国际质量管理小组会议、亚洲质量功能展开会议、《中国质量》发表赛等重要平台。海尔的优秀创客们充分展示了先进的质量改善成果，获得国内外一致认可，其中 5 个项目在国际质量管理小组会议上荣获金奖，11 个项目获国优项目称号。

（2）质量信得过班组活动。

海尔的班组是基本的经营单元，直接面向客户，在为客户创造价值和为企业增值的同时，也体现了员工的个人价值，推动了员工与班组、班组与线体、线体与企业的共赢。通过系列一线班组建设活动，如五星班组运营机制、“我的一平米”的现场 6S[⊖] 竞比、班组员工微博论坛、员工活力秀、金牌班长竞比机制等，海尔将质量和质量意识深植于每个员工的行为和 DNA 中，从而营造全员质量氛围，提升工厂制造水平。

⊖ 6S 即整理（Seiri）、整顿（Seiton）、清扫（Seiso）、清洁（Seiketsu）、素养（Shitsuke）、安全（Security）6 个项目，简称 6S。

（3）六西格玛项目改善。

自2000年起，海尔导入并实施六西格玛理念，经过多年的实践，六西格玛已深深扎根于海尔，形成了一整套适应海尔运营的体系，并融入企业文化的DNA中。海尔的六西格玛活动具备三大特点：首先是模式融合，形成“自运转、自驱动、自创新”的经营体模式，使六西格玛与企业运营模式相辅相成；其次是端到端实施，六西格玛不仅仅是事后的质量改善，更涵盖从前端企划、研发到服务和营销等全流程节点；最后是机制保障，海尔构建了六西格玛运营体系，并通过信息化日清，实现项目的有效落地和组织运营。六西格玛的推进有效促进了企业的快速发展，并提升了海尔品牌的美誉度。

（4）质量生态圈改善。

以用户为中心，海尔对于用户的抱怨，以更快、更有效的方式解决，提升用户满意度。通过创建无边界的质量生态圈模式（见图7-3），海尔全流程参与专项解决用户抱怨。该模式以PDCA循环[⊖]质量方法为基础，聚焦市场用户需求与抱怨，并快速传递至企业内部，快速响应并整合内外部资源，以形成闭环，提升用户体验。针对不同产品的用户抱怨，结合产品特点，海尔内部已创建82个质量生态圈，持续运作超过五年，并形成和输出了数百个改善项目。此外，海尔还创建了以个人命名的工作室和实验室，如“张海群技能大师工作室”“杨伟光蓝领创新工作室”等。海尔倡导生态圈创客“即学即用、学以致用”，用知识武装自己，主动发现改善机会并实践项目，通过项目创造价值与业绩，实现个人与企业的双赢。

⊖ PDCA循环是全面质量管理的思想基础和方法依据，分为四个阶段，即计划（Plan）、执行（Do）、检查（Check）、处理（Act）。

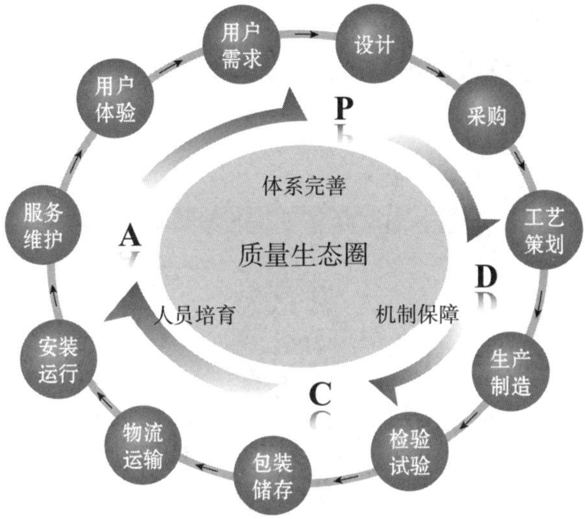

图 7-3 质量生态圈模式

（5）激励管理创新活动。

海尔在生产现场设立了“员工大道”，把年度评选出的明星员工的照片和事迹制作成看板，展示在员工大道上，同时举行年度先进标兵评比并颁发荣誉证书；海尔充分利用《海尔人》《智家快讯》、各产业创新报等内部媒体进行先进人物和事迹的宣传，让员工看到榜样、学习榜样；此外，围绕生产瓶颈开展各类创先争优劳动竞赛和职工技能大赛，并通过各类文体协会组织员工主题活动，让员工体会到创新和改善的乐趣。海尔制定的劳动竞赛指导手册，使员工的劳动竞赛不断有新的突破。海尔不断提炼和推广劳动竞赛的最佳实践，形成激励管理的创新机制。

2013 年，海尔凭借以“人单合一双赢”为核心的质量管理模式，荣获了首届中国质量奖。这一荣誉不仅是对海尔在质量管理领域卓越成就的肯定，更是对其创新管理模式的认可。该模式是海尔在互联网时代对组织变革进行的重大探索和创新。同时，这一模式也推动了海尔在全球市场的扩展与竞争。通过“人单合一”模式，海尔能够迅速适应不同市场的文化与需求，实现本土化运营与全球化战略的有机结合。这不仅增强了海尔在全球市场的竞争力和影响力，也为海尔赢得了更多的发展机遇和合作伙伴。

中国质量奖
CHINA QUALITY AWARD

中国质量奖

证书

为表彰中国质量奖获得者，特颁发此证书。

获奖内容：以“人单合一双赢”为核心的质量管理模式

获 奖 者：海尔集团公司

中国质量奖评审表彰委员会

2013 年 12 月 12 日

证书号：2013-ZGZLJ-01-Z-Z02

海尔荣获 2013 年中国质量奖

“人单合一”模式路径

海尔卓越绩效质量管理体系以其创新的理念和实践，在全球范围内树立了典范。通过人单合一的质量管理模式、以人为本的管理理念、用户参与和体验的核心理念以及开放包容的学习态度等创新实践，海尔不断提升自身质量管理水平，并推动全球市场的拓展。“人单合一”模式路径图如图 7-4 所示。

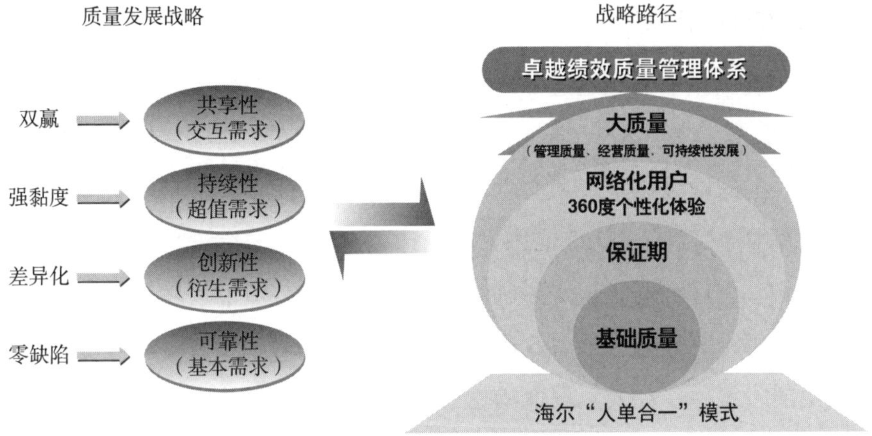

图 7-4 “人单合一”模式路径图

“人单合一”模式的创新

“人单合一”的本质在于：我的用户由我来创造，我的增值由我来分享。这意味着员工有权根据市场变化自主决策，并根据为用户创造的价值自主决定收入。“人单合一”模式使每个人都能成为自己的经营者，并组成直面市场的自组织，即自主经营体。

在管理指导思想层面，“人单合一”模式以用户为中心，以战略创新为导向，开创性地将“以人为本”思想向纵深发展，更加突出了员工个人和自主经营团队的主体地位，推动了企业经营活动的持续动态升级，最终实现企业、员工和用户的互利共赢。

在管理实践层面，“人单合一”模式摒弃了传统管理模式中的层级制，取而代之的是扁平化的网状架构，倡导全员契约，让每个人都能成为自己的 CEO。

“人单合一”模式在考核内容、组织、机制、员工角色、用户角色和合作方角色六个方面进行了颠覆性的创新。

1. 考核内容创新

从传统的损益表到适应非线性、自组织管理，海尔取消了许多企业常用的关键绩效指标（Key Performance Indicator，KPI）考核，创新性地提出了纵横匹配的两维点阵表和共赢增值表。在关注营收、利润等经营数据的同时，海尔更加重视“人”的因素。

其中，两维点阵表包含横轴和纵轴两个维度：横轴代表企业价值（如收入、利润、平台交易额、市值等），体现企业在市场中的竞争力地位；纵轴则是网络价值，代表实现市场竞争力的驱动机制和发展的具体路径，强调的是长期的持续发展，而非短期的收益。与传统的损益表以数字损益为导向不同，共赢增值表将用户增值置于核心，包含五大要素：用户资源、增值共享、收入、成本以及单个用户的边际收入。其目的是使生态圈中的所有相关方能够共同增值，实现共赢。例如，海尔将烤箱转变为“烤圈”，使食材商、菜谱平台、粉丝、达人等相关方共同为用户提供饮食解决方案，从而在烤箱产品收入之外，创造出可持续的生态收入，实现边际效益的递增。基于海尔的创新实践，美国管理会计师协会提出，企业除了传统的三张表[⊖]外，还应有第四张表：共赢增值表。

沃顿商学院管理学荣誉教授马歇尔·梅耶指出，海尔率先摆脱了传统西方管理学的框架，以“人单合一”模式探索成为一家创新型企业的成功路径，这是西方管理学从未预测过的模式……海尔的转型不仅仅是企业的变革，更是彻底颠覆了企业本身。2018 年 12 月，《哈佛商业评论》在封面文章中称“人单合一”模式是“终结官僚主义的模型”。

2. 组织创新

新一代信息技术的崛起打破了信息不对称，对传统科层制带来了巨大

⊖ 即资产负债表、现金流量表和损益表。

冲击，组织转型已成为企业变革的必然趋势。诺贝尔经济学奖得主奥斯特罗姆和威廉姆森的研究指出，自组织是市场和政府“两只手”之外的第三种治理力量。为了适应物联网、区块链等技术的发展，海尔集团董事局主席、首席执行官周云杰以物联网思维深入探索，通过去中心化的自治组织取代传统的被动式他组织，推动海尔从传统的目标管理转型为以用户体验为驱动的自组织。

在实现“正三角—倒三角—小微”组织转型的基础上，海尔构建了以小微为基本创新单元、围绕用户体验迭代的新型组织——链群。各个小微在不同节点上共同聚焦用户需求，通过触点网络感知用户需求，进行深度互动，并通过链群合约以自组织的形式形成一个“链群生态”。在这个生态系统内，资源互通、共创价值，参与各方通过增值分享自主驱动，从而实现用户体验的迭代升级和链群的自我进化。例如，海尔通过洗衣机这一媒介，连接了服装、家纺、采购、洗涤等多个产业，联合 4800 多家生态资源，形成了衣联生态，共同为用户提供衣物洗护、存储、搭配、购买等全生命周期的智慧解决方案。

诺贝尔经济学奖获得者本特·霍姆斯特朗指出，海尔创建的生态系统是一个高效且以用户体验为驱动的自组织，能够带来一致、均衡、协调的行动。在颠覆传统科层制、解决大企业病的基础上，为了避免企业像帝国般分崩离析，周云杰创新性地提出了海尔组织发展的新方向——链群联合体。各链群以用户为中心实现自驱动、自进化，链群之间通过有机协同，共同为用户创造更好的体验。

3. 机制创新

在激励机制方面，海尔创新了以用户付薪为核心的创客所有制，颠覆了传统的企业付薪和委托代理激励机制。

具体而言，海尔通过用户付薪的方式，打破了传统的由企业或领导决定薪酬的模式，创客的薪酬不再由公司决定，而是由用户的需求和价值决定。每个创客只有在为用户创造价值的基础上，才能分享价值，创客的薪酬与其为用户创造的价值直接挂钩。同时，为了解决传统企业股权激励和委托代理激励机制无法激励到每个人的问题，海尔创新性地提出了创客所有制。海尔的创客所有制在不改变企业集体所有制产权性质的基础上，设计了一种新的激励机制，旨在激发全员创客的创新活力，并实现了两个颠覆性创新：一是即使没有股份，通过分享经营权也能获得超值的机会；二是即使拥有股份，如果不创造增值，也无法获得资本利得。

在创客所有制下，每个人都有机会成为企业的创客合伙人，创客合伙人拥有三项权益：劳动所得、超值分享和资本利得，这三者均遵循“只有增值，才有收益”的原则。数据显示，2024年，海尔通过创客份额或股权获得分享超值的创客合伙人的人数扩大至约1.8万人；参与跟投创业公司和上市公司的人数较同期增长了37%。

4. 员工角色创新

在员工角色这一核心领域，“人单合一”模式无疑引发了一场深刻的变革。在传统企业的管理框架中，员工通常被视为企业运营成本的一部分，并被严格管理。然而，在海尔的创新实践中，这一观念被彻底颠覆。海尔赋予员工全新的角色定位——员工逐渐从单纯的指令接受者和任务执行者，转变为能够主动连接内外部资源、促进信息流通与合作的接口人，以及具备创业精神、勇于探索新领域的创业者。

作为接口人，员工不仅需要有扎实的专业技能，还需具备开放的思维和敏锐的洞察力，能够迅速识别并整合内外部资源，为企业创造更多合作机会和价值增长点。他们成为企业与市场、客户、合作伙伴之间的桥梁，通过有效的沟通与协作，推动各方共赢。

作为创业者，员工展现出更强的自主性和创新精神。他们不再满足于现有的工作框架，而是勇于挑战自我，积极探索新的业务领域和商业模式。员工角色的转变，不仅激发了个人潜能，也为企业带来了源源不断的创新动力和增长潜力。

在“人单合一”模式的核心理念指引下，海尔的员工被鼓励不断学习新知识、掌握新技能，提升个人的专业素养和创新能力。他们深知，只有不断提升自我，才能更好地洞察用户需求，提供更加贴心、个性化的服务。同时，海尔还鼓励员工积极参与到各项创新活动中，无论是产品研发、市场营销，还是客户服务，都成为他们施展才华的舞台。通过团队协作和资源共享，员工能够集思广益，共同探索企业发展的新路径。

员工角色的颠覆性创新，不仅使员工个人在职业生涯中获得更大的成长和满足感，更在整体上推动了海尔的蓬勃发展。员工不再是被动的执行者，而是成为企业创新发展的核心驱动力。每一次进步和成长，都直接转化为企业竞争力的提升，为海尔的持续发展注入了源源不断的活力。

5. 用户角色创新

在传统商业模式中，用户通常扮演着被动购买者的角色，他们根据市场需求或企业的推广选择并购买产品，与企业的互动多局限于交易环节。然而，随着市场环境的不断变化和消费者需求的日益多样化，用户的角色正在经历一场深刻的变革。在这一变革中，用户逐渐从被动的购买者，转变为积极主动参与产品交互与共创的交互者。

作为主动参与的交互者，用户不再仅仅满足于产品的基本功能和使用体验，而是希望能够参与到产品的设计、研发和反馈等各个环节中，与企业共同塑造满足自身需求的产品。通过与企业建立更加紧密的互动关系，用户不仅能更准确地表达自己的需求与期望，还能在产品的迭代和升级过程中发挥重要作用，实现真正的共创共享。

6. 合作方角色创新

在传统商业模式中，合作方的角色通常被限制在特定的框架内，上游供应商提供原材料或半成品，下游零售商负责产品的销售与分销，彼此之间往往表现为一种零和博弈的关系。在这种关系下，各方为了争取更多利益展开激烈竞争，导致资源浪费、效率低下，甚至可能损害整个产业链的健康发展。然而，随着市场环境的不断变化和商业模式的持续创新，合作方的角色开始发生转变。如今，企业与上下游合作方之间的关系已不再是简单的博弈，而是转变为一个并联的共享平台。在这个平台上，企业、合作方和用户共同承担责任，并共享利益，形成了一个紧密的利益共同体。

在这个并联平台上，企业不再孤立地追求自身利益，而是与供应商、零售商等合作方建立深度合作关系。通过共享资源、信息和经验，各方可以更高效地协同工作，降低运营成本，提高产品质量和服务水平。同时，用户也被纳入这个平台中，他们的需求和反馈成为推动产品创新和优化的重要动力。这种深度的合作与共赢思维，不仅促进了各方之间的紧密合作，还提升了整个产业链的竞争力和创新力。

合作方角色创新还带来了更多的商业机会和发展空间。在并联平台的推动下，企业与合作方能够共同探索新的业务领域和商业模式，共同应对市场变化，抓住发展机遇。这种开放和包容的合作模式不仅为企业带来了更多的合作伙伴和资源，也为整个商业生态的繁荣与发展注入了新的活力。合作方角色的创新是企业与合作伙伴之间建立更稳固、长远合作关系的重要途径。通过转变合作方的角色，企业能够与合作伙伴共同构建并联的共享平台，实现责任共担、利益共享，共同推动整个产业链的健康发展。

质量发展战略的创新

海尔认为，质量的高标准应由用户来制定，只有当用户满意时，质量才算达到高标准。只有不断为用户提供超出期望的体验，才能真正创造出优秀的质量。海尔的质量发展战略包含零缺陷、差异化、强黏度、双赢四个要素。零缺陷指的是产品的可靠性，这是用户对产品的基本需求，海尔逐步将产品质量保障从保修期转为保证期；差异化则是根据用户的不同需求提供定制化的解决方案，从而激发用户的衍生需求；强黏度指通过为用户提供超出期望的产品和服务，吸引越来越多的粉丝，提升用户忠诚度；双赢则意味着通过员工与用户的全方位深度交互，提供最佳体验，确保企业、员工和用户共同受益。为此，海尔始终与时俱进，不断迭代升级其质量战略。

- **名牌战略阶段**：海尔打造了产品“零缺陷”的质量管理体系，创出了第一个冰箱名牌。
- **多元化战略阶段**：海尔打造了用户“零抱怨”的服务质量体系，成为中国家电第一品牌。
- **国际化和全球化品牌战略阶段**：海尔打造了用户“零距离”的全面质量管理体系，成为全球家电第一品牌。
- **网络化战略阶段**：海尔关注用户体验，创新了用户“全流程参与”的体验模式，创建了物联网第一品牌。
- **生态品牌战略阶段**：海尔关注场景体验，创新了“共创共赢共享”的生态模式，建立了物联网生态品牌。

管理体系创新

在当今竞争激烈的全球市场环境中，质量管理已成为企业持续发展和赢得竞争优势的关键因素。作为全球知名的家电制造商，海尔的卓越绩效质量管理体系不仅体现了对传统质量管理理论的深刻理解与实践，更在此基础上进行了大胆的创新与突破。海尔的卓越绩效质量管理体系，以海尔

“人单合一”的质量管理模式为主线，既涵盖了美国波多里奇质量奖的标准内容，又融入了以人为本、用户参与和体验（“人单合一”）的核心理念，突出展示了海尔在质量管理领域的独特智慧和前瞻视野。

1.“人单合一”是海尔管理创新的基石

海尔“人单合一”的质量管理模式，是海尔质量管理创新的基石。该模式强调员工（人）与市场用户（单）之间的紧密联系，通过赋予员工更多自主权和创新空间，激励他们主动了解用户需求并满足用户期望，从而实现企业、员工、用户和生态方的共赢。这一模式打破了传统企业中员工与用户之间的隔阂，使员工能够直接面对市场，依据用户需求进行产品和服务创新，从而不断提升企业的市场竞争力。

2. 以人为本是海尔质量管理体系的重要创新点

以人为本是海尔卓越绩效质量管理体系中的另一重要创新点。海尔深知，员工是企业最宝贵的财富，只有让员工在工作中获得成就感和归属感，才能激发他们的积极性和创造力。因此，海尔始终坚持以人为本的原则，通过提供良好的工作环境、培训与发展机会以及公平的激励机制，持续激发员工的潜能和热情。同时，海尔还倡导员工与用户之间的互动和沟通，鼓励员工站在用户的角度思考问题、解决问题，从而不断提升用户满意度和忠诚度。

3. 用户参与和体验是海尔质量管理体系的一大亮点

用户参与和体验（“人单合一”）的核心理念，是海尔卓越绩效质量管理体系中的一大亮点。海尔认为，用户是企业产品和服务的最终评判者，只有让用户参与到产品设计和生产过程中，才能真正了解他们的需求与期望，从而生产出符合市场需求的高质量产品。因此，海尔始终注重用户的参与和体验，通过建立用户社区、开展用户调研、邀请用户参与产品测试等方式，不断收集用户反馈和建议，并将其作为改进产品和服务的重要依据。这种用户共创价值的模式不仅提升了产品质量和竞争力，还增强了用户对海尔品牌的认同感和忠诚度。

4. 比较美国、欧洲、日本的质量奖标准

（1）与美国质量奖（即美国波多里奇质量奖）的标准相比，在海尔的卓越绩效质量管理体系中，美国波多里奇质量奖的标准内容得到了全面涵盖和深化。波多里奇质量奖作为国际公认的质量管理最高奖项，其标准涵盖了领导力、战略规划、用户与市场关注、测量、分析与知识管理、员工关注、过程管理及经营结果等多个方面。海尔在借鉴这些标准的基础上，结合自身实际情况，进行了创新性应用与发展。例如，在领导力方面，海尔强调领导者的前瞻性与创新性，鼓励领导者带领团队不断挑战自我、追求卓越；在用户和市场关注方面，海尔不仅关注用户的声音和需求，更倡导用户的主动参与和体验，形成了一种全新的用户共创价值模式。

（2）与欧洲质量奖标准相比，海尔的卓越绩效质量管理体系在倾听用户声音的基础上，更加强调用户的主动参与。欧洲质量奖标准虽然也关注用户的声音，但更多是从企业自身的角度出发来理解并满足用户需求。海尔则鼓励用户积极参与到产品设计和生产过程中，与企业共同创造价值。这种用户参与的模式不仅使产品更符合市场和用户需求，还增强了用户的参与感和归属感，从而提升了他们对海尔品牌的忠诚度和满意度。

（3）与日本质量奖标准相比，海尔的卓越绩效质量管理体系在PDCA循环的基础上，更注重外部标杆的锁定与超越。日本质量奖标准强调企业内部的自我超越和持续改进，而海尔则通过锁定全球外部标杆并超越它们，持续追求全球引领目标。海尔通过与全球顶尖企业对标并学习，吸收先进的质量管理理念和技术，并将其融入自身的质量管理体系中。这种开放与包容的态度使得海尔能够在全球市场中保持领先地位并持续创新。

5. 管理体系创新与新技术、新方法的应用

海尔在卓越绩效质量管理体系中的创新，还体现在对新技术和新方法的广泛应用上。随着信息技术的快速发展和互联网时代的到来，海尔积极探索并应用新技术、新方法，以提高质量管理的效率和效果。例如，海尔引入大数据分析和人工智能技术来优化生产流程和质量控制；通过建立智能质量管理系统实现对产品质量的全生命周期管理和追溯；通过在线用户调研和数据分析深入了解用户需求和偏好等。这些新技术、新方法的应用不仅提升了海尔质量管理的智能化和精细化水平，也使海尔能够更好地适应市场变化和用户需求的变化。

6. 管理体系创新与质量文化的建设与传承

海尔注重质量文化的建设和传承。海尔认为，质量文化是企业质量管理的重要组成部分，决定了企业对待质量的态度和行为方式。因此，海尔始终注重质量文化的建设和传承，通过制定质量方针、开展质量教育活动、树立质量榜样等方式，营造全员关注质量、追求卓越的氛围。这种质量文化的建设不仅提升了员工的质量意识和素养，也使海尔能够在激烈的市场竞争中保持领先地位并持续创新。

未来，随着全球市场的变化和新技术的涌现，海尔将继续秉持创新理念，深化质量管理实践，推动质量文化的传承与发展，为全球消费者提供更加优质的产品和服务。

“人单合一”模式赋能工业制造业

海尔，作为家电行业的领军企业，其“人单合一”质量管理模式在工业制造业中掀起了一场管理模式的革命。这一模式不仅颠覆了传统企业金

字塔式的管理结构，更在激发员工积极性和创造力方面取得了显著成效，实现了企业、员工和用户共赢的局面。

"人单合一"模式在工业制造业中的深度应用

海尔"人单合一"模式的深度应用体现在以下几方面。

1. 促进职业发展模式升级，提高员工素质

海尔深知，员工是企业发展的核心动力。为了激发员工的潜能，海尔建立了一条技能型产业工人职业发展升级通道。这条通道为员工提供了广阔的职业发展空间，使他们能够通过技能竞比、岗位技能评定等多种方式，不断提升自己的专业素养和技能水平。这种职业发展模式的升级，不仅增强了员工的自信心，也激发了他们的工作积极性和创造力，为企业的持续发展注入了新的活力。

2. 激发全员创新，推动技术进步

在海尔，创新被视为企业发展的灵魂。为了激发员工的创新热情，海尔建立了全员创新机制，鼓励员工积极参与创新活动。创客竞比擂台、创新工作室等平台的搭建，为员工提供了展示自己创新成果的舞台。这些平台不仅让员工有机会展示自己的才华，还让他们获得相应的奖励和认可，从而进一步激发了创新动力。全员创新不仅推动了企业技术的进步和产业的升级，更提升了企业的核心竞争力。

3. 优化人员管理模式，赋予小微自主权

在"人单合一"理念的指导下，海尔对人员管理模式进行了大胆创新。企业将决策权、用人权、分配权等核心权力下放给小微，赋予其充分的自主权。这种人员管理模式的优化，使得员工能够更加灵活地应对市场变化，

满足用户需求。小微作为独立的市场主体，能够根据自身的业务特点和市场需求，自主制定发展战略和运营计划，从而实现了企业的快速响应和高效运营。

“人单合一”文化的推广，为全球企业变革贡献中国模式

作为中国最早走出去的企业之一，海尔在海外发展过程中，深入探索了“沙拉式文化”，实现了从输出产品到输出文化和模式的转变。海尔集团董事局主席、首席执行官周云杰强调，海尔的“沙拉式文化”以“人的价值第一”为原则，在尊重各国不同文化的基础上，将“人单合一”模式作为统一的“沙拉酱”，旨在实现多元文化在“人单合一”模式下的协同共赢。周云杰这样阐释“人单合一”：“就像蔬菜沙拉，沙拉里有各种各样不同的蔬菜，代表各种各样不同的原有文化和生活方式，它们在沙拉里保持各自的形态，但沙拉酱是统一的，这就是‘人单合一’。”

1. 通用家电利润的快速增长

2016年，海尔成功并购了美国通用家电业务。在并购界有著名的“七七定律”，即在跨国并购中，70%的并购没有实现预期的商业价值，而其中70%失败于并购后的文化整合。作为美国大企业的代表，通用家电秉承美国传统的契约精神，文化氛围的主要体现为自由平等和守信精神，所有管理都非常明确，规定详细，每一步都可循章执行。然而，其契约精神的最大问题在于管理方式线性且以股东为导向。并购后，周云杰带领团队以文化融合为先导，率先将“人单合一”模式和文化融入通用家电，推动其从“股东第一”转向“创客第一”。经过小微化转型、用户付薪等变革，通用家电成功实现了从线性管理到非线性管理的转型，由对老板负责转变为对用户服务，并通过“电器—网器—生态云”的持续升级及“人单合一”模式的加速转型，成为美国市场用户首选的大型家电品牌。通过“人单合

一”的复制，通用家电在并购后 5 年内收入翻番，利润增幅超过收入增长，成为美国增长最快的家电企业。

2. “沙拉式文化”在海外多处落地

在以不确定性为主要特征的变革时代，海尔依托“人单合一”模式的创新和物联网生态建设，正为全球企业管理变革贡献中国方案和中国模式。在周云杰的深入推动下，海尔的“沙拉式文化”已成功在美国、日本、南亚、俄罗斯、澳大利亚等多个国家和地区落地实践。通过“人单合一”模式的复制，海尔有效推动了海外企业的非线性管理转型，实现了企业、用户和利益攸关方的共创共赢。2021 年 9 月，欧洲管理发展基金会（EFMD）人单合一认证中心向富士通（西欧）颁发了首张“人单合一”国际认证证书，标志着中国企业创造了首个管理模式的国际标准，开创了中国企业从接受国际标准认证到输出国际标准认证的新时代。

“人单合一”模式引领工业制造业的优势

“人单合一”模式带给工业制造业的明显优势体现在以下三个方面。

1. 提升员工积极性，提高工作质量和效率

“人单合一”模式让员工直接面对用户，通过为用户创造价值来实现自己的价值分享。这种机制使得员工能够更加积极地投入到工作中，因为他们深知自己的工作成果将直接影响用户满意度和企业竞争力。这一正向激励机制的建立，不仅提升了员工的工作积极性和创造力，还显著提高了他们的工作质量和效率。

2. 增强企业竞争力，推动产业升级

通过“人单合一”模式，企业能够更快速地响应市场变化，满足用户

需求。这种快速响应能力不仅提升了企业的市场竞争力，还推动了技术进步和产业升级。在海尔，员工的积极性和创造力得到了充分激发，他们不断提出新的创意和解决方案，为企业的持续发展提供了源源不断的动力。这种创新氛围的营造，使海尔在激烈的市场竞争中始终保持领先地位。

3. 构建和谐关系，实现共赢价值

“人单合一”模式不仅帮助员工实现个人价值，还为用户带来了更好的产品和服务。这种共赢局面让企业、员工和用户之间的关系更加紧密、和谐。在海尔，员工与用户之间建立了深厚的情感纽带，他们不仅关注用户的需求和满意度，还致力于提供更加优质、便捷的服务体验。这种以用户为中心的服务理念，不仅提升了用户的忠诚度和满意度，也为企业赢得了良好的口碑和品牌形象。

“人单合一”模式助力工业制造业高水平发展

随着工业制造业的不断发展，“人单合一”模式将继续发挥其引领作用，助力行业向更高水平发展。海尔作为这一模式的先行者和实践者，将继续探索与创新，为工业制造业的转型升级提供宝贵经验和典型案例

1. 实践“人单合一”模式的典型案例

海尔中央空调互联工厂是“人单合一”模式在工业制造业中成功实践的典范。该工厂创新性地采用了以模块化、智能化、数字化和透明可视为基础的全生态互联体系，实现了年产 33 万台，成为全球产能最大的中央空调互联工厂。这一成就的取得，离不开“人单合一”模式的深入应用和员工们的共同努力。

在海尔中央空调互联工厂，员工直接面对用户，了解用户需求，并根据这些需求进行定制化生产。这种生产模式不仅提升了产品质量和生产效

率，还有效降低了生产成本和库存压力。员工深知自己的工作成果直接影响用户满意度和企业竞争力，因此始终保持着高度的责任感和敬业精神。在这样的氛围下，海尔中央空调互联工厂不断推出创新的产品和技术解决方案，赢得了市场的广泛认可和用户的信任。

海尔中央空调互联工厂的成功实践，充分证明了“人单合一”模式在工业制造业中的巨大潜力和广阔前景。这一模式不仅推动了企业的快速发展和产业升级，也为员工提供了广阔的职业发展空间和实现个人价值的舞台。

2.“人单合一”模式推动数字化转型与智能化升级

海尔正在进一步深化“人单合一”模式的应用，推动企业的数字化转型和智能化升级。通过构建更加开放、协同的创新生态体系，海尔将汇聚更多的创新资源和智慧力量，共同推动工业制造业的高质量发展。同时，海尔将继续关注员工的发展与成长，为员工提供更加广阔的职业发展空间和优质的职业发展环境。

海尔的“人单合一”质量管理模式是工业制造业中的一种全新的管理模式。这一模式不仅提高了员工的积极性和创造力，还增强了企业的竞争力，实现了企业、员工和用户的共赢。

在当今竞争激烈的商业环境中，“人单合一”模式犹如一颗璀璨的明星，在推动企业的数字化转型与智能化升级方面产生了不可忽视的积极效果，为企业在新时代的发展提供了一种全新的、富有活力的发展模式，并为人类的进步和繁荣做出更大的贡献。

下篇

人工智能时代的质量管理新范式

第 8 章　推动制造业进入数字化时代

在人工智能技术重构全球产业版图的今天，一场由数据驱动的工业革命正以指数级速度重新塑造制造业。在这一数字化的洪流中，海尔以生态品牌战略为支点，率先将质量管理体系升级为万物互联的智能生态系统。海尔通过数字基因重塑质量规则，为全球工业 4.0 时代树立了可自演进、可跨域复制的质量管理新范式。

海尔的质量数字化愿景是构建一个业务可在线调度、风险可智能预警、结果可即时追溯的智慧质量保障体系。海尔智家即展示了全流程数字化质量管理的落地实践。

海尔智家聚焦型号全生命周期的质量保障，以质量双归零模式为牵引，通过型号全流程贯穿各关键节点，整合研发、供应商、制造和市场四大环节，将型号质量的全流程场景上平台。通过过程数据治理，实现型号质量数据的统一流转，确保全过程可追溯。通过不断动态调优的业务场景，获取最优的型号质量模型，使得产品从诞生之初便赢在起跑线上。海尔的全面、全员、全流程质量管理体系如图 8-1 所示。

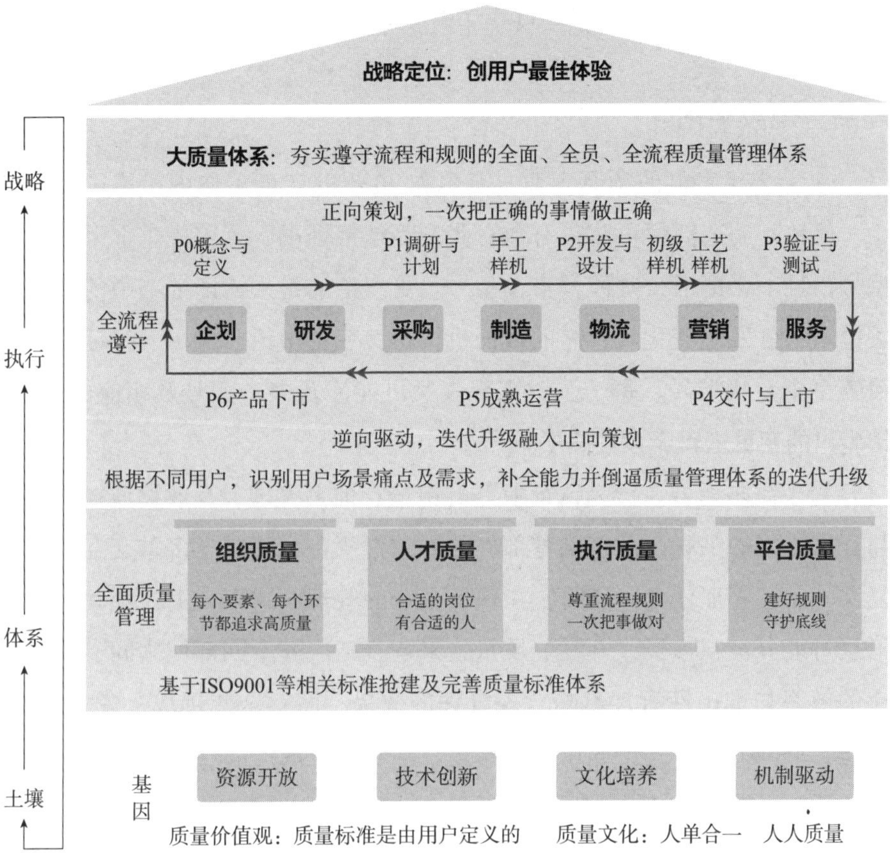

图 8-1 全面、全员、全流程质量管理体系

创意研发阶段的数字驱动

海尔在产品全生命周期的各个环节中，根据不同用户，首先识别用户场景痛点和需求，并补充能力，推动质量体系的迭代升级，**实现事前设计无误、事中生产过程顺畅、事后分析和改善的闭环**。目标是将业务场景上平台，打通全流程并实现可视化，形成业务在线调度闭环、质量风险智能识别、全过程预警，岗位自驱、用户评价秒级追溯至具体岗位，推动体系

智能升级，使质量经营结果与过程动因形成云脑能力，最终实现智慧决策。

产品合规数字化

作为全球家电的领军企业，海尔在40年的认证工作中积累了大量经验。仅单一制造商便可能持有数百张产品认证证书，涵盖成千上万的整机型号，且一张证书常常涉及多个型号。更复杂的是，认证证书中的型号或关键零部件发生变化时，需向认证机构提交变更申请。鉴于一张证书可能覆盖多个整机型号，每个关键零部件又可能涉及多个型号及相应的证书，衍生出的变更逻辑庞大且烦琐。

对于海尔而言，产品认证业务的申请、证书管理、有效期监控、产品与证书之间的关联以及关键零部件的一致性管控，都成了多重交互关系的复杂、动态管理任务。同时，在现代企业的管理模式下，上述变动因素的信息可能分散在市场、开发、质量、采购、工厂等不同部门之间，信息传递的效率与准确性直接影响合规管理的效果。面对这些挑战，建立通畅、迅速、准确的数字化传递渠道，高效、准确地完成产品合规预防和量产一致性管控，成为海尔质量数字化转型的关键课题之一。

自2019年起，海尔开始在质量数字化平台上搭建全球市场准入合规平台，致力于实现全产品认证合规的数字化管理，助力产品快速上市，事前预防合规风险，确保品牌美誉度。具体的数字化转型升级聚焦于产品的快速合规上市，主要从以下几个方面展开。

1. 产品准入标准合规

在质量数字化平台上，海尔搭建了全球准入认证地图，通过整合全球一流检测认证资源，为各类产品提供一站式认证技术解决方案。通过与新品上市关联，合规要求自动识别生成待完成任务，帮助研发团队提升一次性完成产品认证合规的能力，有效克服全球贸易技术壁垒，确保产品高效进入目标市场，保障产品的准入认证及质量合规。该地图涵盖了四大模块——安全&EMC、性能&能效、环保&健康、无线&智能，全面覆盖产品的合规要求，已覆盖30多类产品，涵盖全球9大区域及110多个国家的市场准入要求。

2. 新品认证评审

海尔通过对产品标准符合性案例的积累，形成了典型案例库，并进行结构化沉淀，主动关联新品上市，在新品研发初期预警标准符合性问题，提升“一次做对”的能力，防止不符合风险。

3. 零部件认证管理

海尔搭建了整机和零部件的认证优选库，采集供应商环节的认证信息，零部件报验流程完成后，系统自动将信息传输到优选库，通过整机与零部件物料清单（Bill of Materials，BOM）的关联，生成整机认证备案部件清单，实现零部件认证的有效性管理，提升了设计质量和认证及生产环节的信息处理效率。通过线上实时动态数字化管理，进行一致性核查，解决传统人工核查报告的低效问题。

4. 产品认证管理

通过与研发团队的紧密配合，海尔准确获取新品型号、编码、销售区域、上市时间等关键信息，确保产品认证周期和成本可控。借助全球准入认证地图数据库，海尔实现新品一次申请、多项认证类别自动识别，最终确保产品达到合规要求，并通过各类认证证书及报告的线上管理，实现全程可视化、可核查、证书到期可以自动报警传递等。

5. 产品合规管理

在新品研发阶段，海尔通过系统自动识别，向新品传递合规标准，并自动判断其是否满足 HR 认证（海尔认证）要求，对新品质量合规实现数字化管理。

6. 量产质量管理

通过量产一致性核查与抽样系统，及时发现生产中存在的合规问题，并通过系统预警触发风险管理闭环机制，避免量产过程中因合规问题带来的风险，减少协调带来的滞后风险。

7. 认证数据追溯

基于全球市场准入合规平台，各业务节点可通过型号、产品编码、证书号、产地等快速检索、精确定位相关的认证证书及报告，使得认证信息、变更报告以及关键零部件的具体使用情况得以全面呈现。值得一提的是，通过关键零部件查询，能够迅速锁定所有使用该零部件的产品。一旦关键零部件发生技术革新或制造商更替等情况，系统能即刻辨识出哪些产品需进行认证变更，从而在最大程度上确保产品的一致性与合规性。这一机制不仅提升了效率，更为产品的品质保障筑起了一道坚实的防线。

可以说，通过以上数字化管理工具，海尔成功将产品合规管理推向了数字化、智能化的新高度。通过搭建全球市场准入合规平台，海尔不仅解决了传统认证管理中信息分散、流程烦琐、效率低下的痛点，更实现了从产品研发到量产的全流程产品合规数字化管控。这一转型不仅提升了产品上市速度，降低了合规风险，还通过全球准入认证地图、零部件优选库、量产一致性核查等创新模块，构建了一个高效、透明、可追溯的合规管理体系，最终实现了“**事前风险预防、事中合规监控、事后美誉保障**”的全流程产品合规风险管控。

未来，海尔的数字化合规管理平台将进一步优化和扩展，为更多企业提供可借鉴的数字化转型范例。这一实践不仅标志着制造业在数字化时代的深刻变革，也为全球智能制造的发展树立了新的标杆。

产品研发质量管理数字化

数字经济的崛起与繁荣，赋予了经济社会发展的“新领域、新赛道”和“新动能、新优势”。数字经济与实体经济的深度融合发展，是我国实体产业在新时代实现高质量发展的重要支撑。随着信息技术的迅猛发展，数字化已成为各行各业转型升级的重要方向。在制造业，产品研发阶段的数字化就显得尤为重要。

1. 研发阶段数字化评审

在海尔，产品按照全生命周期管理（Product Life-cycle Management，PLM）高阶流程落地执行。在设计开发阶段，新产品会经历多次技术评审，确保验收合格后，方可交付生产工厂进行量产上市。为此，海尔从设计方案、技术图纸、功能模型、初级样机、工艺样机、小批样机的技术评审入手，通过搭建线上线下一体化评审管理平台，实现评审数据线上管理，评审成员在线协作、共享信息和进展，提供数据和分析，帮助团队做出正确决策。

基于用户场景需求的失效模式及影响分析，海尔首次创新性提出并创建了“研发质量评审红蓝队机制”。通过“红队”和“蓝队”之间的互锁驱动机制，保障新品技术评审过程中各节点全面发现并解决问题。红蓝队机制中的“红队”为研发项目人员，专注于选择最优方案并负责问题的闭环，“蓝队”为参与技术评审的各节点人员，专注于积极参与评审并提出专业性的、有价值的问题，确保问题及时发现和解决。通过平台化管理，确保评审参与度、问题闭环率等信息透明可视，并建立评审排行榜，增强对设计评审的参与感与使命感，激发自驱动力。同时，逐步建立评审专家资源库，并明确专家等级升级制度，确保专业人员负责专业任务。实验室通过专业技能和知识积累，前端参与研发质量管理，协同推动技术评审，驱动各职能部门参与度和贡献度，预测市场失效风险并制订规避方案，保障产品的“一次做对”与用户满意体验。

目前，海尔的新产品技术评审已实现平台化管理，评审人员的驱动机制和专家分类分级制度都已在平台上落实，产品的市场用户口碑稳居行业前列。

2. 产品型式试验数字化

在海尔，每类产品有一个基础 BOM，规定了新产品或模块变更后的产品在专业检测领域所需进行的标准测试项目。

海尔从产品基础 BOM 切入，实现新产品开发阶段的全流程测试验证上平台，主要包含以下几个方面。

（1）产品基础 BOM 上平台：优化和梳理模块与试验项目的对应关系，系统自动记录 BOM 变更版本，确保基础 BOM 版本控制和执行一致。

（2）新品测试 BOM 上平台：研发项目人员可以根据系统中的产品基础 BOM，勾选变更或新设计模块，系统根据逻辑自动生成新品测试 BOM。若所有变更或新设计模块的试验项目已在基础 BOM 中规定，系统则自动生成测试 BOM；若有未规定模块，则需相关人员进行在线审核，确保试验项目的准确性。通过预设的 BOM 变更验证逻辑，避免遗漏项，优化流程，提升效率。

（3）新品测试一键委托：通过自动生成的新品测试 BOM，与实验室测试流程联动，实现一键委托、即时下单，无须人工转化，提升效率并规避人工转化错误。

（4）综合评定报告自动生成：根据预设规则，自动生成新品综合评定报告。报告结论与研发产品数据管理（Product Data Management，PDM）系统联动，自动校验新品认证结果，取代传统人工审核方式。

数字化型式试验 BOM 的应用不仅实现了检测 BOM、检测计划、检测委托及综合报告等全周期在线平台管理，还通过并联审批和线上交互，简化了流程、提高了协作效率，帮助规避质量风险。

数字化实验室智慧检测

目前，海尔已拥有多个国家级科研平台和产业合作推广平台，包括大规模个性化定制系统与技术全国重点实验室、数字家庭网络国家工程研究中心等，为推动数字经济与实体经济的深度融合提供了重要支撑。

检验检测作为确保产品质量、安全的重要环节，其数字化转型不仅是行业发展的必然趋势，也是提升检验检测效率、保障检验检测结果准确性的关键。依托数字化转型战略，海尔建立了**全球数字化实验室和智慧检测平台**，通过检验检测管理数字化和检验检测互联互通，实现了检验检测智能自动、互联高效、透明可视，精准且高效运行。海尔通过数字化实验室建设，实现了检验检测业务的流程数字化、检验检测操作的自动化以及检验检测的低碳与精益管理。

1. 数字化的检测基地与实验室

海尔拥有行业领先的综合性检测基地，在全球范围内设有 1000 多个一流专业实验室，涵盖智慧住居、大健康、产业互联网等领域的全流程检测能力，并已获得 UL、TUV、VDE、JET 等 20 多个国内外权威机构的数据互认。海尔实验室从消费者需求出发，以“中心科研基地 + 区域分布式网络”的模式开展技术研究和产品验证，推动科技成果的高效转化，解决产业发展中的关键技术难题。

2. 检验检测管理数字化

借助智能检验检测技术，凭借其自动化、智能化和高效化的特点，海尔实验室通过数字化转型战略，实现了智能化管理和检测业务流程的数字化，不仅提升了检测的效率和准确性，也确保了检测过程中的数据透明与高效共享，进而实现实验室检测的高质量。

（1）业务流程数字化。

实验室作为科技创新与产品研发的核心阵地，其管理效率与数据准确性直接关系到科研成果的转化速度与产品质量。为此，海尔实验室推进检测业务流程的数字化转型，革新传统的工作模式。

1）智能化引导与调度。

结合实验室全领域数据资产，开发了智能引导调度数字生态应用场景，以数据驱动实验室智能管理。通过智能分析，实验室信息管理系统（Laboratory Information Management System，LIMS）可以匹配推荐具备测试资质的实验室，并根据各地实验室资源的紧张程度，进行智能引导与调度，实现智能化派单。委托方只需录入测试需求，系统会自动给出最优解决方案并匹配适宜的检测实验室，大大提高了委托沟通效率，同时促进了资源的跨区域和跨产业高效流动与共享。

2）智能化移动检测。

海尔实验室的检测流程全面融入LIMS平台，并构建了移动办公能力。委托方可在系统中自助完成委托登记，系统自动生成试验编号、样机编码和二维码，并打印在检测样机跟踪单上。测试工程师通过智能检测app移动端扫码接收样机，现场一键扫码即自动开始测试。同时，系统具备曲线可视化和数据互联等功能，测试数据实时自动采集分析，提升数据时效性与准确性。并且，委托方可实时追踪测试数据，及时发现并解决问题，确保产品符合标准要求。此外，检测报告也支持移动端审核、批准和发布，灵活的移动办公模式进一步提高了工作效率。

3）智能化检测平台管理。

传统实验室的活动多数在线下进行，实验室的测试资源、订单数据和检测过程数据通常以电子版或手写纸质版形式存储，数据储存分散，难以实时掌握实验室资源与活动的现状，检测数据也不利于统计、解析与利用，影响管理层的决策与实验室流程的优化。针对这些问题，海尔搭建了实验

室驾驶舱 / 工作台，这是一种依赖物联网、大数据、云计算、人工智能、可视化等先进技术的智能化、数字化管理工具，能够实现数据全面整合，解决数据孤岛问题，并对实验室活动的数据进行实时监控与分析。海尔的实验室驾驶舱 / 工作台实现了以下功能。

资源合理配置与高效利用：驾驶舱 / 工作台实时监控实验室设备和人力资源的使用情况，并通过数据可视化技术展示检测资源状态，相关方之间共享资源状态，实现资源合理配置与高效利用，帮助实验室调整检测节奏，提升效率。

风险监控与预警：实时监控实验室的关键业务数据与指标，预警系统可以自动触发预警，提前进行风险管控，确保实验室高效运行。

决策支持与优化：驾驶舱 / 工作台为实验室管理层提供全面的数据支持，帮助他们做出科学决策，制定合理的战略规划和业务计划，提高实验室整体运营效益。

目前，海尔实验室的业务流程已全面上平台，依托委托方需求，跨越产品全生命周期各节点，确保数据互联互通，实现最大化的价值共享与高效协作。

（2）自动化测试云平台。

智慧家庭领域的发展，需要解决互联互通、人机交互（如语音交互、视觉识别……）等前沿技术的问题和验收环境难以真实模拟用户实际使用情境的问题。若单纯依赖人工验收难以达到预期效果。为解决这些问题，海尔实验室从用户角度出发，结合自动化测试技术，搭建了**智慧场景自动化测试云平台**，模拟家庭实际场景中软硬件的使用环境，通过几大测试系统实现了智慧家庭全方位的产品评测。

1）Wi-Fi 绑定自动化测试系统：通过上位机软件与机械臂硬件搭建 Wi-Fi 绑定自动化测试系统，海尔实现了对手机、无线路由器及家电设备的自动配网绑定操作，特别是在不同 Wi-Fi 网络环境下的自动化绑定测试。该系统能够在强弱网络环境下，对网器的 Wi-Fi 连接稳定性进行自动化专项测试，满足长时间、多频次的绑定需求，确保网器连接的高效性和准确性。

2）智能家电功能 / 性能自动化测试系统：通过功能 / 性能自动化测试系统，海尔实现了对家电的功能稳定性进行自动化测试，能够在多个网络环境下对家电的功能稳定性进行高效、准确的专项测试，满足长时间和多频次的功能操作要求，确保家电产品的功能稳定性和高质量标准。

3）智慧家庭场景自动化测试系统：海尔在执行智慧家庭互联互通专项测试时，通过智慧家庭场景自动化测试展示平台，将测试执行计划、当前执行场景进度、全屋生态圈布局、当前执行场景定位、智能设备显示屏、智能设备网络性能监控等信息集成在同一界面中展示，便于实时查看。这一系统能够高效、准确地对网器功能稳定性进行测评，确保家庭场景中产品的兼容性与稳定性。

4）AI 语音交互测试系统：海尔通过整合人工嘴、拾音器、高帧工业相机与语音合成、语音识别技术等软硬件资源，建立了语音交互专项功能测试系统。同时，基于人工智能大模型搭建了语音语料平台，实现了语音复刻、语料泛化、语音合成等能力落地，能够生成覆盖普通话、方言、英文等多种区域语言与各年龄段的语音音频测试集，支持语音交互全方位评测。同时，AI 语音识别自动化测试系统聚焦语音识别率、唤醒率、误唤醒率、语音响应速度等指标，能够提供全面的测试能力，自动记录和跟踪测试过程中不同阶段的问题，确保语音功能的高效性和准确性。

除上述系统之外，在智能家电 Wi-Fi 连接、互联互通以及语音交互等方面，海尔已经全面实现了自动化测试，涵盖了对冰箱、洗衣机、空调、热水器、电视等智能家电产品的功能、性能、兼容性和可靠性等的高效快速的测试能力。智慧家庭全方位场景的自动化测试平台的搭建，使海尔在物联网领域的智慧家庭产品测试上处于领先地位，同时还实现了产业链上下游的紧密合作。

智慧家庭场景可靠性自动化测试方案是家电行业的首创，已成功应用于海尔、Leader、卡萨帝、三翼鸟等品牌的家电产品和场景，显著提升了产品在智慧家庭场景中的可靠性水平，增加了市场占有率，提升了用户忠诚度。

（3）检测低碳精益管理。

海尔积极践行国家“双碳”战略和数字化战略，率先提出了“6-Green”绿色发展战略。首先，海尔推出了“碳中和”绿色工厂；其次，海尔建设了高效运营的智能化工厂。在能耗双控的背景下，特别针对空调行业在检验检测过程中面临的能耗成本高、能源监测不足、用能安全性差、设备操作烦琐等问题，海尔搭建了联设备、联终端、联全流程的全要素互联模式。

1）海尔的解决方案包括数采盒子、标准通信接口以及文件传输协议（File Transfer Protocol，FTP），构建了多重能耗数据互联机制，实现了能耗数据的实时采集与监测。这一系统不仅为实验室的能耗管理提供了数据基础和能力支持，还帮助挖掘了节能潜力和进行用能评估，改变了传统的能耗分析缺乏针对性、管控滞后的管理模式，实现了能耗运营的自监控。

2）实验室数字化能耗分析监控系统利用多重能耗数据互联、动态监控及联设备、联终端、联全流程的数据互联模型和大数据分析技术，为实验室的能耗管理和测试任务管理提供了全面的解决方案。通过精细化的能耗管理与精益化的测试任务管理，海尔实验室实现了高效的资源利用和成本控制。

3）实验室数字化能耗分析监控系统与精益实验管理平台的工艺设计，基于实验室管理与节能优化的实际需求，旨在提供一个全面且高效的解决方案。具体而言，工艺设计包括系统架构和功能设计。该平台采用分布式架构，包含数据采集（见图 8-2）、数据处理、数据存储和数据展示等模块。通过传感器与设备，实时采集实验室的能耗数据，并经过处理与分析后将数据存储在数据库中，最终通过可视化界面展示给用户。

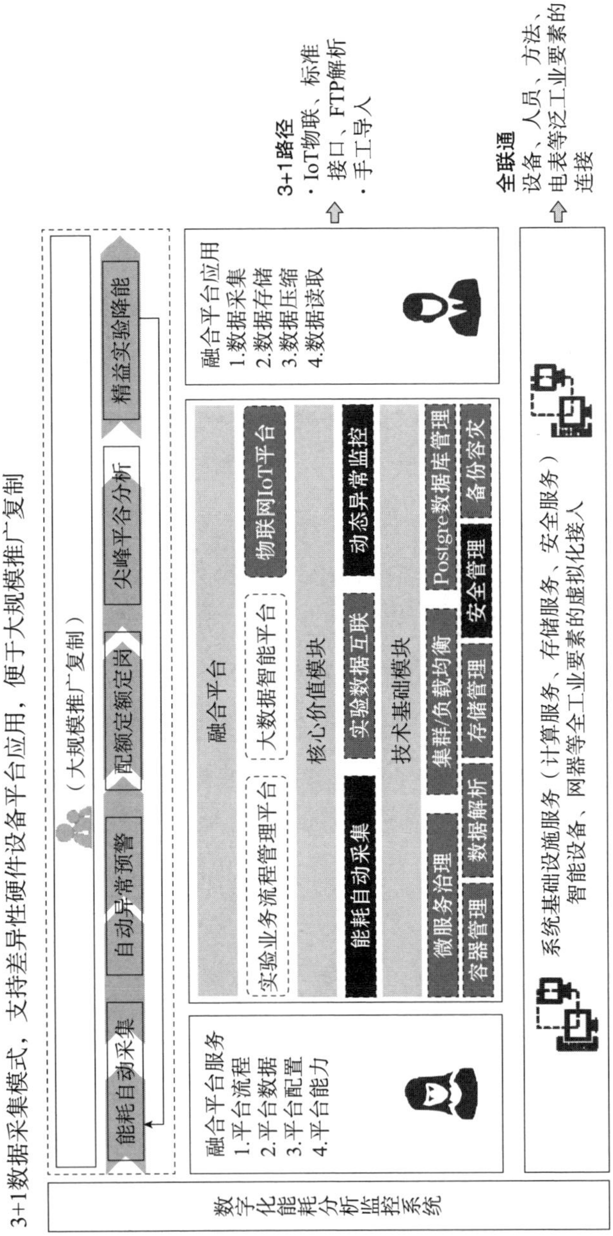

图 8-2 数字化能耗分析监控系统的 3+1 数据采集模式

4）实验室数字化能耗分析监控系统，能够实时监控并分析实验室各设备的能耗数据，计算并展示能耗统计、能耗对比、能源利用率等关键指标。系统还能根据用户设定的阈值进行报警与预警，及时发现能耗异常与问题。同时，与精益实验管理平台无缝对接，通过集成实验室能耗数据、实验数据、设备管理和人员管理等信息，实现实验室全流程的数据互通与协同管理。用户可以通过该系统对实验室的能源消耗和实验效果进行综合分析，优化实验计划和资源配置，提升实验效率和检测质量。数字化能耗分析监控系统架构如图 8-3 所示。

5）实验室系统和平台建设在应用方面的创新。实验室数字化能耗分析监控系统和精益实验管理平台在新模式和新技术的应用等方面实现了突破创新。

在**新模式的应用**方面，系统和平台采用了物联网（IoT）技术，借助传感器和设备的网络连接，实现了对实验室能耗的实时数据采集与监控。通过这种方式，实验室能够精细化监控能耗，提高数据采集的准确性和实时性，确保能耗管理更加高效且具有前瞻性。

在**新技术的应用**方面，系统和平台引入了人工智能（AI）技术，尤其是机器学习和深度学习算法，用于能耗数据的分析和预测。通过对历史数据的学习与模式识别，系统能够自动识别潜在的能耗问题并提出优化方案，实时为用户提供决策支持。此外，平台还应用了大数据分析技术，存储并分析实验室的能耗数据，从中发现潜在的关联性和趋势，为实验室管理者提供更深入的洞察和决策依据。

在**数据可视化技术的应用**方面，系统将能耗数据以图表、仪表盘等形式直观展示，帮助用户更加清晰地理解和分析数据，从而做出更有效的管理决策。数据可视化得到广泛应用。

系统通过与移动设备集成，用户可以随时随地通过手机或平板电脑访问，实时监控实验室能耗，并管理实验过程（见图 8-4）。这一创新使得能

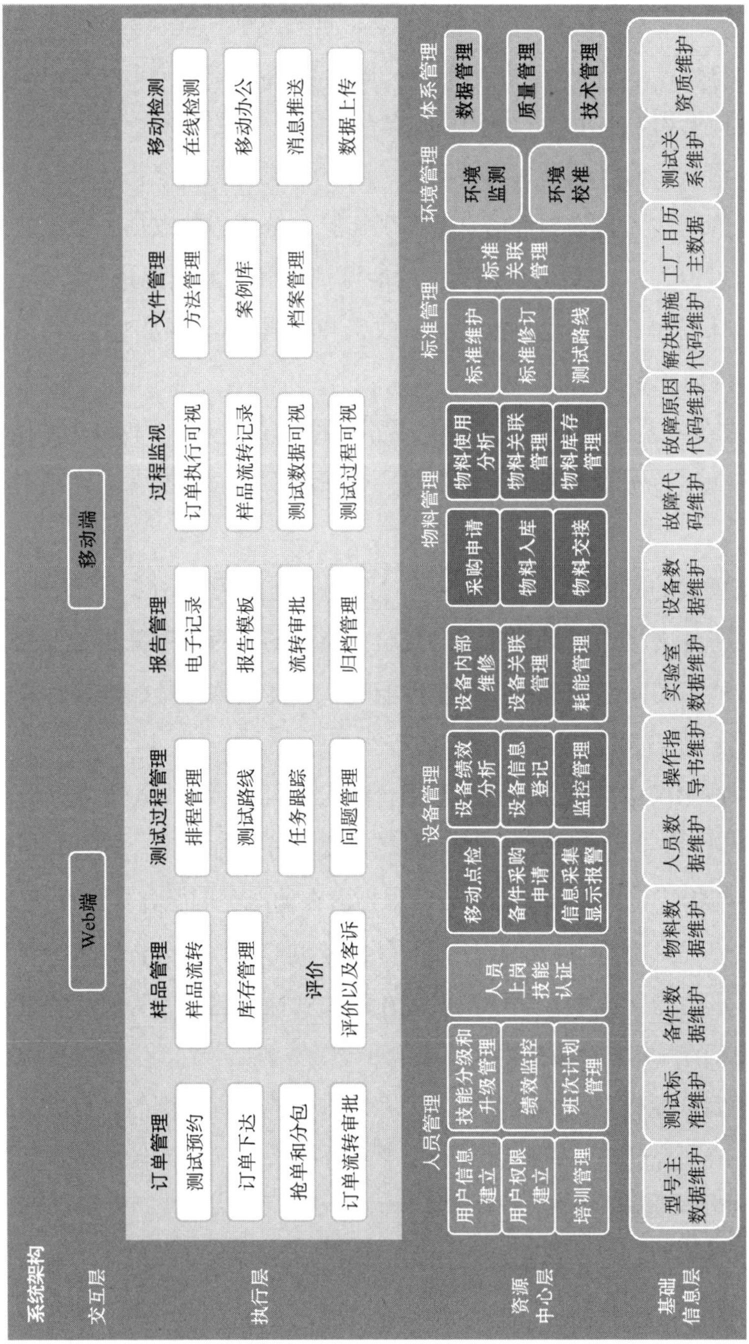

图 8-3　数字化能耗分析监控系统架构

耗监控与实验管理的操作更加灵活便捷，极大提升了用户的使用体验和管理效率。

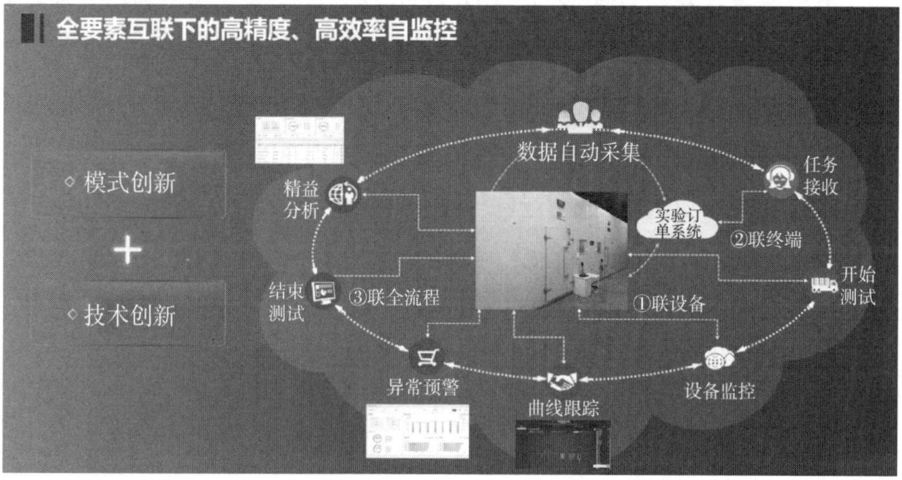

图 8-4　数字化能耗分析监控系统全要素互联模式

6）实验室的系统和平台取得的效益。实验室数字化能耗分析监控系统和精益实验管理平台，通过大数据分析、数据可视化和报表分析，使实验室管理者可以动态了解实验室的运行情况和趋势，找出隐藏的关联性和规律，进而做出更明智的决策和规划，从而对实验室的效益提升产生积极的作用。

能耗降低：通过实时监控和分析能耗数据，平台能够识别能耗过高的设备或实验过程，并提供优化建议。实验室管理者可以根据系统的指导调整设备使用或优化实验流程，从而降低能耗，节约能源与费用。

效率提升：精益实验管理平台通过优化实验流程和资源分配，减少了实验中的浪费和冗余操作。管理者根据系统的推荐合理安排实验任务和人员，提高了实验效率和产出。

质量改善：平台能够通过对实验数据的分析和监控，帮助实验室管理者发现潜在的质量问题和异常情况。及早发现问题并采取相应措施，可以避免实验失败或质量问题的发生，从而提高实验结果的准确性和可靠性。

用户体验改善：新技术的应用使得平台变得更加智能化和用户友好。用户可以通过移动设备随时随地访问系统，获取实时的能耗和实验管理信息。平台提供的推荐和建议信息可以帮助用户更好地做出决策和操作，提升用户体验和满意度。

实验室的数字化能耗分析监控系统和精益实验管理平台建立了标准化的流程，形成了固定的业务模板，简化了学习难度，易于掌握和实际操作。同时，在项目全流程中及时收集使用者的反馈，从而不断改进和优化系统。预计在未来三年内，平台将逐步从能耗双控转向低碳双控，实现低碳双控数字化转型，并形成生态化模型。

3. 检验检测互联互通

实验室检测数据与研发、采购、生产等关键节点的数据互联互通，对优化产品设计、降低采购风险、改进生产工艺和提高产品质量具有重要意义。海尔实验室通过 LIMS 数据资产，将研发、采购、生产等关键节点连接起来，加强了沟通与协作，实现了实验室检测数据与各节点的无缝连接和高效协作，为研发、采购和生产流程注入了新的活力。

（1）检测问题改善知识库。

在传统实验室检测活动中，检测问题信息的传递往往存在信息孤岛问题。问题信息通常仅单向传递至委托方，由委托方进行整改分析。实验室的单条问题信息往往被局限在某个产业部门或组织内部，难以被其他相关方及时获取，这使得整改经验的借鉴和应用受限，且分析整改的知识利用率低、应用不充分。另外，缺乏大数据分析的支持，检测问题无法实现有效的风险预警，也使得问题分析和整改经验仅限于产业组织内部单项查询，无法通过数据统计、分析有效识别常见问题、典型案例，也无法及时发现产品的潜在风险点。

海尔实验室打破传统检测问题传递模式，建立了**检测问题改善知识库**，并将其与设计研发、制造、检测等产品全生命周期节点连通，实现了质量风险点的预警和预防。这一机制持续提高产品质量，增强产品竞争力，并最终创造了更好的用户体验和口碑。以下是该系统的关键设计和应用。

1）数字化检测问题整改机制：通过检测任务编号，将产品型号、品类、检测问题与整改分析关联起来。建立问题整改的触发路径，确保在检测过程中能够实时触发问题，并通过系统自动启动整改流程，推进整改分析、审核和验证，确保整改效果。

2）检测问题改善知识库的建设与管理：通过检测问题的识别、触发、分析整改和验证闭环的线上管控，形成以产业、小微、整改型号、整改项目、整改部件为中心的检测问题改善知识库。结合产品生命周期各节点的业务需求，适配不同类型的数据查看权限，确保产业内各部门共享和可视经验知识，赋能各节点。

3）数字失效模型的应用：通过对检测问题数据的积累、统计和分析，建立产品失效的数字模型，从产品品类、型号、失效类型和失效原因等维度进行分析，帮助有效识别常见问题、典型案例，并进行产品质量风险预警。

①设计研发过程应用。

质量风险评估与优化产品设计：检测问题改善知识库记录了以往不合格整改的措施和效果，为产品设计提供有效的质量改进建议。通过产品失效数据模型，结合常见问题和整改措施，识别设计中的潜在缺陷，优化产品设计方案，提前改进并提升产品质量。

缩短研发周期，降低研发成本：新品测试 BOM 制定阶段，可以查看近一年的问题发生率，重点关注发生率较高的测试项目。检测问题信息在整改阶段可快速定位故障，缩短整改周期。此外，通过检测问题改善知识库中已有的整改案例，避免了重复试错，降低了研发成本，提升了研发效率。

②生产制造过程应用。

生产一致性保障：通过对检测问题整改经验的分析和评估，识别生产过程中的质量风险和质量控制点，优化生产流程，保障制造过程中的质量水平。同时，减少废品的产生，降低制造的损失。

问题整改方案推荐：对于现场制造中的问题，生产技术和质量人员可以通过检测问题改善知识库迅速检索到同类问题的分析、解决方案及整改效果，快速定位问题原因并制订解决方案，避免了从头开始分析问题的烦琐过程，缩短了解决问题的时间，提高了生产效率，降低了生产成本。

4）检测问题改善知识库对于海尔实验室本身也具有重要意义。它涵盖了实验室在检测过程中可能遇到的各种问题和风险，通过对不同类型产品和问题的原因、整改措施及效果的评估分析，海尔实验室能够更全面、准确地识别产品潜在的质量风险点，及时采取预防措施并优化检测方案，升级产品检测标准，提升产品质量风险管控能力。

通过将检测问题整改案例进行系统化整理，海尔实验室不仅提高了质量知识的管理和利用效率，还避免了重复犯错和资源浪费，确保了知识的有效传承和将这些知识在产品全生命周期各节点之间共享。

（2）检测生命周期互联互通。

数字化实验室已经成为企业提升研发效率、优化生产流程、确保产品质量的重要工具。海尔的数字化实验室通过集成先进的信息技术，实现了在产品设计、采购、测试、生产、服务等全生命周期的互联互通，为企业的创新与发展提供了强大的数据支持。

1）研发互联互通：传统实验室常面临数据孤岛和信息不共享的问题，

导致研发与实验室数据无法有效联通。海尔实验室通过新品技术评审、新品检测 BOM、检测计划执行、检测过程数据、综合检测结论、检测问题改善知识库等环节，形成了新品检测验证全周期与研发过程的互联互通，能够实时共享产品信息、检测进度与数据。这为产品研发提供了强有力的数据支持，提高了产品设计质量，优化了研发流程。

2）**采购互联互通：**传统的采购业务模式基本依赖于需求预测、供应商选择与评估、采购订单下达、物料接收与检验等流程。在这种模式下，实验室通常只有在物料接收后才开始进行检测验证，而面对市场变化和客户需求变化的加剧，灵活性和适应性显得不足。为了解决这一问题，海尔实验室基于提质增效的数字化战略目标，前置参与采购流程，与采购环节共享检测数据、检测结果和检测进度。通过参与新产品采购阶段的预防性检测验证，实验室为冰冷、洗涤、空调等各产业部门的物料采购决策提供了及时的检测数据与参考建议，打通了供应商方案推进和落地的全流程线上管理，提升了效率并降低了成本。同时，针对新部件报验中出现的问题，系统会立即通知采购、研发和生产等相关部门，便于委托方进行快速整改和验证，从而提高了新产品开发的效率。在老品 4M1E 变更（指人、机器、物料、方法与环境的变更）过程中，实验室同样前置参与，并开展变更验证，整个过程通过平台实时可视化，进度数据自动调度，帮助冰冷、洗涤、空调等各产业部门快速决策，支撑采购目标达成。

3）**生产互联互通：**在生产制造端，海尔实验室通过整合研发样机生产、生产线体信息、检测计划执行、检测过程数据、检测结论判定和检测问题改善知识库等环节，确保新品检测验证和老品年度复审的全周期与生产过程的互联互通。这样一来，实验室能够实时为生产提供数据支持，帮助规避质量风险、提高生产效率、降低生产成本，同时加速新产品的上市进程。

通过这一系列的数字化互联互通，海尔实验室不仅打破了各环节间的数据孤岛，还为研发、采购和生产提供了全方位的支持，推动了企业整体效率的提升与成本的降低。

计量管理的数字化建设

计量是工业制造的“眼睛”，在确保测量的准确性和量值准确可靠方面起着至关重要的作用。

计量和标准化、符合性评价一起构成了质量基础设施的核心部分。随着国家对质量基础设施建设的日益重视，计量工作也成为国家质量战略的重要组成部分。2021 年，国务院发布了《计量发展规划（2021—2035 年）》，要求加强计量监督管理，提升计量监管效能；2023 年，《质量强国建设纲要》明确提出要将计量与标准、认证认可等领域进行协同发展；2024 年，市场监管总局办公厅印发了《2024 年全国计量工作要点》，进一步要求完善计量体系并强化计量监管。海尔认真贯彻国家的相关要求，一直致力于企业本身的质量基础设施建设。按照企业数字化战略部署，积极探索新型智慧计量的管理模式。结合制造过程及实验室建设的数字化需求，海尔颠覆了传统计量管理方式，建立了以**远程监管、移动监管和预警防控为特点的计量器具全生命周期数字化管理系统**。该系统不仅能解决传统计量工作中的顽症，还能够显著提升计量管理效率，并最大化地发挥计量工作的价值。

1. 计量管理数字化系统搭建

海尔计量管理数字化系统包括 7 大模块，涵盖了 25 个子模块。每个子模块的数据实时更新、互联互通，极大减少了传统人工计量繁杂的低级重复性工作，使计量人员能够更多地专注于计量执行和计量技术研究。系统的计量可视化工作台让计量人员清晰地了解每天的工作任务，减少因遗忘而造成的工作疏漏。此外，系统还通过邮件和 app 推送临 / 超期预警报警，提前通知责任人和管理者计量器具的到期时间，提高管理者对计量工作的重视程度，并帮助管理者提前规划计量资源预算。

2. 计量器具检定与校准的智能化应用

计量器具的检定与校准是计量准确性的保障。企业的计量管理范围包含了产品监视与测量、生产过程监视与测量等，如生产线上使用的称重仪器、压力表等，实验室使用的各类检验检测仪器都需要定期检定或校准，以确保监视与测量的数据真实有效。

海尔通过数字化手段优化计量管理系统，实现了计量器具的全生命周期管理；通过计量器具的检定与校准，实现了智能化部署与应用；通过计量数据的实时监控和分析、计量结果的自动判定等实现了计量数据的可溯源。此外，还有一些计量管理过程也得到了优化，如传统的绿色计量标识溯源信息量有限，上万个标识信息人工手写费时费力，且容易出错等，二维码标识替代传统标识后，计量人员通过扫描二维码可快速查看计量器具的所有信息，不用每年更换标识，省时省力。同时，也避免了在更换标识过程中可能出现的安全隐患。

海尔计量管理数字化系统（其架构见图 8-5）已在全领域、全产业、全球范围内推广应用，并且经过不断迭代优化，不仅适用于家电行业，还能够广泛应用于电子、汽车、储能、医疗器械、药品等行业，帮助海尔实现了全集团十几万个计量器具的全生命周期专业化、标准化、数字化管理。海尔计量管理系统的数字化建设成功实现了计量管理的智能化。

未来，海尔将围绕自动化检验设备验证、计量器具比对、溯源数据分析等方面进一步拓展升级计量管理的数字化系统，持续提升计量器具和检测设备的精准度，助力企业高质量发展。

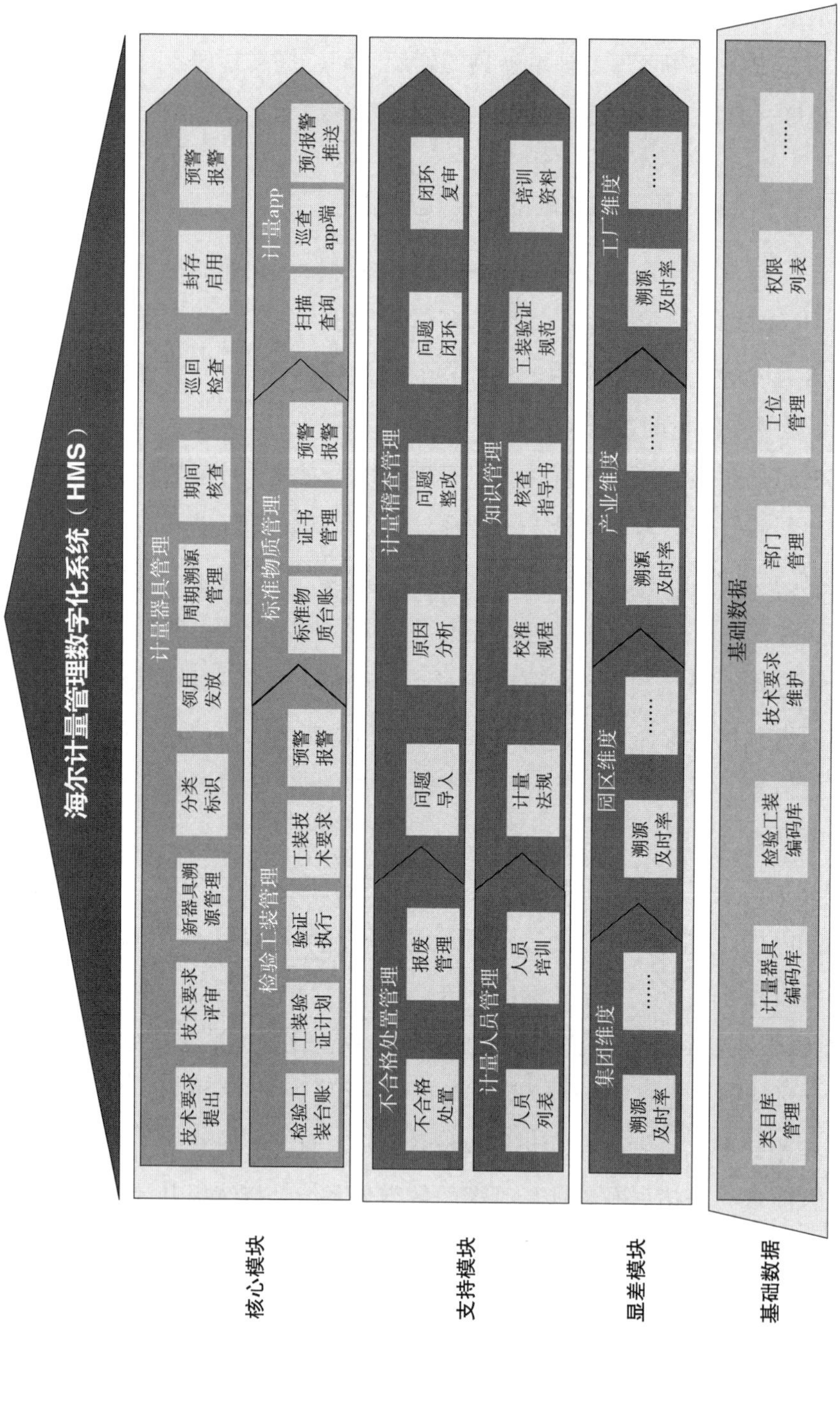

图 8-5　海尔计量管理数字化系统架构

生产制造阶段的智能转型

海尔在生产制造阶段积极推行智能化转型，通过原材料管理数字化和智慧抽样等，显著提升了产品质量和生产效率。在原材料管理方面，海尔建立了供应商质量管理数字化、模块检验数字化，确保了零部件的质量安全性和可靠性。同时在智慧抽样方面，海尔开发了家电产品智慧抽样系统，不仅提高了抽样效率，还降低了抽样成本，提升了监管水平。同时，海尔在生产过程中还实施了大量的自动化改进项目，如首件数字化、数据可追溯、自动安检等，进一步促进了质量管控的优化和生产效率的提升。

原材料管理数字化

海尔一直致力于通过创新技术和管理模式来提升产品质量和供应链效率。为保证原材料入厂的质量，从提升供应商质量能力做起。

1. 供应商质量管理数字化

海尔建立了海达源数字化系统，引入了 TQRDC（Technology，即技术研发；Quality，即品质管理；Responsiveness，即服务响应；Delivery，即交付能力；Cost，即成本管控）综合绩效评价模型，通过以下几方面，实现了供应商质量管理数字化。

（1）供应商质量绩效评价。

供应商质量数字化管理系统，不仅体现了海尔对质量的重视，还通过开放、公开透明和用户评价的方式，实现了对供应商质量绩效的实时评价和动态优化。

1）海达源数字化系统：这是海尔打造的开放创新平台，连接了全球供应商与海尔的研发和生产体系。在这个平台上，海尔通过 TQRDC 综合绩效评价模型，对供应商进行全面评估，质量（Q）占比高达 40%，充分体现了海尔对质量的追求。

海达源数字化系统通过透明的方式，提供了全面的绩效评价模型；系统向所有供应商开放，提供实时的绩效评价数据和反馈，让供应商能够及时了解自身在供应链中的表现，并进行有效改进。海尔将用户评价信息纳入供应商绩效评价体系，以确保供应商的产品和服务能真正满足用户需求。

2）自演进和动态优化： 基于实时的绩效数据和用户反馈，海尔能够不断优化供应链策略，推动供应商质量能力的持续提升。通过这一动态优化机制，海尔的供应链能够适应市场和用户需求的变化，实现了高效运转和质量稳定。

海达源数字化系统和 TQRDC 综合绩效评价模型为供应商质量能力的提升提供了有力支持。通过开放、公开透明和用户评价的方式，海尔不仅确保了供应链的高效运转和产品质量的稳定可靠，还推动了供应商的持续改进和创新。随着技术的不断进步和市场的不断变化，海尔正继续深化数字化改革和创新实践，为供应商和整个供应链创造更大的价值。

（2）供应商关键物料前置检验。

海尔在供应商质量管理方面开展了一系列创新性数字化项目，旨在通过前置检验和关键物料数据物联，提高供应商的质量管控能力，并实施以预防为主的质量管理措施。特别是在来料检验和关键零部件的制程质量控制上，海尔实现了数字化突破。

1）来料检验前置： 海尔首先通过对结构件进行严格的供应商筛选和评估，确保只有符合质量标准的供应商才能进入供应链。海尔进一步开展了来料检验前置，供应商质量工程师（Supplier Quality Engineer，SQE）团队设计了 25 项关键任务，涵盖了人员、能力、环境和体系四个维度，通过这种方式显著提升了供应商的来料质量。数字化建设在这一过程中发挥了关键作用，海尔通过建立供应商检验过程天眼可视系统，及时发现异常并进行纠偏，同时实现了入厂报告电子化和标准化实时更新，使得标准互认得以落实，关联交付订单实现自检合格发货。

2）数据物联的突破：在主要关键零部件方面，海尔通过提升自动化设备和信息化能力，实现了检验数据与制造执行系统（Manufacturing Execution System，MES）的直连。供应商通过自动化设备，实时采集每个电脑板的制造和检验数据，并通过大数据运算，将质量信息与各制造工厂共享。在生产端，海尔通过整机与电脑板逐台扫描绑定，实现了供应商物联网数据的精准追溯。这一举措不仅提升了电脑板供应商的制程能力，还实现了物料 100% 全检合格下线。

3）关键零部件物联：海尔建立了关键零部件的物联数据库，利用开源的分布式列存储数据库（Hadoop Database，HBase）大数据建模满足了百亿级数据的实时高并发处理需求。此外，H-work（海尔工作软件）移动端物联扫描功能帮助快速校验单个电脑板的物联结果，提高了整机到电脑板的精准绑定率。

这些数字化创新举措不仅提升了海尔供应链的质量管控能力，还大大提高了供应商的整体质量水平和生产效率。

（3）供应商闭环质量改善。

海尔通过建立一个供应商质量改善闭环数字化平台，将用户抱怨精准分配到全流程各个节点，实现了实时交互闭环，有效消除了传统人工和邮件传递方式中的信息孤岛，促进了海尔与供应商之间的无缝对接，采取以下策略加速了质量问题的改进。

1）市场表现联动策略：通过基于产业互认的质量目标和策略，系统自动识别市场上的差件，生成 8D（Eight Disciplines Problem Solving，即 8D 问题解决法）报告，通过来料质量控制（Incoming Quality Control，IQC）流程，加强检验计划并与采购配额联动。

2）退机工单逐台逐级分析：针对供应商责任的退机投诉，实时推送至供应商数字化系统，通过及时率分析，纳入质量绩效评价，按照品类划分的 64 个供应商部件质量生态圈，进行 1830 项一二级失效故障分析。产业的 SQE 推进供应商持续改进，采用现场、现物、现实（“三现”）工作模式，帮助建立市场改善体系，并通过树立样板和亮点项目进行推广示范。

2. 模块检验数字化

为提升质量管理效率，海尔在 H-work 系统中建立了模块检验的数字化平台，提升了检验效率，增强了检验准确性，优化了检验流程。具体包括以下内容。

（1）四阶段检验。

1）新品检验数字化：从研发下样检单，到外检分工及维护检验标准；从供应商自检、送样，到外检收样检验、出具物料结论报告，全流程上平台，实现新品检验全流程数字化，使零部件的质量安全性和可靠性得到了有效保障。通过全流程可视化和公开透明化，提升了物料报验效率。

2）小批检验数字化：在新品报验完成后，通过数字化小批验证优化验证过程，减少重复验证，提高验证效率，确保零部件质量，并为后续生产提供可靠支持。

3）入厂检验数字化：入厂检验作为批量生产的第一道关口，承担着交付合格产品的重要职能。通过数字化平台，按照全球模块交付系统（Global Module Delivery Center，GMDC）的物料采购计划，系统按外检需求，自动实现了检验的计划、任务、记录、纠偏单的统一制定，避免了人工干预和与供应商的沟通问题，确保了产品质量符合技术要求和客户需求。

4）周期型检数字化：为保障量产的稳定，零部件周期型式检验数字化，实现任务系统自动分配，是制造业数字化转型的重要组成部分。海尔建立了零部件周期型式检验数字化流程系统管控平台，可以准确记录每个零部件的检验周期及周期型检报告的到期时间，提前预警给对应的外检经理，生成周期型检计划，同时与GMDC下单系统关联。当有来料供货时，会及时准确生成任务，避免了周期型检的超期风险，保障量产供货部件的质量水平。

（2）数字化链接。

1）用户抱怨的链接。海尔建立了市场用户抱怨大数据的链接系统，实现了用户抱怨信息与物料质量控制的联动。该系统收集并整合来自客服反馈、社交媒体监测、用户调查等多个渠道的数据，对用户抱怨信息进行筛选、整合和标准化处理。同时通过对抱怨信息的深度挖掘，识别出关键信息、问题类型和出现频率等，为后续的分析提供可靠的数据支持。

2）差件自动识别数字化模型。基于大数据分析平台提供的关键信息，海尔采用机器学习算法（如决策树、随机森林等）建立了差件自动识别的数字化模型。该模型能够自动识别用户抱怨中提到的有问题的物料号，并将其与相应的检验项目相关联。

3）入厂检验标识的动态调整。系统将差件自动识别数字化模型与入厂检验系统对接，实现了数据的实时传输与共享。识别出问题物料后，入厂检验标识会自动调整，列为重点检验。对于被标记为重点检验的物料，海尔会进行更严格的入厂检验，包括外观检查、性能测试等，以确保物料符合质量标准。对检验过程中发现的问题进行记录和分析，以便后续改进和优化。

通过数字化的解决方案，海尔不仅提高了物料质量控制的准确性和效率，还有效降低了物料问题的发生率，提升了产品质量和市场竞争力。随着大数据和人工智能技术的不断发展，海尔在进一步探索和优化这些数字化模型，为企业创造更多价值。

智慧抽样与智能化检测

1. 智慧抽样

为提高产品检测抽样的公正性、科学性和有效性，海尔建立了家电产品的智慧抽样系统，它是智能化抽样的解决方案。

（1）智慧抽样系统。

海尔开发的家电产品智慧抽样系统，利用了现代化技术、大数据分析和人工智能，实现了自动化抽样。该系统自动制订抽样计划，实时收集数据，执行抽样任务，保证了抽样过程的智能化。

（2）智慧抽样优势。

1）提高抽样效率：通过减少人工干预并结合大数据和人工智能技术，提高了抽样的速度和准确性，同时确保抽样结论的合理性、公正性。

2）保证抽样全面性：根据家电产品的种类、数量、质量分布等因素，参考产品的生产批次、销售渠道和消费者反馈等信息，确保抽样的全面性。

3）降低抽样成本：通过自动化的抽样计划制订和执行，减少了人力、物力和时间成本。

4）提升监管水平：系统提供全面的抽样数据和分析报告，提升了监管的精准度和有效性。

随着技术的不断进步和创新应用的不断涌现，海尔家电产品智慧抽样系统通过与其他信息化系统的互联互通，还在进一步优化和完善，形成更加全面、高效和智能的家电产品质量监管体系。这将有助于提升家电产品的整体质量水平，保障消费者的合法权益，推动家电行业的健康发展。

2. 自动化检验项目

海尔在生产过程中实施了多个自动化改进项目，以保证质量一致性、稳定性，并通过问题倒逼改善实现降本增效。主要的突破点如下。

（1）线上数字化系统。

1）首件数字化：海尔打造了首件封样全流程智慧交互系统。系统通过自动流程、任务推送、消息推送、协同办公、自动报表和智能归档来提升工作效率。

2）数据可追溯：系统能够实时拍照、录像并上传，确保高清图像的可复现性；管控电子表单，所有更改都可追溯。

3）降本与增效：前期开发成本为零，每家工厂每年可节省约 15 万元的胶印费用；传统的对照表单的填写需 20 分钟，而电子表单的填写只需 10 分钟；通过定时任务、填写提醒、自动判定等功能提升工作效率。

（2）线下自动化项目。

1）自动安检：系统实现自动上电断电，确保安全隐患清零。每个自动安检设备每年可节省约 10 万元；单台产品的安检测试效率从 25 秒提升至 21 秒，提升了 16%。

2）能耗贴自动打印贴敷：通过设备自动识别打印并自动完成贴敷，解决了能耗贴贴错、贴偏、有气泡等问题，单台节拍为 18 秒，小时效率提升了 11%。

3）激光刻印铭牌：系统通过自动扫码识别和自动定位打印，确保质量零缺陷，节省人力和物力资源。

通过这些自动化改进，海尔不仅实现了质量管控的优化，还有效降低了成本，提升了生产效率，推动了生产过程的持续改进。

数字化的质量改善闭环体系

数字化驱动质量改善

数字化是推动质量提升的重要驱动力。通过构建数字化质量管理平台，实现从数据采集、过程监控到问题追溯的全流程闭环管理，不仅可以提升质量问题响应的及时性和精准度，还可以大幅度降低人为误差与资源浪费。借助大数据分析、人工智能等技术手段，企业能够实现质量风险的提前预警、缺陷趋势的动态识别，从而推动质量由“事后控制”向“事前预防”转变，真正实现以数据为基础、以智能为核心的持续质量改进。

1. 数字化质量改善流程

海尔构建了一套高效、智能的质量改善闭环数字化管理系统。该系统通过精准识别市场问题、智能分析故障根因、快速响应改善措施、持续跟踪市场反馈，打造出高效、稳定的质量管理链条。

（1）质量问题识别与分析。

精准识别与分析市场反馈的质量问题是企业掌握产品质量状况的重要窗口。通过自动收集客户反馈、销售数据及售后服务记录，系统能够精准锁定质量热点问题。例如，若某型号产品近期频繁出现特定故障，系统会自动优先推送该问题，为后续质量分析改善提供方向。

（2）快速响应与制定改进措施。

针对市场反映的问题，系统通过故障逻辑树自动匹配至责任岗位并推送提示信息，提醒责任人快速响应，制定分析改善对策。系统支持多人在线并联协作，确保改善措施的有效性与可行性。

对于涉及多个工厂或部门的问题，系统能够同步推送预警信息至各环节相关人员，大家能够迅速响应并开展排查分析工作。通过跨部门的协同作业快速找出问题根源，制订统一的改善方案。

2. 质量改善闭环体系

（1）改善措施评估与标准化。

在质量改善过程中，系统可自动识别设计、工艺、测试等方面的改善变更需求并直接触发变更流程。通过审批、实施、验证等环节，确保变更顺利执行，并将相关措施转化为标准进行固化，防止类似问题再次发生。制定改善措施后，系统将对措施的落地情况进行持续跟踪。通过设定关键绩效指标（KPI），如 N 月图，对改善效果进行量化评估。对改善效果不理想、未根治的质量问题，系统将自动触发新一轮的改善流程。

（2）持续改善的闭环体系。

针对质量问题改善效果，系统通过产品型号、系列、模块等多维度识别和统计分析，展示改善情况，并自动生成改善档案卡，记录问题的发现、分析、解决和改善的全过程，形成质量改善数据库，为企业质量管理提供强有力的数据支撑，推动质量持续改善优化。

综上，数字化加持下的质量改善闭环体系凭借其高效、智能的特性，成为企业质量管理的强有力支撑，驱动产品质量持续改进，为企业竞争力提升提供有力保障。

质量改善生态圈模式

围绕用户最佳体验质量战略目标，质量改善生态圈将用户反馈作为改进输入。系统通过官网、app、微信、电话及智慧产品自动反馈等多渠道采集用户反馈，并由用户口碑团队进行多维度（如产品型号、生产工厂、失效模式等）解析，为质量改善生态圈团队指明研究方向。

1. 质量改善生态圈的设立与责任主体

（1）质量改善生态圈设立的维度。

每个质量改善生态圈研究的问题，都聚焦于以下两个维度。

1）用户体验：遵循“1% 的故障就是 100% 的不满意”的原则，确保问题得到彻底解决。

2）企业质量成本：以“产品不良不应发生”为目标，推动质量成本最小化。

（2）质量改善生态圈责任主体。

1）用户口碑团队牵头提出每年度质量改善生态圈建设名单，由人力资源部发布生态圈抢单需求。采用“亮单亮酬→自主申报→ PK 三预（预算目标、方案路径、薪酬标准）→结果公示”的开放式抢单流程，确定生态圈的负责人（圈主）。

2）质量改善生态圈团队涉及全流程业务节点（企划、设计、采购、制造、运输、服务等）。圈主基于用户反馈问题，确定各环节承接责任人，制定关键任务及成果贡献比例，并与财务、人力部门确认签订对赌协议。每个质量改善生态圈均设有唯一编号，由产品码、类别码、名称码组成，以确保管理规范性。

2. 质量改善生态圈的可视化运营

（1）动态优化团队目标及关键任务。

建立质量改善生态圈信息化系统，将市场端用户抱怨的问题快速传递至企业内部，实现市场端用户抱怨问题的快速传递与分类。通过映射至对应生态圈，每个生态圈团队可精准掌握自身领域的市场反馈问题，通过查询到用户的每一条对质量的抱怨，确定自己团队的关键任务。利用数据分析工具追踪趋势，动态调整项目目标和改善的关键任务，确保质量改善工作高效推进。

（2）共赢增值分享动态可视。

质量改善生态圈以共赢增值分享的正向激励导向为主，按照高增长高分享的原则对改善经营效果进行分类分级，质量降损目标线分为保底线、挑战线、引领线。

保底线为“基准目标线 +x%”，降损达标超出部分的 y% 为增值分享金（公式：Z=［（基准目标线 – 实际损失）– 保底线目标值］× y%）；挑战线为“基准目标线 +2x%”，降损达标超出部分的 2y% 为增值分享金（公式：Z=［（基准目标线 – 实际损失）– 挑战线目标值］× 2y%）；引领线为“基准目标线 +4x%”，降损达标超出部分的 4y% 为增值分享金（公式：Z=［（基准目标线 – 实际损失）– 引领线目标值］× 4y%）。

（3）任务进展效果和成员活跃度在线可视。

质量改善生态圈团队运营系统（H-work 平台）支持任务目标、任务里程碑、完成及时性、成员在线时长和任务提交次数等指标的可视化管理，评估团队成员的工作积极性与参与度。圈主可实时查看成员活跃度及贡献情况，并基于增值分享机制进行差异化激励，确保团队质量改善工作的高效推进。

质量改善生态圈模式是一种创新性的质量管理范式，通过市场用户反馈驱动质量改进，并形成全流程相互关联、相互依存的质量管理闭环。借助数字化系统，该模式实现了质量问题的精准识别、快速响应、深度协同与持续优化，为企业质量管理提供强有力支撑。

在数字化浪潮席卷全球的背景下，海尔再次站在时代前沿，其数字化转型不仅带来了效率的指数级提升，更赋予制造业自我进化能力，在数据流动中持续重塑价值链，推动着“中国智造”的高质量发展。

第 9 章　数字产业化　赋能多行业高质量发展

随着产业变革的深入发展，数字化、网络化、智能化已成为推动我国制造业转型升级变革的核心驱动力。在这一大背景下，海尔集团依托多年制造经验，于 2017 年 4 月开创了工业互联网平台——卡奥斯 COSMOPlat（以下简称卡奥斯）。卡奥斯不仅是海尔工业互联网转型的实践载体，更是其质量管理思想的数字化呈现。

卡奥斯以打造全球领先的世界级工业互联网平台为使命，将“人单合一”“零缺陷”“零距离”“用户全流程参与体验”等先进理念融入平台建设，聚焦大规模定制，构建了跨行业、跨领域、跨区域的立体化赋能新范式，有力推动多行业的数字化转型与升级，成为我国工业制造数字化进程中的重要里程碑。

大规模个性化定制的质量新引擎

以用户体验为核心的大规模个性化定制模式，正在成为引领社会进步的智能制造新引擎。

该模式是一种由用户需求驱动的智能制造模式。通过用户深度参与产品与服务的全流程，可以成功化解传统质量管理中企业预设标准与用户真实需求错位的矛盾。再通过与零距离互联的生态资源协作，提供快速、低成本、高效率的定制化产品、服务和增值体验。

该模式以用户为中心，整合研发设计、生产制造、仓储物流、销售与服务等各类开放资源，连接全社会要素，促进产业链供需的有序对接、资源配置的优化、高效网络协作，从而形成智能交互的满足用户个性化需求的生态系统。

大规模个性化定制成为一种颠覆性的智能制造新引擎，它重塑了传统的**用户角色和生产方式**，以满足用户个性化需求为驱动力，创造多样的场景和体验。在这种模式下，用户不再是单纯的购买者，而是价值共创者。大规模个性化定制打破了企业边界，构建了一个共赢的生态网络，让用户的需求直接地参与到研发与生产的全流程，从而在高效率的基础上实现高精度。

大规模个性化定制工业互联网平台架构

海尔推出的全球首家用户全流程参与体验的卡奥斯工业互联网平台，根植于以用户为中心的理念，构建了立体化赋能的新范式。该平台能够为多个行业提供大规模个性化定制的解决方案，已在家电、服装、汽车等多个行业得到了广泛应用，是一套独特的大规模个性化定制系统架构。

在工业互联网通用架构的基础上，卡奥斯首创了集成工业机理模型、知识图谱、数字孪生体等模块的商业最佳实践即服务（Business & best-practices as a Service，BaaS）引擎，基于大连接、大数据和大模型的平台技术体系，构建了 ONE-COSMO 的平台架构。

该架构形成了三大核心竞争力——大规模个性化定制套件、BaaS 工业大脑和 BaaS 数字工业操作系统，实现了工业要素从物联到智联的突破、数据要素从“散”到“融”再到“智”的转变。

卡奥斯大规模个性化定制工业互联网平台的架构如图 9-1 所示。

图 9-1　卡奥斯大规模个性化定制工业互联网平台架构

大规模个性化定制工业互联网平台的架构自下而上包括以下几个层级。

1. 物联设备层

物联设备层通过物联网关、协议解析、边缘智能和规则引擎等技术，支持各类传感器、摄像头、AGV（自动导引车）、工业交换机、工业机器人等百万级先进设备的连接，兼容450多种协议，支持多源异构工业组件群、海量数据融合及第三方开发者的泛在接入。该层能够集成处理产品全生命周期中的多源异构数据。同时，还设计了反向控制功能，将虚拟世界中的信号和操作反馈到真实生产现场，优化生产设备的参数和逻辑，实现产线的最优配置。

2. BaaS 数字工业操作系统

BaaS 数字工业操作系统包含容器云管平台和操作系统组件服务开放应用程序编程接口（Application Programming Interface，API），实现全面连接工业设备和企业数据源，打通了工业互联网的“最后一公里”。该系统通过嵌入式实时操作系统和数据主线技术连接了50多种工业设备及企业数据源，满足工业设备的全面接入、边云协同以及数据实时采集等工业企业的需求，为用户提供性能不断增强、可靠且安全的操作系统。

3. BaaS 工业大脑

BaaS 工业大脑由工业大脑总控平台、工业大脑能力开放 API 以及开放开源的能力市场三部分组成。目前，该系统已沉淀超过5000个工业机理模型与算法，广泛应用于工业设计、研发、机理仿真和数字孪生等领域，具备高度的可迁移性和可复制性。在生产过程中，平台上的应用具有根据需求调用卡奥斯 BaaS 工业大脑能力网格的权利，支持训练和推理，为用户提供一站式 AI 开发能力，助力工业生产实现自感知、自学习、自决策、自适应和自诊断。

4. 大规模个性化定制套件

大规模个性化定制套件具备平台化设计、智能化制造、个性化定制、网络化协同、服务化延伸和数字化管理六大能力，现已开发了 25 个云端套件和 10 个边 + 端套件，构建了以用户为中心的智能产品、智能生产、智能服务等系统。与单一系统或软件不同，该套件具备独特性，能够提供类似乐高的工业服务。所有产品都可以像积木一样拆解并根据企业需求重新组合，从而形成适合不同场景的解决方案，极大提升了开发和应用的效率。

基于架构搭建的核心竞争力，卡奥斯平台根据中小企业、腰部企业、大型企业、园区和政府等用户的不同需求提供交互定制、开放设计、精准营销、模块采购、智能生产、智慧物流、智慧服务等全业务流程的大规模个性化定制解决方案。

大规模个性化定制套件模式

海尔创新性地将其工厂的实践经验模式化，并融入“零缺陷”的理念，沉淀为大规模个性化定制套件。套件涵盖了交互定制、开放设计、精准营销、模块采购、智能生产、智慧物流、智慧服务七大核心节点，涵盖需求的精准转化、用户需求的个性化与产品质量的一致性、全流程追溯体系等，并对这些节点进行数字化迭代，最终转化为可复制的软件即服务（Software as a Service，SaaS）软件应用。这一方法有效解决了传统制造业在升级过程中遇到的路径、技术和成本等多方面的挑战，为不同企业提供端到端的大规模个性化定制解决方案。

1. 定制套件流程关键架构

大规模个性化定制套件的全景图（见图 9-2）展示了业务流程中的关键架构。通过工业大脑和数字工业操作系统，平台提供了软件产品的连接和数据汇聚能力：通过交互定制和智慧服务节点与用户连接；通过物联设备层与制造企业的仪器仪表、工业设备、工控系统、上位机等进行连接。数据经过协议转换后，以消息队列遥测传输（Message Queuing Telemetry Transport，MQTT）协议上传至云端，供交互定制、开放设计、精准营销、模块采购、智能生产、智慧物流、智慧服务七大类业务流程调用。

2. 交互定制与开放设计

通过社群交互系统收集用户的碎片化和个性化需求，通过全球研发网络资源将其整合成需求方案，把用户的不确定性小需求转化为确定性的海量数据，帮助用户实现从创意到产品的精准转化。

利用产品全生命周期管理（PLM）系统进行协同设计，通过产品数据管理（PDM）系统推动数据共享，并借助计算机辅助（CAX）系统执行设计，通过工艺管理与优化系统进行资源交互，支持设计师与用户实时互动。同时，利用虚拟仿真技术不断修正产品设计，确保产品符合用户需求。用户信息和订单需求通过前端定制体验平台等端口直接传递到企业。

3. 精准营销与模块采购

通过社会化客户关系管理（SCRM）系统进行会员管理，结合电商系统实现用户交互，支持产品预约和预售，解决产品生产后滞销的问题。同时，运用大数据分析形成用户画像和标签管理，实现精准的“千人千面”营销。最终，通过升级用户画像为用户场景定制，创造出更高的用户体验价值，提高用户的满意度和忠诚度。

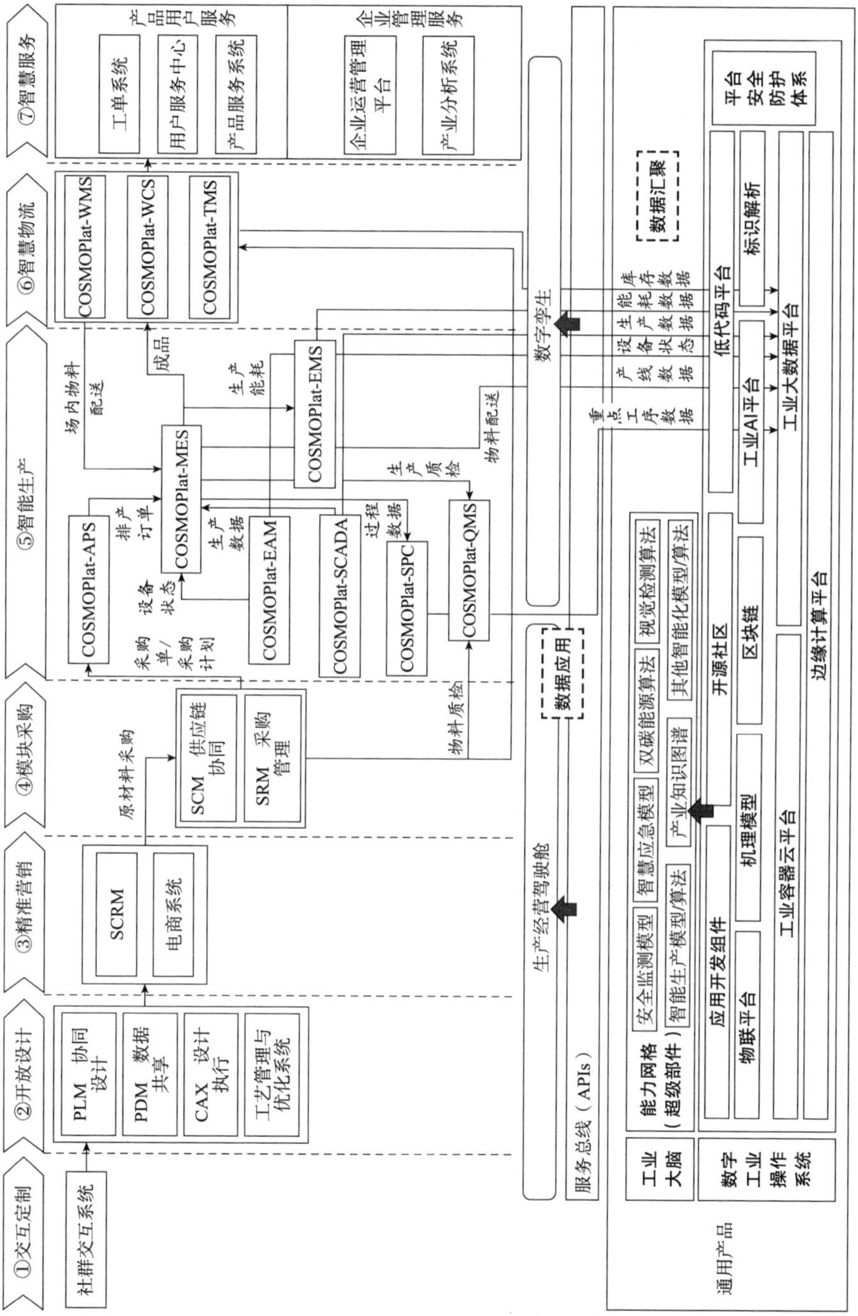

图 9-2 大规模个性化定制套件全景图

通过供应链管理（SCM）系统进行供应链协同，利用供应商关系管理（SRM）系统进行采购管理，实现供应链高效运作。以用户为中心，整合全球顶级模块商资源，积极参与用户交互和前端设计，并通过用户评价实现自我优化，让用户自由选择最优、最合理的解决方案。

4. 智能生产

基于工厂的联全要素、联网器和联全流程，通过高级规划与调度（APS）系统处理订单，利用制造执行系统（MES）、企业资源规划（ERP）系统、数据采集与监视控制（SCADA）系统、应急管理系统（EMS）、统计过程控制（SPC）系统和质量管理系统（QMS）等进行生产排程、生产执行、物料管控和柔性制造，实现生产进展和过程的透明可视化，真正做到以用户订单驱动智能生产，实现用户需求的个性化与产品质量的一致性，高质量驱动高效率。

5. 智慧物流与智慧服务

融合营销网、物流网、服务网和信息网等，通过仓库管理系统（WMS）、仓库控制系统（WCS）、运输管理系统（TMS）等进行调度、配送与监控，构建智能多级云仓方案、干线集配方案、区域可视化配送方案和领先的 1 公里送装方案，实现用户订单完成后的直达配送，有效提高产品的不入库率，降低物流成本。

将事后服务转型为事先服务，通过工单系统、用户服务中心和产品服务系统为用户提供差异化的产品服务。同时，通过企业运营管理平台和产品分析系统等为企业提供决策支持。

6. 追溯管理

大规模个性化定制套件实现了全流程质量追溯。套件中的 QMS 模块涵盖了从原材料进厂到最终产品出厂的各个质量管理环节，包括来料质量控制（IQC）、过程质量控制（IPQC）、成品质量控制（FQC）和发货质量控制（OQC）。QMS 模块与 MES 模块的数据实时共享，通过自动化、流程化和标准化的质量控制，结合条码、RFID 和设备互联等技术，基于流程采集物料、质检、生产过程和包装等信息，实现从采购、生产、销售、物流等环节的全过程追溯管理。一旦出现问题，系统可以通过多种追溯查询方法快速定位问题环节，大大提高了问题解决效率，减少了因质量问题导致的返工或退货，增强了企业的质量可控性，提升了产品质量保障。

模块集成了统计过程控制（SPC）系统和实验室信息管理系统（LIMS）的功能，帮助制造企业在质量管理中实现稳定控制。SPC 通过实时采集和分析生产数据，对过程稳定性进行分析，并在生产过程中出现异常时及时预警，通过根因分析沉淀知识库，完成质量闭环管理。产品直通率提升了 30%，产品全流程可追溯，质量损失率降低了 25%。SPC 结合 LIMS，能够对实验室检测数据进行实时跟踪和管理，为质量控制提供科学依据。

大规模个性化定制赋能家电行业高质量发展

基于卡奥斯工业互联网平台，海尔建立了家电行业大规模个性化定制系统（见图 9-3）。该系统提供从线上用户定制到线下柔性化生产的全面解决方案，涵盖了交互定制、开放设计、精准营销、模块采购、智能生产、智慧物流、智慧服务等产品全生命周期业务流程。系统在不断循环迭代升级的同时，各方资源得以融合，形成了共创共赢的生态圈。

1. 高端大冰箱制造

以海尔中德冰箱智能互联工厂为例，该工厂专注于高端大冰箱的制造，以满足用户对冰箱高端化、个性化和质量的高要求。传统的管理方式只能应对同质化生产，信息依赖人工或订单系统传递和采集，生产过程的数字

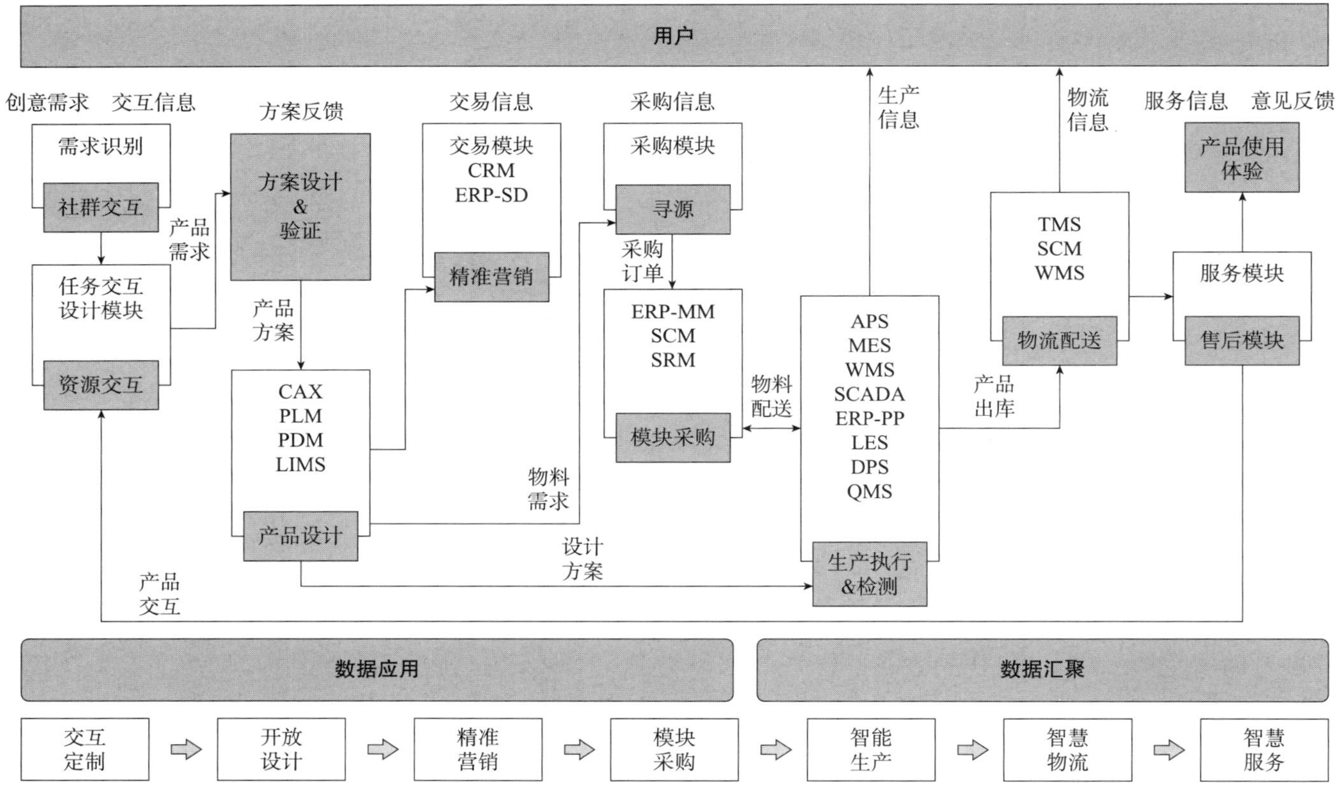

图 9-3　家电行业大规模个性化定制系统

化、智能化水平较低，产线数据不够透明，且存在严重的数据孤岛问题。

为适应用户对个性化、高端化产品的需求，中德冰箱智能互联工厂以卡奥斯平台为技术支撑，围绕冰箱制造全流程构建了信息化、数字化集成系统。工厂采用了“1 个模式、9 大系统、1 个中心、6 大维度、N+ 应用”的架构，实现了虚实结合、智能互联，用户定制信息直接传递至工厂，订单自动匹配、准时交付。生产全流程的可追溯性和可视化，以及产品质量实时监控和性能分析优化，有效提升了用户体验、产品品质和生产效率。

2. 大规模个性化定制系统案例

以海尔空调智能互联工厂为例，依托卡奥斯的大规模个性化定制系统，工厂实现了**模块定制、众创定制和场景生态定制**三种定制模式，成功实现了 100% 定制、100% 网器和 100% 终身用户。

（1）模块定制模式。

在模块定制方面，工厂采用不变模块与可选功能模块相结合的定制方式，推出了 162 种产品，让用户享有专属定制服务。

（2）众创定制模式。

众创定制模式是指通过抓取用户需求，将小需求汇聚成大规模生产需求，并转化为创意方案。通过这种模式，海尔推出了 15 种新品类空调，单品类的销量提升了 30%，同时节能效果达到了 46%，减排效果达到了 30%。

（3）场景生态定制模式。

在场景生态定制方面，海尔聚合了超过 400 个资源生态，联合打造了空气生态平台，创制了包括 9 大家庭、全空间、6 类人群、1000 多个场景的定制解决方案，推动空调从产品创新到健康空气生态创新的转型，实现了空气方案和睡眠方案的定制化。

通过大规模个性化定制，海尔空调工厂的产线效率提升了40%，成本降低了25%，设备维修效率提升了55%，设备停机时间减少了30%。智能制造的综合应用效果显著，帮助企业在降低成本、提高效率、提升质量和创造收入等方面取得了显著成果。

大规模个性化定制赋能服装行业高质量发展

基于卡奥斯工业互联网平台，海尔集团与生态合作伙伴共同建设了服装行业的大规模个性化定制系统。该系统提供了一套完整的软硬件解决方案。

1. 软件解决方案

通过业务互联实现全流程的数字化驱动，为服装企业提供涵盖设计、采购、制造、物流等环节的全流程解决方案。如图 9-4 所示，系统内部集成了订单管理系统（OMS）、仓库管理系统（WMS）和产品生命周期管理系统（PLM）等多个系统，确保从量体、设计、制造到物流的各环节实现数据互通，并在计划、供应、生产和销售各个环节实现业务互联。同时，系统能够敏捷响应柔性生产，推动供应链高效协同，形成完整的全流程数字化驱动机制。

以青岛环球服装有限公司（简称环球服装）为例，该公司面临库存过高、产销不匹配、定制化订单生产效率低等行业普遍存在的痛点。尽管市场上存在大量多品种、小批量、定制化订单需求，但工厂仍习惯于大规模批量化生产，缺乏承接能力。针对此种情况，卡奥斯平台为环球服装量身定制了从消费到生产、仓储等业务全流程的物联网解决方案，涵盖了基础模块、定制模块、交互设计、虚拟试衣、生产管理、订单管理、结算管理、在线帮助和评价系统等功能。

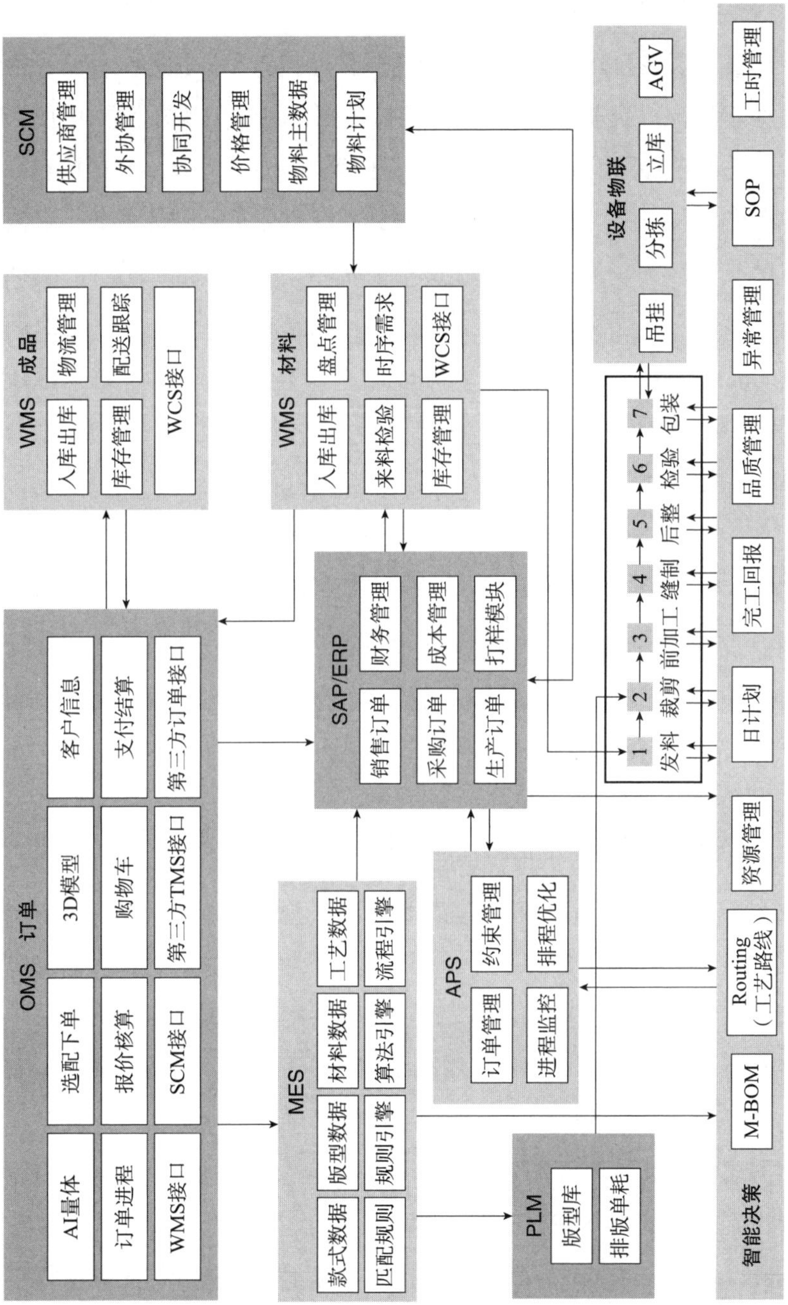

图 9-4 服装行业大规模个性化定制系统

2. 硬件解决方案

工厂已实现全自动化生产线，配置了智能裁床和吊挂系统；基于柔性智能版型库系统，获取用户 AI 量体精准数据，用户只需一键下单便可直达工厂。凭借自身积累的版型库资源，几秒钟内即可完成款式选择和打版工作，实现一人一版，排版图自动传输到智能裁床进行智能裁剪。在全流程数字化系统的协同作用下，环球服装的新工厂实现了全面的信息化升级，彻底颠覆了以往的业务模式，具备了承接小批量、定制化、个性化及高溢价订单的能力。环球服装的生产效率提升了 25%，交货周期从 45 天缩短至 7 天。毛利率提升了 30%，销量增加了 18%，库存降低了 35%，高效且高质量地满足了用户的个性化需求。

大规模个性化定制赋能汽车行业高质量发展

面对汽车行业产品同质化、制造成本高、产业链协同难等行业问题，海尔集团与中国自主品牌奇瑞共同打造了汽车行业首个大规模个性化定制工业互联网平台，卡奥斯提供平台能力，奇瑞开放场景，打通产业链上下游。

1. 汽车行业大规模个性化定制系统

汽车行业大规模个性化定制互联网平台，为汽车行业及其上下游产业提供了 13 个典型解决方案，涵盖了研发设计、生产制造、营销和服务等业务全流程的 24 个场景，构建了汽车产业链数字化转型的产品矩阵。

汽车行业的大规模个性化定制系统如图 9-5 所示，成功实现了七大业务节点的互联互通和数据的统一汇聚，能够精准捕捉用户在特定场景下的个性化需求，并高效匹配制造资源，从而快速驱动汽车产品的生产制造。该系统已在奇瑞青岛智联工厂成功落地，首次实现了以消费者到生产商（Customer to Manufacturer，C2M）为核心，基于客户体验优先的从订单到

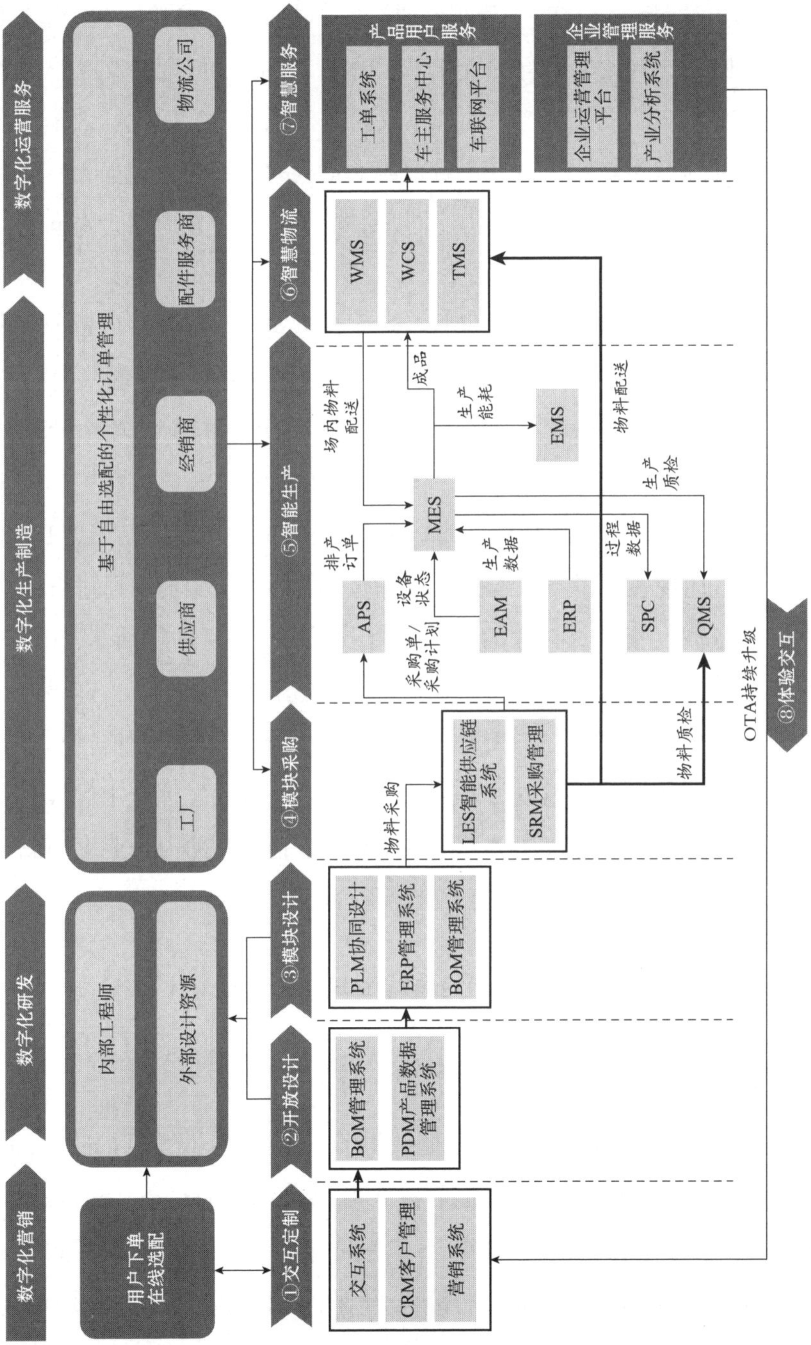

图 9-5　汽车行业大规模个性化定制系统

交付（Order to Deliver，OTD）流程。通过这一流程，形成了一个全流程透明、上下游协同、智能化运营的智联工厂解决方案，能够同时支持常规动力和新能源乘用车的混线生产。此举不仅显著提升了工厂的生产效率，还优化了设备管理和维修效率，进一步增强了企业的数字化管理能力、能源管理能力以及安全和环境管理能力，同时缩短了工艺开发周期，降低了产品不良率。

基于汽车行业大规模个性化定制系统，奇瑞实现了三个价值重构。第一，用户体验的价值重构：通过数字化平台贯通用户旅程，奇瑞车主在4S店选购时，可在星途app定制天窗、座椅、互联网大屏等42项个性化功能，极大提升了体验感，实现了用户体验的迭代，从“千人一车”到“千人千车”。第二，制造流程的价值重构：传统模式下，一条主机产线只能生产一个车型；而现在，得益于卡奥斯为奇瑞打造的智造中台，通过自动排程算法、设备高度集成等技术的落地应用，一条产线可进行油车、电车、混动车三种动力类型、六大平台、十多个型号汽车的混线生产，奇瑞青岛工厂的效率提升30%，不入库率提升25%。第三，汽车产业链的价值重构：奇瑞与卡奥斯一起将赋能领域延伸至产业链上游，奇瑞发挥链主优势、卡奥斯发挥平台能力，赋能奇瑞上下游401家中小企业，助力企业生产成本降低15%，生产效率提升50%，有效推动了行业转型升级。

2. 大规模个性化定制实践助力参与国际标准活动

（1）国际标准组织的认可。

目前，卡奥斯的大规模个性化定制获得了国际电工委员会（International Electrotechnical Commission，IEC）、国际标准化组织（International Organization for Standardization，ISO）、电气电子工程师学会（Institute of Electrical and Electronics Engineers，IEEE）和美国保险商实验室（Underwriters

Laboratories Inc.，UL）等的广泛认可。

通过持续推动标准制定与全球对话，卡奥斯不仅展现了中国工业互联网平台的技术实力，也展示了中国在全球智能制造标准化领域的国际竞争力，推动制造强国战略建设。

（2）深度参与国际标准制定。

卡奥斯积极参与国际标准的制定工作，是全球首个主导制定大规模定制模式国际标准的工业互联网平台，它提出的大规模定制、用户全流程参与等核心理念被写入 IEC、ISO 等权威机构发布的相关标准中。

卡奥斯主导制定的 ISO、IEC、IEEE 关于大规模个性化定制的国际标准涵盖了产品设计、生产流程、数据管理和用户体验等多个方面。

2017 年，卡奥斯联合中国电子技术标准化研究院等单位成立了 IEEE 大规模个性化定制工作组，主导起草了国际标准 IEEE 2672（*IEEE Guide for General Requirements of Mass Customization*，即《大规模个性化定制通用要求指南》)。该标准以用户需求为核心，涵盖了从理解用户需求到产品交付的整个流程以及大规模个性化定制所需的系统架构。该标准于 2023 年正式发布，填补了大规模个性化定制领域国际通用方法的空白。

2018 年，卡奥斯启动了国际标准 IEC PAS（Publicly Available Specification，公共可用规范）63441（*Functional Architecture of Industrial Internet System for Industrial Automation Applications*，即《面向工业自动化应用的工业互联网系统功能架构》）的制定工作，该标准定义了面向工业应用的工业互联网系统的功能架构和模型，展示了端、边和云之间的模型、结构、活动及交互内容，从标准层面支撑大规模个性化定制的实现。该标准于 2022 年正式发布。

2019 年，卡奥斯在 ISO/TC184/SC5（自动化系统与集成技术委员会 / 企业系统和自动化应用的互操作、集成和体系结构分委会）成立了大规模个性化定制工作组，启动了国际标准 ISO PAS 24644-1（*Mass Customization Value Chain Management Part 1: Framework*，即《大规模个性化定制价值链管理 第 1 部分：框架》）的制定工作。该标准为制造企业提供了一个全面的框架，在价值链的每个环节实施有效的管理和控制，以支持个性化定制产品的开发、生产和交付。标准内容涵盖设计、计划排产、柔性制造、物流配送和售后服务等环节的数据采集与分析等方面。该标准于 2023 年正式发布。

上面三项国际标准为大规模个性化定制提供了完整的方法论和工具，助力制造企业更加精准理解用户需求，降低库存，提高产品差异化和多样性，增加利润以及实现边际效益递增。

海尔通过构建工业互联网平台，积极探索大规模个性化定制的新引擎，不仅在家电行业内部实现了这一新的智能制造模式，还将实践经验复制到汽车、服装、电子、化工等多个领域，成功赋能千行百业，助力其转型升级。

卡奥斯工业大模型驱动制造业转型

目前，大模型展现出多维度的蓬勃发展趋势。

在技术层面，大模型不断拓展其边界，从基础的自然语言处理、图像识别等领域，逐步向多模态融合的方向发展，实现对各种复杂数据的统一理解与处理，以更加智能和精准的方式模拟人类认知与决策过程。

在应用层面，大模型以星火燎原之势渗透至各行业，无论是新兴的数字经济业态，还是传统的实体经济支柱产业，都深受其影响，催生出新的商业模式与服务形态。

在创新层面，大模型不仅加速了人工智能技术的迭代和突破，更通过与其他前沿技术的深度交叉融合，孕育了众多创新应用场景和跨学科研究领域，为科技发展开辟了更广阔的想象空间和探索路径。

工业领域是大模型应用的重要阵地。大模型的应用展示了其提升新质生产力的强大动力，如同核心引擎，为工业互联网 2.0 的持续发展提供了不可或缺的驱动力，推动着工业智能化转型迈向更高层次、更多维度。

卡奥斯天智工业大模型架构

在大模型的深度应用研究中，首先面临着需要克服的一系列难题。工业领域的生产过程复杂、技术要求高，涉及大量专业知识与经验，通用大模型在工业应用中面临着数据、成本、可靠性等诸多挑战，例如高质量工业数据的供给不足、模型训练成本高昂、业务流程的适配性不强以及大模型的“幻觉”问题等。因此，传统大模型难以掌握工业领域的深度知识与内在逻辑，无法精准契合工业场景对高效性、稳定性和精确性的高标准要求。针对这些问题与挑战，卡奥斯以大规模个性化定制为核心，整合各类工业数据要素，通过人工智能重构质量管理边界，打造了国内首个**基于工业互联网平台的大模型——天智工业大模型**。

天智工业大模型具备广博的工业知识和深厚的行业 Know-how[㊀]，能够读懂工业语言、理解工业工艺及机理、生成工业执行指令，并控制工业机械的操作，形成工业生产的智能中枢。具体的业务方向如图 9-6 所示，天智工业大模型围绕工业全流程，持续创新工业智能的新场景，为制造业的智能化转型提供强有力的支持，有望在大模型应用浪潮中引领制造业开辟出一条特色、高效的创新发展之路。

卡奥斯天智工业大模型整体服务平台方案架构如图 9-7 所示，是由“数字底座 + 核心能力引擎 + 工业生态”构成的综合性架构。

㊀ 指专门知识或诀窍，一种非公开的专有技术。

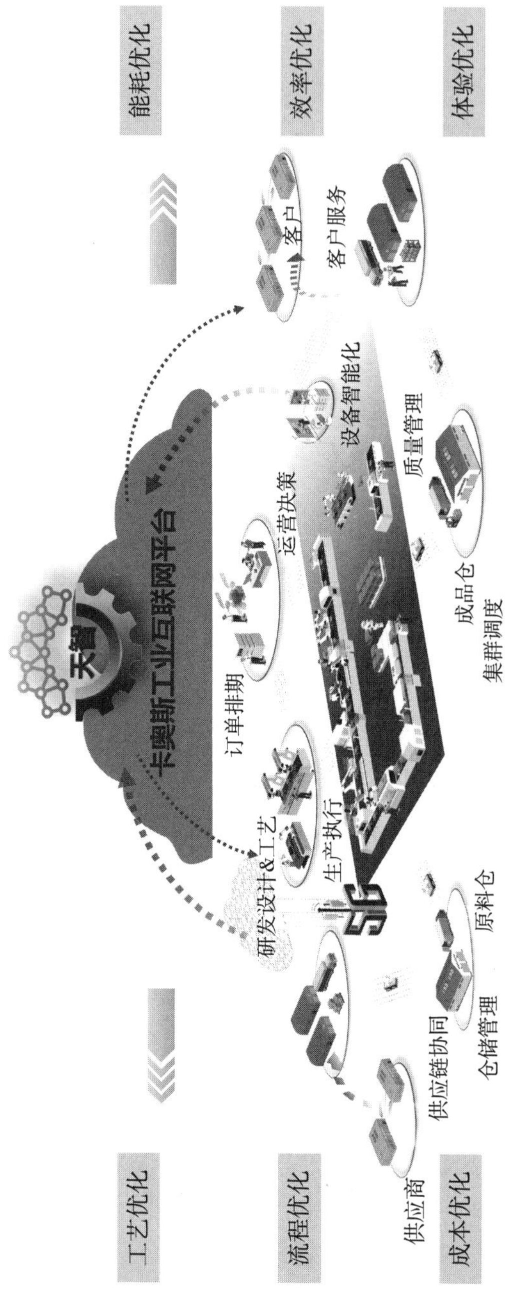

图 9-6　卡奥斯天智工业大模型业务方向

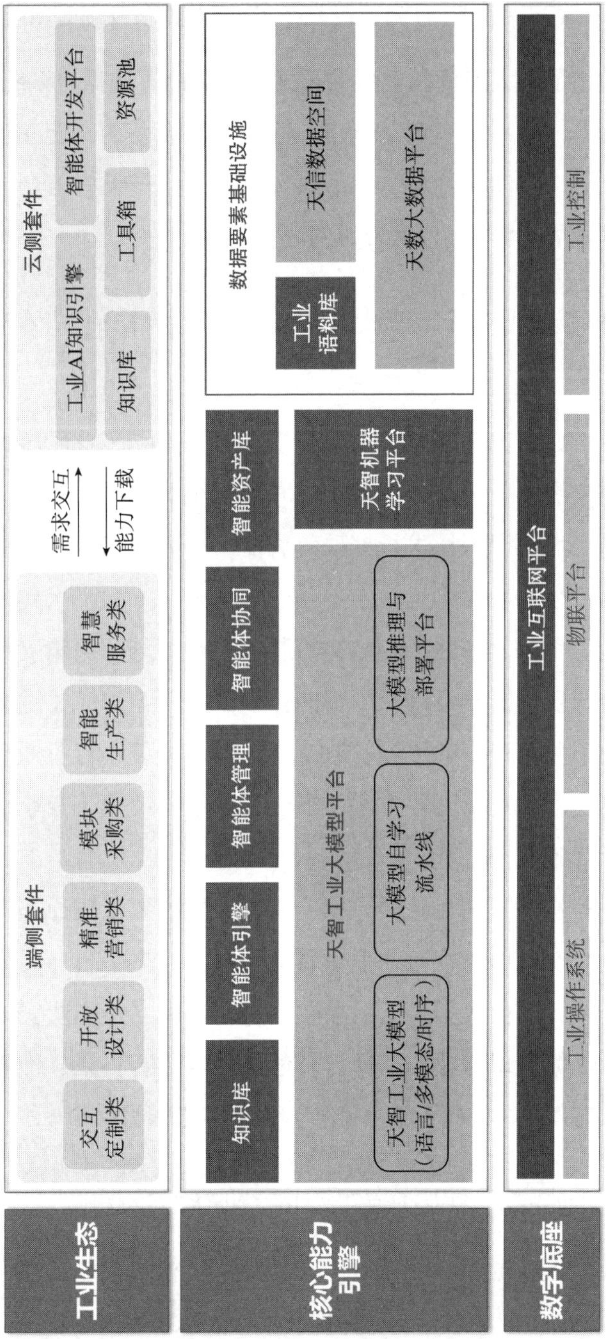

图 9-7　卡奥斯天智工业大模型整体服务平台方案架构

1. 筑牢系统数字底座，构建泛在连接的工业智能基础设施

卡奥斯构建了以大连接和大数据技术为核心的工业操作系统数字底座。通过终端接入层，该系统实现了与产业集群终端设备的智能互联，并集成了产业集群数据，推动了创新。数字底座打破了生产设施与产业集群内外合作中的传统边界，实现了广域资源的泛在连接。

2. 构筑核心能力引擎，形成数据驱动的工业知识生产体系

基于系统汇聚的海量数据资源，卡奥斯以工业大模型技术为核心，打造了全系列的**工业语言大模型、工业多模态大模型和工业时序大模型**，并提供了多种参数配置版本，满足轻量化和强思维等不同需求。结合自研的大模型自学习流水线训练技术与推理部署能力，天智工业大模型平台形成了整个服务方案的智能中枢。

工业大模型平台具备强大的数据分析、推理规划和决策支持能力。该平台通过协同调度机器学习平台、智能体引擎、知识库等关键组件，能够自主解决复杂工业流程中的难题。通过任务动态分解、行业知识注入、智能数据分析、模型工具调度等方案，平台实现了精细化、专业化的生产制造与运营流程优化。

卡奥斯还打造了可信可控的数据空间，为数据要素流通提供了坚实的载体。以工业大模型作为枢纽，平台联动天数大数据平台、天信数据空间等基础设施，释放工业数据要素的乘数效应，帮助工业企业实现数据三次高价值转化：价值发现与业务贯通、价值涌现与数智决策、价值流通与产业赋能。这些能力共同构成了整个服务方案的核心能力引擎。

3. 打造工业生态，解码开放共享的工业智能新范式

天智工业大模型通过“端 + 云”一体化赋能模式，创新性地提供多产品形态，全面赋能企业实现全流程智能化升级，如图 9-8 所示。

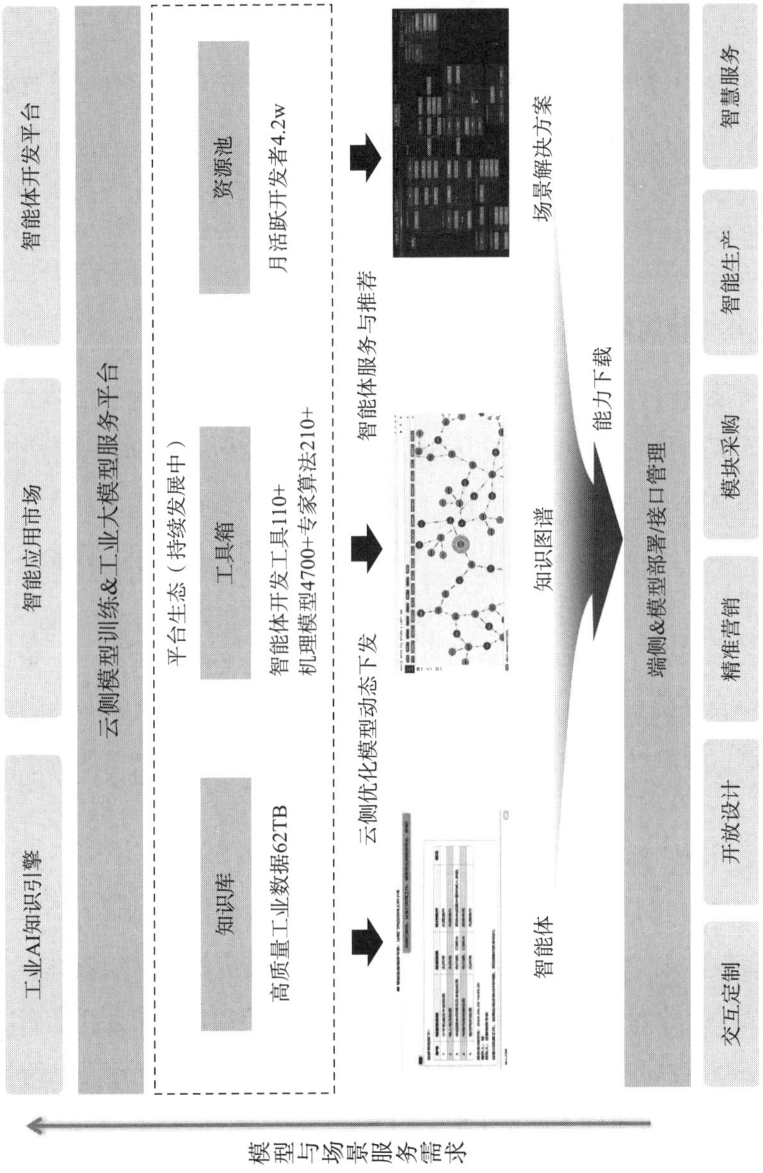

图 9-8 “端＋云”一体化赋能模式

在云端，卡奥斯构建了以工业知识引擎和智能体开发平台为核心的工业生态。目前，该生态汇聚了大规模的高质量工业知识库，以及超过 4700 个机理模型、超过 210 个专家算法和超过 110 个智能体开发工具（截至 2024 年 12 月）等丰富的资源。工业知识引擎是面向工业领域的 AI 知识引擎，能够实现工业知识的智能搜索与解决方案的精准生成。通过智能分析和多模态连续交互，知识引擎可以实时生成个性化的回答，并提供精准的产品和服务推荐。

4. 建设智能体开发平台，激发生态协同创新活力

在智能体开发平台上，用户可以高效、快速地开发工业智能体。该平台内置了丰富的工作流模板和工具函数，通过零代码和低代码编排等方式，能够构建不同复杂度的智能应用。此外，平台还支持将智能体融入各类业务系统、工作流程和场景应用中，实现智能生成和一键发布。智能体开发平台的可视化编排界面如图 9-9 所示。

依托云端强大的技术支持和生态能力，卡奥斯在端侧建立了**企业智能应用中台**，提供面向工业产品全生命周期的场景化解决方案，涵盖了交互定制、开放设计、精准营销、模块采购、智能生产、智慧服务等多个领域。

截至目前，场景化解决方案已在家电、能源、化工、模具、机械装备、服装、电子等九大行业的 45 个高价值场景中实现应用，例如工艺参数优化、设备故障维修、服装外观设计、车间柔性装配、产品售后服务、工艺规划生成、企业知识管理和流程自动化等。这些应用帮助工业企业解决了实际痛点与难点问题，取得了显著的赋能成效，并实现了跨行业、跨场景的融合创新，深度推动了新型工业化的发展。

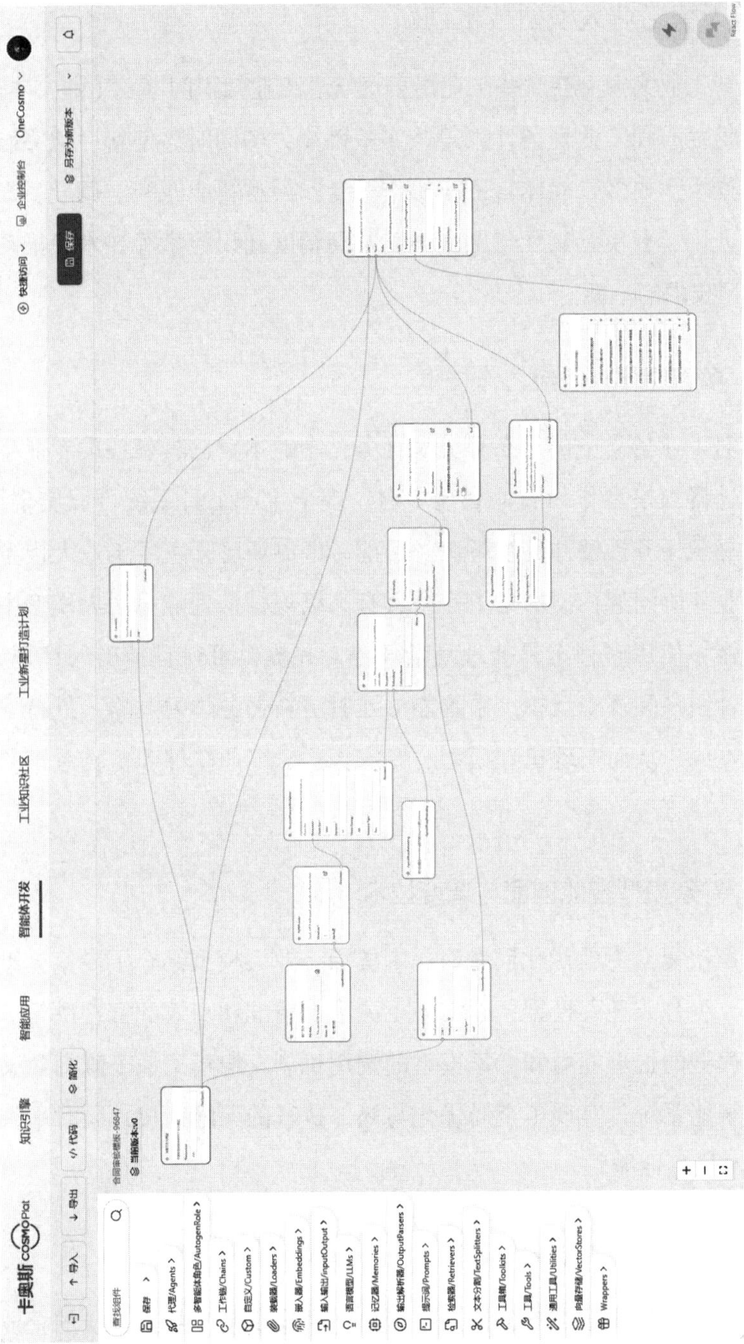

图 9-9　智能体开发平台的可视化编排界面（示例）

卡奥斯天智工业大模型技术创新

天智工业大模型在具备工业语言理解、工业知识问答、工业文本生成、工业代码生成和工业理解计算等坚实基础能力的同时，创新性地突破了多个关键技术，如多智能体自适应协作、专家模型智能匹配与调度、大模型自学习进化、多模态交互与融合，以及高精度知识检索等技术，推动了工业大模型技术的革新。

1. 多智能体自适应协作技术

面对工业场景中的复杂环境和任务，企业本身已具备各类专业生产工具。通过将大模型作为企业智能中台，多个生产工具系统可以实现协作，从而将复杂任务拆解并逐步解决。目前，卡奥斯已开发了工业大模型的多智能体业务协同架构，构建了一个具有高级规划推理能力的大模型中央调度器，能够使用多种工具处理复杂任务，并提供可行且精确的计划方案。通过结合用户和环境反馈，系统能够及时更新任务学习策略，进行下一轮策略的生成，从而实现机理模型、专家算法、工业软件和仿真系统的高效整合。

2. 专家模型智能匹配与调度技术

在解决复杂专业优化问题时，卡奥斯工业大模型结合了专家模型，动态调用、组合或迁移模型，以实现更灵活、精准和高效的推理决策。通过工业大模型的推理能力和专家模型的调用机制，构建了一个既高效又灵活的工业智能系统，实现了全局优化与局部执行的无缝衔接，同时平衡了推理成本与模型性能。

3. 大模型自学习进化技术

针对企业知识沉淀难的问题，卡奥斯开发了基于数据主线的企业智能服务架构，具备低代码、低成本、快速部署和自主进化的服务能力，使企业能够轻松构建自己的销售服务助手、智能办公助手、设备维修助手和领域智能专家等应用。通过建立跨企业的全局数据主线，推动工业数据、场景和模型等数字资产的积累与复用，卡奥斯构建了企业知识库。自学习进化技术能够自动提取、清洗和增强训练数据，并自动完成模型训练、微调和评估，从而提升企业智能化能力。

4. 多模态交互与融合技术

天智工业大模型解决了通用大模型在理解工业语言方面的不足，能够识别 CAD（计算机辅助设计）模型、设备程序、设备数据等工业语言。结合实时视觉和力控能力，系统能够精确感知外部环境变化，高效生成和识别工业图纸及工业语言。

5. 高精度知识检索技术

高精度知识检索技术结合了大规模预训练模型与高效信息检索机制，旨在从海量数据中精准提取有价值的信息。该技术的核心点在于通过深度语义理解与分析，捕捉文本间的复杂关联与细微差异，并构建索引结构，实现对知识库的快速查询和匹配。该技术突破了基于超大规模知识图谱的检索增强生成（Retrieval-Augmented Generation，RAG）技术局限，实现了全局总结与多条查询的能力，突破了图谱生成与查询效率的瓶颈，实现了文本和图片数据的双维度高精度检索。

卡奥斯天智工业大模型的应用

在卡奥斯天智工业大模型的应用过程中产生了一些具有推广价值的生动案例。

1. 注塑工艺智能体应用实践案例

针对注塑行业中存在的工业数据应用不足、缺乏系统化管理、生产过程能耗高、依据人工经验调节工艺参数的效率与质量低以及产品质量管理效能差等问题，卡奥斯以降本、增效、提质为目标，基于天智工业大模型与智能体，结合大连接、大数据、专家算法、大小模型协同和工业意图识别等技术，实现了注塑生产工艺优化与产品全链路质量管控。该解决方案具备了大规模注塑数据资源汇聚、注塑知识问答与知识管理、智能化注塑工艺参数推荐、综合性注塑产品质量管理与控制等关键能力。

在产品全链路质量管控方面，天智工业大模型构建的质量规划策略贯穿了生产的全流程。

（1）原材料入厂检验环节。

大模型整合各类数据，深度分析不同供应商和不同批次原材料的机理特性，根据工艺标准精准筛选出符合高质量生产要求的原材料，确保物料的稳定性。

（2）注塑生产工序环节。

利用海量历史数据与实时工艺参数，深度学习算法构建了动态工艺优化模型，关注熔体温度、模具温度等关键参数，模拟塑料熔体流变及制品微观结构成型过程，提前预判外观、尺寸和力学性能等方面的缺陷，实时生成最优工艺调整策略，确保模具产品质量稳定一致。

（3）质量检测环节。

大模型联动高精度在线检测设备，实时监控生产线制品，及时分析检测数据，快速识别个别产品质量异常。同时，通过大数据挖掘潜在批次性问题，发现隐患后，既反馈前端调整工艺，又根据问题的严重性启动分级预警，为质量追溯与整改提供依据。

（4）迭代优化环节。

大模型具备自我学习能力。如图 9-10 所示，该智能体持续吸纳新的质量数据与行业工艺最佳实践，动态优化工艺参数与质量管控策略，满足市场需求的变化和严格的质量标准。

目前，该方案已赋能了大量注塑机群，促使实现单台注塑机能耗降低 10%，生产节拍提升 7%，调参周期缩短 90%，大幅提高了注塑制品的良品率和整体质量管理效能，减少了原材料的浪费，促进了精细化质量管理，实现了人、机、料、法的高效协同。

2. 设备管理智能体应用实践案例

针对当前许多工厂面临的设备维修效率低、维修成本高、故障频发导致停工次数增多以及专业维修人员培育周期长等问题，卡奥斯通过打通从底层传感器、智能算法、云诊断到设备维修等各个环节，打造了多场景、多设备的智能维修解决方案。该方案将全面的设备监测数据与 10 年的维修数据转化为大模型的能力，同时将天智工业大模型与工厂设备互联，借助多任务设备管理智能体赋能工厂设备维修，实现设备监测、预警和维修的一站式智能化服务，显著提高企业设备维修效率，降低维修成本。如图 9-11 所示，该智能体的应用极大地缩短了查找设备故障和确定维修方案的时间，设备维修效率整体提升了 75%。同时，设备智能维修降低了人工成本和维修试错成本，使得设备维修成本降低了 20%。停工时长缩短了 35%，这也间接提升了工厂的产能。

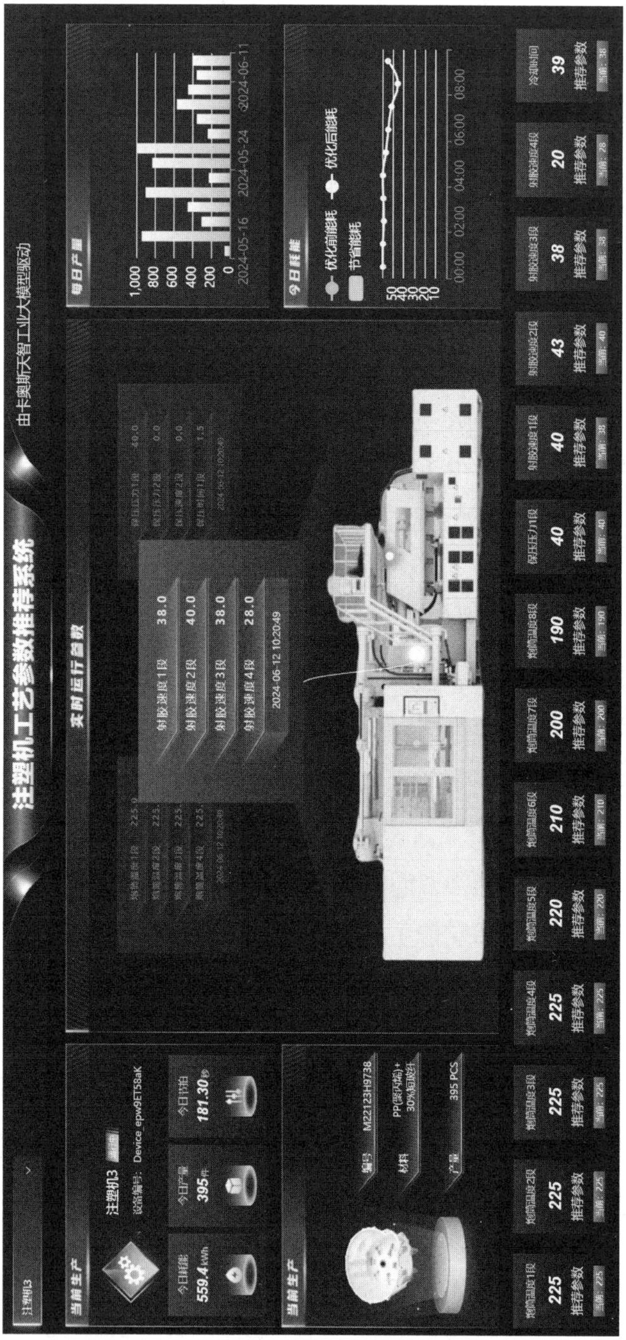

图 9-10　注塑工艺智能体

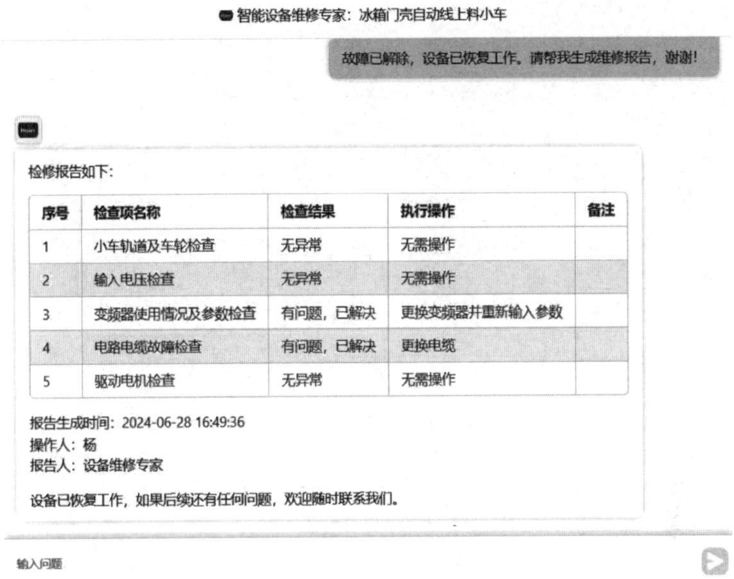

序号	检查项名称	检查结果	执行操作	备注
1	小车轨道及车轮检查	无异常	无需操作	
2	输入电压检查	无异常	无需操作	
3	变频器使用情况及参数检查	有问题，已解决	更换变频器并重新输入参数	
4	电路电缆故障检查	有问题，已解决	更换电缆	
5	驱动电机检查	无异常	无需操作	

图 9-11　设备管理智能体

3. 服装设计智能体应用实践案例

在传统的服装设计流程中，用户参与度低且通常需要经过多轮交互。由于成本限制，设计师很难提供足够多的款式供客户选择。通过引入基于天智工业大模型的服装设计方法，品牌可以实现从概念描述到概念设计成果的快速产出，进而改变了服装行业的设计模式。

卡奥斯的服装设计智能体（见图 9-12）支持多种服装交互式设计场景，包括文生图、图生图、局部重绘、设计元素碰撞和虚拟试衣等。根据用户的定制需求，无论是款式、颜色还是图案，智能体都能在几秒钟内生成完整的设计参考图。这使得用户能够以低成本获得高度个性化的定制体验，同时为设计师拓宽了创意空间。通过这一创新，服装设计效率提升了 40%，用户满意度提升了 5%，并且大大减少了样品制作和修改次数，减少了材料浪费，推动了企业的绿色化发展。

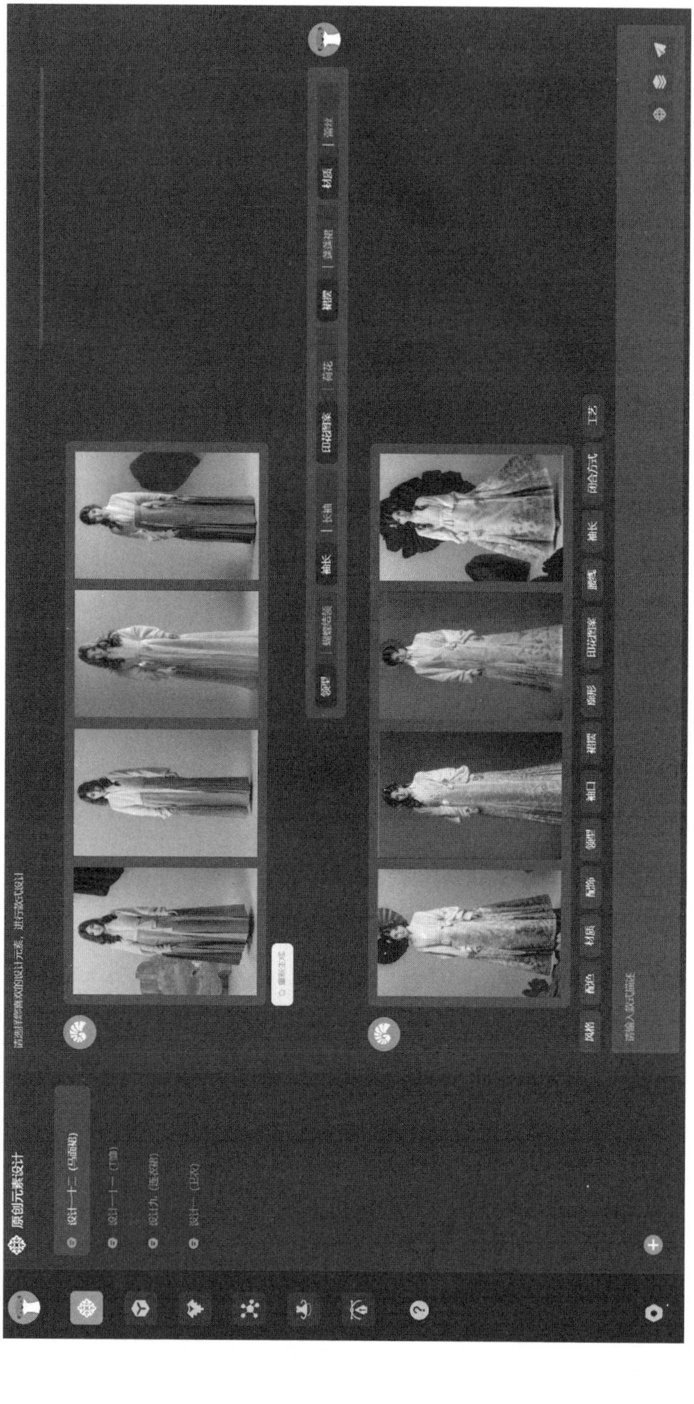

图 9-12 服装设计智能体

4. 柔性装配智能体应用实践案例

目前一些工业企业的自动化水平已经较高，部分产线已实现柔性化生产，但在装配环节，人工装配仍占主导地位。针对自动化工厂中装配环节普遍依赖人力以及产线换产效率低等问题，卡奥斯基于大模型技术研发了国内首套智能柔性装配系统。该系统以数据驱动人、机、料、法的协同工作，搭建了柔性可重构产线，能够根据订单和工况等的变化，实现产线的快速调整和按需配置，完成多种产品的自动化混线生产。

大模型能够根据指令自适应控制生产线上的机械臂，迅速采用 3D 扫描技术精确定位零部件，并根据零部件的型号自动匹配装配工艺，从而有条不紊地完成设备的柔性组装（见图 9-13）。这一系统实现了具身智能在工业领域的落地应用，工艺设计效率提升了 30%，换产调试效率提升了 50%。

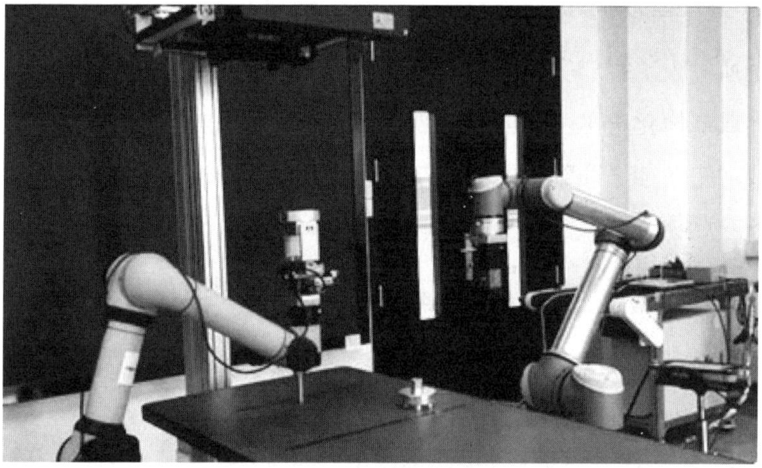

图 9-13　柔性装配智能体

卡奥斯天智工业大模型创造的经济效益和社会效益

通过一系列的应用实践，卡奥斯天智工业大模型已经创造了颇丰的经济和社会效益。

1. 经济效益

针对工业生产中存在的工艺经验难以传承、工业机理难以构建、工艺优化难以实现等痛点，天智工业大模型将传统的工业经验转化为工业智能，并将工艺优化普惠到各类需求企业，以可视化和智能化的方式实现降本、增效与提质。以注塑智能工艺优化为例，该技术实现了注塑生产的大幅降本增效，预计每年可为海尔集团节约1000万元费用，若在全国范围复制，预计每年最多可节省150亿元电费，为制造业的绿色化、集约化转型提供强有力的支持。

2. 社会效益

（1）示范价值与推广方面的效益。

基于平台的实践经验与技术体系，卡奥斯形成了可复制的智能化转型方案，通过人工智能实现质量管理的不断进化，推动工业企业参与升级改造，达成规模化的示范效应。天智工业大模型为智能制造树立了典范，成为工业向更智能、高效、可持续方向迈进的标杆，提升了制造业企业在全球市场的竞争力。

（2）赋能新型工业化方面的效益。

卡奥斯依托天智工业大模型深度挖掘数据要素的价值，整合海量工业数据，并将其转化为核心生产力，贯穿于全产业链的各个环节。天智工业大模型推动AI技术在产业中的深度应用，助力产业向高端化、智能化和绿色化转型，强力推动制造业实现质的飞跃，满足新时代制造业发展的需求。

（3）共创开放工业智能生态系统方面的效益。

基于天智工业大模型，卡奥斯打造了一个大型工业生态平台，广泛纳入工业企业、科研机构、高校、开发者以及产业链伙伴。各方在共享与协同机制的基础上，能够高效地流通与配置知识、技术等要素，塑造了一个具有内生动力和创新韧性的工业智能生态共同体。这为社会经济的可持续发展打下了坚实基础，并开辟了新的发展局面，为制造业提供了广阔的合作平台与创新土壤，促进了各类创新资源向制造业的汇聚，推动了创新发展和产业转型升级。

构建共生共赢的全产业链生态

工业互联网的创新发展离不开各方的协作，而协作的基础则是价值的共享。卡奥斯通过打造“大企业共建，中小企业共享”的生态合作模式，成功构建了一个企业共生的热带雨林式工业互联网全产业链生态。在这一模式中，具有创新研发能力和行业资源的大企业可以在卡奥斯平台上高起点地完成数字化创新，并将这些创新以模块化、经验化的方式，与行业中的中小企业共享，创造出自身的“第二曲线”。对于广大中小企业而言，卡奥斯汇聚的场景应用和解决方案，帮助它们大规模分摊数字化开发和技术成本，大大降低了转型的门槛和成本，质量范式也实现从企业质量到产业链质量的升维。

推动工业互联网新业态创新

在与供应商共同建设可持续供应链的同时，卡奥斯携手第三方产品设计和制造资源服务商进行深度合作，推动工业互联网领域涌现更多新业态和新模式，孕育出无数能够促进工业互联网价值持续裂变的新物种。

卡奥斯通过持续投入科技创新、不断优化资源配置、推动组织治理体系的人性化和数字化，已经初步构建了一个具有生态引力和创新活力的工业互联网生态。随着生态规模的不断扩张和覆盖行业数量的增加，生态的外部性将逐步增强，推动生态的自我更新。

1. 全球工业互联网生态构建

全球工业互联网生态正在加速构建，形成跨行业、跨地域的紧密合作网络。卡奥斯通过数据共享和技术协同，推动生产流程优化与产品服务创新，实现全产业链生态共赢增值。

2023年，卡奥斯在德国汉诺威成功举办了以“数字生态 智造未来”为主题的卡奥斯汉诺威数字生态峰会。该合作向全球发布了BaaS工业大脑，以及数字孪生、智能制造、能碳管理等产品解决方案。卡奥斯还携手多位国际专家，共同发起了《可持续灯塔工厂汉诺威倡议》，助推开放生态建设，并发布了吸纳全球行业专家的“卡奥斯MVP（最具价值专家）计划”，进一步完善数字生态结构。围绕全球生态共建，卡奥斯积极探索并践行开放、合作、融入、共赢的生态路径。

卡奥斯汉诺威数字生态峰会上的全球生态伙伴

2. 行业互联网生态创新

卡奥斯通过鼓励开放共享业务系统，推动上下游企业协同发展，构建了跨行业、跨领域的平台建设和开发者社区。这不仅助力我国在工业互联网关键技术领域实现“弯道超车”，还为企业的数字化转型和创新落地提供了强有力的支持。

2024 年，卡奥斯在上海成功举办了 2024 数字生态大会，吸引了 500 余位行业专家、学者和企业家齐聚一堂。大会以“春启新程　向质而行”为主题，卡奥斯发布了智能交互引擎在工业互联网时代的最新探索成果，并推出了《ONE-COSMO 产品图谱 2024》。该图谱以全新的“五化”理念引领工业场景创新，标志着数智转型新时代的开启。会上，卡奥斯还发布了 2024 年卡奥斯生态启航计划，强调平台、技术和生态三方合力，携手 2000 多个伙伴共同创造增值、共赢未来，推动多方生态资源共享、优势互补、创新协同。

面向不同行业领域，卡奥斯跨行业、跨领域赋能，推动产业数字化。以“大企业共建，小企业共享”的方式，结合龙头企业的行业 Know-how 与平台能力，卡奥斯共建垂直行业平台，并与中小企业共享 SaaS 应用，帮助企业提质增效、降本增效、优化升级，推动平台化设计、智能化制造、个性化定制、网络化协同、服务延伸和数字化管理等新模式的普及。**面向不同区域，卡奥斯通过“1+N+X”工业互联网赋能模式，助力城市数字化。**通过“政企共建、市场化运作”的机制，卡奥斯已与青岛、德阳、芜湖等城市共同建设了 1 个区域工业互联网综合服务平台、N 个垂直行业平台和 X 个产业示范园区，打造了政府数字治理决策工具箱与企业高质量发展的加速器，被亚太经济合作组织（APEC）评为“中国数字经济示范样本”。

工业互联网合作模式构建

卡奥斯与合作伙伴一起，以用户为中心，推动强强联合，促进商业模式的变革，创造市场增量。平台将以场景为驱动，整合各方能力，深入行业，快速实现从 1 到 N 的复制。卡奥斯 2024 年发布生态启航计划，该启航计划将持续推进赋能合作模式的升级，以产品为基础，为更多企业提供小而美的场景化数字应用服务。

2024 卡奥斯生态启航计划

1. 多边交互的开发者生态

依托平台开源的优势，卡奥斯致力于构建一个多边交互、共赢增值的开发者生态，确保各类创客和开发者能够无障碍地参与进来。

基于卡奥斯智能交互引擎，个人、开发者、工业设计者、软件开发者等群体可以直面客户的全方位需求。开发者可以直接在平台上，通过低代码平台快速开发并以低成本构建应用，同时享受平台提供的一站式上架、分发和订阅服务。通过 Open API 模式，卡奥斯将平台深层算法、机理模型和区块链技术开放给所有合作伙伴，帮助合作伙伴提升开发产品能力。

作为以工业为中心的云计算新模式，卡奥斯通过对接代码仓库、自动化测试和构建，加速了研发交付流程，使得代码能够迅速承载业务需求并推向市场。在应用交付和部署方面，卡奥斯以容器为标准交付件，打造企业应用商店，实现复杂分布式应用的秒级部署。卡奥斯平台搭建的天星服务市场，用于工业 app 的发布和交易，形成开发者与企业需求对接的生态闭环。

卡奥斯积极倡导大众参与开源文化建设，面向行业和社会分享自身的数字化探索理念和实践，通过技术知识共享、发布行业技术白皮书和研究报告、举办各类大赛活动等方式，促进工业互联网行业的技术交流与合作。

卡奥斯面向开发者生态的程序员节活动

2. 供应链体系生态

卡奥斯加强了供应链管理的透明度和风险防控机制，持续完善供应商 ESG（环境、社会与治理）考核体系，并坚持实施负责任采购，致力于构建一个可持续发展的供应链体系。

在供应链管理方面，卡奥斯持续强化供应链的管理力度，制定了明确的供应商管理制度和策略，优化了风险识别和管理能力，并建立了合理的指标体系，对所有供应商进行全生命周期的动态评估，力求满足客户及所有利益相关方对负责任供应链的要求。

随着提升新质生产力理念的不断深化，各行各业对数字化的需求与日俱增，卡奥斯紧跟国家战略，持续践行开放合作、共创共享的理念，与更多生态伙伴携手共建新产业、新业态、新技术、新模式，在复杂多变的市场环境中寻求创新生机，为提升新质生产力贡献力量。

卡奥斯还加强了与各类伙伴的合作，积极构建面向工业互联网的全产业链生态，推动平台价值共享，助力企业从单向突破向产业、区域生态系统进化。

综上，经过快速且稳健的发展，卡奥斯平台的估值已超过 164 亿元，品牌价值达到 1163.35 亿元，成为行业首个突破千亿的品牌，连续六年位居国家级“双跨”平台首位。

卡奥斯已赋能海尔智家入选国家首批“数字领航”企业，并位居首位，打造了 12 座世界“灯塔工厂”，孕育了化工、服装、汽车等 15 个行业生态，且已在全球 20 多个国家进行复制推广，服务于全球企业的数字化转型。

秉持“成为引领万物互联时代数字化变革的科技企业”的战略愿景，海尔正在持续深化实践“以用户为中心的大规模个性化定制、人工智能驱动制造业转型升级和全产业链生态构建”，以科技创新引领数字化和绿色化转型，推动生态各方创造共同价值，助力千行百业实现高质量发展。

第 10 章　诚信质量与生态建设　带领大健康产业新质升级

大健康产业的核心使命在于解决一切与人类健康相关的难题。因此，这一产业涵盖众多领域，其中尚未攻克的技术难题与未被满足的市场需求更是庞大且复杂。

比如大健康产业链的最上游是以基础研究、应用开发为代表的科研环节，最下游是直接服务患者的临床诊疗体系。前者的难题是如何将科研成果产业化，后者的难题是拓展临床诊疗能力的边界。

在整个大健康产业内，国外巨头在大多数高端器械与试剂市场占有大比例份额。提升这些领域的国产化率，降低医疗体系负担，同样是产业共同的课题。

这些难题，甚至可能还不足全部需求的十之一二。如此多的需求，很难靠单一企业的传统分工完全满足。因此在当下的产业实践中，上中下游的协作既是趋势，也是共识。这种趋势是综合了成本、技术难度、市场获取等因素的现实考虑，牵引着企业打造全产业链能力，也指引行业走向大联合、大协作。

正是出于对这一趋势“旁观者清”的洞察，海尔自 2016 年开始布局大健康产业。2019 年，海尔大健康生态品牌“盈康一生”诞生。截至 2024 年，盈康一生旗下已拥有海尔生物、盈康生命、上海莱士三家上市公司，同时运营两家三甲综合医院和一家二甲肿瘤专科医院，产品与服务覆盖全球 160 多个国家和地区。

盈康一生与大健康行业内其他品牌的最大差异化优势在于：“打造不同于传统的大健康模式，满足未被满足的需求。”秉持“天下人，一生盈康”的品牌愿景，盈康一生深耕**生命科学、临床医学和生物科技**三大领域。看似庞杂的布局背后实则有一条清晰的逻辑主线——通过助力产业上游的生命科学业务、直接服务患者的临床医学业务，进一步拓展生物科技研发，推动临床诊疗能力的边界。

以诚信为基，推动生态融合

大健康产业链的最上游是以基础研究和应用开发为核心的科研环节。然而，科研成果的产业化落地，以及高端医疗器械长期被国外巨头垄断，始终是科研用户面临的难题。这正是盈康一生在生命科学产业持续探索的方向：以卓越的产品质量与诚信的服务态度赢得用户信任，并助力行业突破瓶颈。

海尔生物

早在 2005 年，海尔便成立了专注于生命科学产业的超低温存储设备企业——青岛海尔生物医疗股份有限公司（简称海尔生物）。凭借低温制冷技术优势，海尔生物逐步覆盖从 -196℃至 8℃的全温域产品线，并于 2019 年成功在科创板上市。如今，海尔生物凭借自主研发的高效、高可靠性的全温域智慧物联解决方案，成功实现了从生物医疗低温存储龙头企业向生命科学数智场景生态的全面升级，同时横向拓展至医疗应用场景的创新领域。

1. 海尔生物的三阶段

在 20 年的发展历程中，海尔生物经历了三个重要阶段。

（1）技术产业化阶段（2005 ～ 2013 年）。

海尔生物攻克了特定场景下的温度恒定保持技术、高性能液氮存储技术等关键核心技术，率先在国内实现低温存储设备的规模化生产，构筑了坚实的技术壁垒，打破了国外 30 余年的超低温技术垄断，成功推出中国首台 -86℃超低温冰箱，并荣获中国低温制冷行业首个国家科技进步二等奖。截至目前，海尔生物在复叠式低温制冷系统设计、多级混合制冷剂制备等核心技术领域均处于行业领先水平，产品的稳定性、可靠性及节能性能已达到或超越国际一线品牌标准。凭借多年的规模化量产经验，海尔生物在工艺优化、关键零部件筛选、参数定义与调试等方面积累了丰富经验，构建了极高的产业化壁垒。

（2）产业全球化阶段（2013 ～ 2018 年）。

在实现国内市场突破的基础上，海尔生物进一步向全球领先技术迈进。此阶段，公司研发的冰衬冷藏箱、太阳能冷藏箱凭借卓越的温度保持技术，成功入选世界卫生组织采购目录，获得全球认可。多款超低温保存箱采用自复叠碳氢制冷、三层节能设计，荣获中国质量认证中心颁发的中国超低温冰箱行业 001 号节能环保认证，并获得美国能源之星认证，产品在节能性能上超越多个国际知名品牌。同时，公司前瞻性布局智能物联网解决方案研发，正式进军新兴科技领域。

（3）物联场景阶段（2018 年至今）。

随着全球数字化转型浪潮的推进，海尔生物紧跟国家生物安全能力建设的需求，将企业发展与国家战略深度融合，推动生命科学领域的高质量发展，为“健康中国”战略提供核心技术支撑，引领中国高端医疗装备国产化进程。

海尔生物创新融合物联网、大数据、AI、5G 等新兴技术，推出一系列智慧医疗场景方案，如智慧血液网、智慧疫苗安全接种等。全国首个智慧疫苗网落地深圳，全国首个智慧血液网落地青岛，逐步构建覆盖生命科学与医疗创新两大领域的数智场景生态体系。

2. 智慧疫苗网

（1）智慧疫苗网系统。

智慧疫苗网是行业首个实现人、机、苗互联互通的体验迭代系统，确保疫苗精准取用、问题疫苗自动冻结、接种全过程可追溯，从而让儿童开心、家长安心、接种点省心、政府放心。智慧疫苗网突破了传统疫苗冰箱仅具备存储功能的局限，创新推出智慧接种箱，连接疫苗流通各环节，确保问题疫苗无法进入系统，未授权疫苗无法出库，实现全程透明可视，打通疫苗接种的最后一公里，全面保障疫苗安全。

（2）“海乐苗”就是创新的智慧疫苗接种箱。

“海乐苗”完全符合《中华人民共和国疫苗管理法》最新最严的监管要求，还大幅提升了疫苗接种效率和监管水平。“海乐苗”智慧接种模式自 2018 年 5 月推出以来，已获得全国人大常委会法制工作委员会、国家卫健委、中国疾控中心等机构的高度认可。截至 2024 年，海尔生物的智慧疫苗接种解决方案已在全国 2 万多家预防接种门诊落地实施，并在深圳建设了全国首个全覆盖智慧城市疫苗网，其产品与解决方案已进入包括“一带一路”沿线国家在内的 80 多个国家和地区，全球累计装机运行约 12 万台专用疫苗接种箱，累计守护全球 2 亿儿童的健康。

3. 智慧血液网

智慧血液网通过创新融合物联网、大数据、AI、5G 等数字技术，打通了血液全生命周期数据，使每一袋血液拥有自己的“数字身份证”，实现了从采血到存血再到用血以及过程转运的全流程信息互通和实时共享，确保**急救零等待，血液零浪费**。

(1) 全流程追溯与监管。

海尔生物联合青岛市中心血站建立了全国首个数字血液应急指挥平台，实现了血液采集、制备、存储、发放、配送到临床用血的全流程追溯和冷链监管。

自该平台落地后，青岛市中心血站可以实时掌握各医院的血液质量 / 库存情况，为血站、医疗机构间血液调配提供可溯源数据，临床取血时间由 15 分钟缩短至 1 分钟，医院的血液管理运营的整体效能增长 100%，对临床血液的支持力度增长 100%，输血病历合格率由 72% 提升到 97%，手术不合理输血率由 27% 降至 4%，输血不良反应率由 2.67% 下降到 0.96%，保障了辖区临床用血安全、及时、有效供应；使血液资源效用最大化，满足更多患者需要，全面提升了医院血液质量安全管理水平和城市血液应急保障能力。

(2) 急救用血“零等待”。

海尔生物联合浙江大学医学院附属第二医院打造了“取血窗口跨空间前置”智慧急救用血模式，将抢救生命的“第一袋血”前置到急诊抢救室，打破了输血科和急诊室的时空限制，并通过物联网技术手段让血液的存储时间、温度、位置等全流程信息得以实时监测和可追溯，实现了急诊输血信息无缝对接和双向交互，让急救用血“零等待”，让生命在生死竞速中跑赢时间。

（3）从源头规避风险。

海尔生物联合青岛市中心血站、青岛市卫生健康大数据中心，共同推出了全国首个“不宜献血人群信息库”，通过系统自动调用献血者健康信息，精准筛查不适合献血的人群，将血液安全管理从事后检测转变为事前预防，从源头上规避风险。

海尔生物的“人单合一”

1.“零缺陷”的质量保障体系

秉持海尔对质量的极致追求和“人单合一”的管理模式，海尔生物建立了“敬畏生命、敬畏质量”的全员质量文化，确保每一款产品都达到零缺陷标准。

张瑞敏曾转发过《科研圈》发布的一篇题为《让一个领域倒退十年，一次冰箱故障就够了》的文章。文中提道：“2012 年 5 月 31 日，在位于美国东海岸的麦克莱恩医院（Mclean Hospital），一位学者打开超低温冰箱，准备取出一份大脑标本，却没有遇到扑面而来的冷气。尽管冰箱外的屏幕读数为 -79℃，可是这里面的温度实际上达到了 7℃，和一台普通的家用冰箱差不多。而冰箱里存放着约 150 个大脑标本，它们是哈佛脑组织资源中心珍贵的收藏。此刻，这些标本都已经解冻，出现发黑和腐败的迹象，失去了研究价值。这些标本来自生前患有帕金森病、精神分裂症等神经和精神疾病的人，其中 1/3 是自闭症谱系障碍患者捐赠的大脑，多达 54 个。约翰斯·霍普金斯大学（Johns Hopkins University）神经病学助理教授 Carlos Pardo 称，这次事故让自闭症研究倒退了 10 年。”

对此，张瑞敏提出：“我们的产品绝不是六西格玛，而是 100% 的零缺陷。”这不仅是张瑞敏对海尔生物的要求，也是每一位海尔生物人的不懈追求。基于用户需求，海尔生物不断迭代质量管理体系，从产品合规向场景体验优化迈进，最终形成了以用户为中心、以用户最佳体验为宗旨的零缺陷质量保障体系。

2. “零距离”交互的医患关系

用户最佳体验的本质在于深刻洞察用户的真实需求，并在此基础上超越用户的期望。基于这一理念，海尔生物突破了传统的新品研发模式，构建了以用户共创为核心的全新研发体系。与其说用户融入企业的研发，不如说企业深入了用户的实际应用场景，使研发的主阵地从企业端向用户端转移。尤其在场景方案的打造上，只有真正融入用户环境，从用户视角出发深入探索，才能比用户更精准地理解他们的核心需求。

在第八届人单合一模式引领论坛上，海尔生物自动化平台负责人任文广对“人单合一”模式及用户需求表达了深刻见解：“我们的用户主要是科学家和医学家，他们长期处于中国医学及科研领域的前沿，能够敏锐感知行业的最新需求、变化及痛点。然而，在国家大战略背景下，如粮食安全、生物多样性保护等生物安全领域的宏观战略要求，使得这类用户的具体需求往往呈现出一定的不确定性和模糊性。很多时候，用户自身难以精准表达他们真正需要的解决方案，而只能给出一个初步的、模糊的方向。因此，我们需要通过持续的深度交互，与用户共同探讨、分析，并不断优化方案，才能真正挖掘和创造出符合用户核心需求的价值。正是基于这种深度交互，我们构建了场景化解决方案。这一行业特性本就与‘人单合一’模式高度契合。在‘人单合一’模式的支持下，我们能够与用户共创，并取得了一定的成果。自 2017 年至今，我们的自动化样本库已跃居行业市场份额第一。当然，这远远不够。未来，我们需要进一步拉近与用户的距离，特别是与行业头部用户深度共创，挖掘他们潜在的核心需求，打造真正让用户满意的解决方案。我始终认为，实现‘零距离’交互，是我们最终的制胜关键。”

3. 第四代生物样本库“生命方舟”

2024 年第七届中国国际进口博览会上，盈康一生展出的全球第四代生物样本库“生命方舟”吸引了众多参观者，这标志着盈康一生在生命科学领域的又一次重大突破。

“生命方舟”全国首展

（1）创新实践。

“生命方舟”的诞生，是一个完整的“发现需求、理解需求、满足需求”的创新实践过程。“生命方舟”产品企划经理潘振辉提道：“瑞金医院是我们长达 15 年的合作伙伴，我们已为其提供了超过 1000 万份生物样本的存储解决方案。在这一过程中，客户始终希望能与我们共同攻克行业长期存在的‘三低’问题：①一次性建设投入高，空间利用率低；②样本应急转移安全性低；③样本通量低。”

目前，行业主要采用两种存储方案：冷库方案与低温冰箱方案。但这两种方案各有局限：冷库方案虽然适用于大规模存储，但存在一次性投入大、空间利用率低、无法实现独立分区等问题；低温冰箱方案虽然解决了独立存储的问题，但仍受限于通量低、应急转移安全性不足的难题。

（2）“动车组”的思路启迪。

面对这个难题，盈康一生的研发团队思考过多种方案，最终触类旁通地找到了灵感：生物样本库为什么不能像高铁车厢一样呢？动车组的灵活性在于：当乘客增多时，可以增添车厢；乘客可在不同车厢之间自由流动；若某节车厢发生故障，乘客可自动分散至其他车厢。这一构想促使海尔生物的工作人员与瑞金医院的专家进行了深入交流，并在人机交互等领域开展深度共创，最终诞生了生物样本库 4.0——“生命方舟”。“生命方舟”不仅彻底颠覆了传统存储模式，更是成功将“三低”转变为“三高”。

- **高智能**：样本库可灵活按需扩容，空间利用率达 100%。
- **高安全**：样本可进行应急安全转移，确保万无一失。
- **高通量**：支持多位点同步存取，存取效率较普通冷库提升 28 倍。

（3）场景应用迭代。

“生命方舟”这一创新模式吸引了更多行业专家参与共创，加速了场景应用的持续迭代。例如：

1）与广州实验室共创了全球首个“无人值守百万人群队列”新场景解决方案。

2）与广州实验室钟雯博士联合首创了全球首个“外周血单核细胞全自动提取”新场景解决方案。

这些新场景方案的落地，不仅填补了行业空白，也进一步推动了生物医疗行业向更智能、更安全、更高效的方向迈进。

上海莱士

2024 年 6 月 18 日，海尔集团正式完成对上海莱士血液制品股份有限公司（简称上海莱士）的战略入股交易，这一举措标志着海尔集团在大健康产业的又一重要布局。同日，盈康一生、基立福和上海莱士按照交易协议签署战略合作协议，在生物科学和诊断领域围绕基立福目前已有和未来开展的所有中国业务，就生产及质量管理、代理经销、研发和创新活动等多个方面，达成全面排他性战略合作关系。

1. 上海莱士：引领中国血液制品行业的创新者

上海莱士成立于 1988 年，2008 年于深交所上市，作为国内血液制品行业的龙头企业，取得了一系列业内首创突破：

- **国内首家上市病毒灭活血液制品。**
- **国内最早上市凝血因子类产品。**
- **国内首个发布液体静脉注射免疫球蛋白。**
- **国内唯一上市人纤维蛋白黏合剂产品。**

血液制品行业因其高监管要求，市场准入门槛极高，目前全国仅有 30 家左右的企业获得生产牌照。近年来因多数企业规模小、产品类别少，促使行业出现兼并、收购、重组加速的趋势。顺应这一趋势，上海莱士自 2014 年起，收购邦和药业（现郑州莱士）、同路生物、浙江海康；2023 年底，收购了广西冠峰 95% 的股权。收购后上海莱士拥有的浆站总数达 44 家，2023 年采集血浆 1515 吨，位居行业领先地位。

2. 盈康一生：生态共创，推动大健康产业跃迁

盈康一生早已在血液制品领域多角度布局，涵盖血液存储、血浆分离、

血液检测、血液透析、血液成分分离等多个环节。例如，其旗下海尔血液技术重庆有限公司研发了行业领先的血浆分离设备及耗材，海尔生物打造了全国首个智慧血液城市网。上海莱士的加入，将进一步强化盈康一生在血液制品产业链中的布局，实现上游血浆采集、中游血液制品生产、下游临床应用的全链路闭环，构建血液制品全产业链生态系统，实现 1+1>2 的协同效应。

上海莱士作为国内血液制品行业的领军企业，其固定资产浆站数量、独家产品和广泛的经销渠道，将成为盈康一生大健康版图的重要延伸和补充。对此，上海莱士总经理徐俊表示："海尔战略入股为我们开启了全新篇章。未来，在盈康一生的战略指引下，上海莱士将进一步向上发展、向深拓展、向新求进，努力构建具有全球竞争力的创新型生物制药公司。"

3. "拓浆" + "脱浆"：拓展血液制品应用场景，探索重组生物制药

盈康一生积极支持上海莱士推进"拓浆" + "脱浆"双线战略，在确保血液制品安全、优质、高效的基础上，坚持科创驱动，不断加大在基础研究、临床转化、产业升级方面的投入。

（1）拓浆：以"出凝血"领域为核心，拓展更多临床适应证，覆盖心内科、妇科、外科等多个领域，保持市场领先地位。

目前，上海莱士已推进其奉贤二期园区扩建计划，在提升产能、满足血液制品市场需求的同时，大力投资数字化、智能化制造，致力于打造行业标杆性生物科技产业园区。

（2）脱浆：未来重点探索重组生物制药及细胞治疗领域的机会，涉及阿尔茨海默病预防与治疗、自身免疫性疾病、心血管损伤修复等方向，向全球化生物制药企业迈进。

医患合一：大智慧医疗的质量路径

自 2020 年医疗新基建启动以来，行业呈现出两大显著趋势：**一是提升临床医疗技术的品质，解决行业痛点；二是推动医院运维的自动化和智能化，提升整体服务效率。**

在大健康产业链中，最下游是直接服务患者的临床诊疗体系，其核心难题在于如何突破临床诊疗能力的边界。

医疗服务“医患合一”模式

一直以来，海尔都作为家电行业的领军企业被人们熟知，现今却涉足了医疗服务领域，张瑞敏对此给出的解释是“海尔将采用物联网思维来颠覆传统医疗行业”。依托海尔“人单合一”模式，盈康一生在医疗服务领域提出了“医患合一”模式，旨在突破传统就医模式的局限，为患者创造全新的医疗体验，推动医疗从业者转型为医疗创客，营造创客自创业、自组织、自驱动的积极氛围，并形成“医护围着患者转”的常态化医疗服务模式。也就是，让医护人员主动承担责任，始终重视患者的体验，将个人价值的提升反映到患者及其家属的满意度上。这一模式不仅有助于补齐医疗基础设施的短板，还为构建和谐的医患关系提供了创新性解决方案。

1.“医患合一”模式

作为盈康一生“医患合一”模式落地的首家医院，上海永慈康复医院（简称永慈医院）始终以患者体验为核心。患者入院后，由主治医生、护士、康复医生组成的团队共同对患者的疾病状况、心理状态、康复需求和护理计划进行全面评估；基于评估结果，形成个性化的涵盖治疗、康复、护理的完整方案，并与患者及家属密切沟通，医患双方共同确立疾病康复的总目标、分阶段目标和努力方向。在后续治疗过程中依据患者病情，不断优化调整方案，动态提升患者体验，形成“医护康患”协同共进的治疗闭环。同时，每位患者在办入院手续的时候，永慈医院都会留其直系家属的电话，并通过微信二维码建群，在群里建立健康档案。在健康档案里，患者及其家属能看到在患者永慈医院做过的所有的检验、检查，包括拍片的结果。

患者的相关材料可以通过微信随时进行查看，等到在三甲医院复诊时，患者不需要携带报告单，医生可以通过查看健康档案，更为直观地进行诊疗。不同于一些医院的医生会第一时间针对单个病症给出治疗的方案，永慈医院不仅针对患者的单个病症，对于其他相关并发症都会予以治疗。

2. “医患合一”理念

此外，基于“医患合一”理念，满足患者个性化需求的例子在永慈医院有很多。有一位患者曾是音乐老师，特别希望能有音乐相伴，但是由于经常戴着呼吸机难以下病床，因此永慈医院相关的医护人员主动拿着口风琴，吹奏一些歌曲，在床边与她互动，大大提升了患者的体验感。同时，永慈医院还举办一系列活动，如开业义诊活动、健康大讲堂、用户交互、参观病区、体验康复设备等，拉近与患者的距离。

3. 组织管理的新范式

“医患合一”不仅可以提升患者体验，同时也为组织的管理提供了新范式，具体体现在链群合约在永慈医院的应用上。

对于永慈医院而言，其体验链群包括在这个平台上的所有康复医生、护士、跟患者直接接触的其他医护人员等。创单链群包括医务、财务、人力、后勤部门等，创单链群通过体验链群实现增值。具体而言，永慈医院所有的医护人员，包括辅助科室都属于临床一线的工作人员。临床一线工作人员在医疗服务过程中与患者直接接触，是患者所有需求的第一触点，但仅靠临床一线的工作人员，是不足以实现患者的最佳体验的，背后还需要财务、人力、后勤和医务部门提供相关支持，通过链群合约，创单链群和体验链群实现了更好的运营协同，从而实现患者的最佳体验。同时，永慈医院积极链接外部资源，通过海尔集团及第三方共同定制智能诊疗 app，实时、多点、跨医院打通信息壁垒，将 38 家医院的部分专家资源并联。永慈医院临床中心张绍明主任举例称，复旦大学附属中山医院（简称中山医院）的某重症患者要转院到永慈医院，通过该 app，永慈医院的医护人员就可提前知晓患者的情况，方便提前准备。患者到永慈医院以后，医护人员可以随时随地在该 app 上了解患者治疗情况是否稳定；另外一旦出现突发情况，医护人员还可以调看患者的检查指标用于指导临床措施。同时，外院专家也可通过这个 app 追踪该病人的处理情况，适时给出一定的意见。

4. 医疗创客

永慈医院的每一位员工都变为医疗“创客”，在提升患者满意度的同时，创造员工自身价值。永慈医院全院实行责任制护理，不需要患者或同事进行督促，责任护士下班后会主动围绕所负责的患者与管床医生和下一班的护士进行沟通，共同关注该患者目前治疗护理的情况、最近的心理变化等。

“用户付薪”的价值理念推动着永慈医院医护人员不断提高自身专业和服务能力。员工薪酬从多维度考评，除了依据职业能力、职称、外出学习的质量以外，还包括主任专家的评价、患者的满意度、家属的满意度等。永慈医院康复科医生马晓鹏为了提升患者出院回家后续的体验，自主开发了一个微信小程序，医生和患者可以在该平台上进行沟通，患者可以拍张照片并具体圈画出疼痛部位。医生通过一些简单的评估、咨询，给出大致的诊断，进一步通过该线上平台直接发送文字、视频、图片等对患者的康复进行指导，在没有到医院就诊的情况下，告诉患者要做一些什么样的处理和相关锻炼，从而较为便捷高效地解决患者的问题。

5.“医患合一”的激励机制

在“医患合一”的价值理念下，激励机制应运而生。

（1）病区小微独立核算机制：永慈医院共开设 11 个病区，每个病区作为一个小微，分别单独核算。核算的前提是必须保证医疗安全，核算的内容不仅包括科室内员工的表现情况，还包括医疗质量、患者满意度的评价、行业内对该科室的认证等。进行多维度的评估，最后根据综合的反馈决定绩效分配。

（2）超利分享机制：对于超出目标的绩效，一方面会通过奖金进行直观的分享，另一方面会提供外出学习机会（如与哈佛医学院的合作）。

（3）五星小微升级机制：类似于评优秀员工，即公正公开地对员工进行多维度的考核，考核基于患者的评价、医护人员互评，下级可以评上级，最终通过投票选举确定优秀员工（即五星）。优秀员工评选之后，一方面可以带动科室员工更积极地把工作做得更好；另一方面可以激励同事向优秀员工学习更多的东西。

通常，永慈医院的五星小微一般是拿到过相关国际认证的，或者是国家级医疗行业相关委员会的委员，参加过康复治疗师大赛等。四星小微的资质与五星大体相同，但相对而言欠缺一些创新。三星小微指拥有初级证书的普通的合格治疗师，相比于四星、五星，综合能力较低。二星小微一般刚入职，缺乏相关技能与经验，还需要五星和四星来带动，从而更好地学习。

6.“医患合一”的成功实践案例

2024 年 3 月，一位藏族患者走进了盈康一生旗下四川友谊医院的大门。

当时，他已在当地医院接受21天的治疗，但病因始终未能确诊，病情日益加重。由于患者及其家人皆为藏族，语言沟通障碍进一步增加了诊疗的难度。为尽快明确病情，科室主任熊瑛立即请来了医院藏区医疗服务部的拉姆医生协助翻译，并进行多学科联合会诊。不到一天，患者的病因便被确诊。熊瑛主任连夜组织科室医生，为其量身定制了一套完整的治疗方案，并详细向全体医护人员交代病情及护理要点。同时，他多次向患者家属耐心解释病情的严重性及治疗方案，确保家属充分理解并配合治疗。

在精准治疗和精心护理下，一个多月后，患者康复出院。这一案例不仅体现了“医患合一”模式下医护团队高效协作、以患者为中心的医疗理念，也彰显了盈康一生在智慧医疗领域的实践成果。

不仅是四川友谊医院，盈康一生旗下的所有医院，都秉承着“医患合一”的理念。无论身处哪个科室或部门，每一位医护人员都像熊瑛主任、拉姆医生一样，始终围绕患者，全力以赴提供优质医疗服务，用心温暖每一位患者。

7. “医患合一”：从“治疗疾病”到“治病又治心”

在传统医疗模式中，医院的核心关注点是疾病，目标是如何对症治疗，而患者则被动接受医疗服务。盈康一生旗下的永慈医院作为首家落地“医患合一”理念的医疗机构，打破这一固有模式，坚持“以人为本，治病更治心”，提出“全员、全社会参与的整体康复”理念。在永慈医院，医生不再仅仅将患者视作疾病的承载体，而是将其作为有痛点、有需求的用户，致力于提供最佳的健康体验。所有医护人员在为患者创造独特康复体验的同时，也在这一过程中实现自身价值的提升。

破解康复医疗的行业痛点

国内康复医疗面临哪些挑战？一个显著的数据揭示了行业的痛点：某

知名心血管医院每年实施约 3 万例心脏手术，但术后接受心脏康复的患者不足 1%。这一数字意味着，99% 的患者术后缺乏康复干预，他们在出院后的死亡率是接受康复干预患者的 2.4 倍。在传统医疗体系下，大多数心脏病患者术后仍处于病态状态，而院后康复服务的缺失，直接影响了长期健康预后。

1. “医患合一”的康复体系

永慈医院与中山医院共同探索心脏术后康复的全流程服务，并创新性地打破传统的术后转诊模式，实现无缝衔接的“医患合一”康复体系。在这一模式下，永慈医院运用物联网思维，彻底改变了传统医疗中“病人追着医生跑”的状况，转变为“医护围着患者转”的全新服务模式。

2. 无缝衔接的医疗服务

患者在中山医院术后尚未出院时，其出院小结已自动传输至永慈智慧诊疗 app。

（1）终端 app。

患者术后进入永慈医院后，所有检查、用药、诊疗及康复数据可在永慈智慧诊疗 app 上共享。

（2）全程专家指导。

中山医院的专家可实时监测患者在永慈医院的康复进展，并提供远程指导，确保患者术后不失联，专家指导不中断。

（3）家属全程参与。

为让患者在亲属陪伴下取得更佳的康复效果，医院允许患者家属全程参与，打破时空限制。

通过物联网技术，家属无论身处国内还是国外，都可以随时在线了解患者康复情况，实现“家属不断线”，提高患者的康复信心和依从性。

3. 医疗效率与患者康复的双提升

这种创新共创模式不仅提高了患者康复质量，也实现了医疗资源的最优配置。例如，中山医院通过与永慈医院共创，降低了住院天数，提高了服务效率。以心外科为例，患者平均住院时间缩短0.5天，相当于增加了30个床位，每年可额外服务2500名患者。永慈医院每年有1000名心外患者完成康复出院，顺利回归社会和家庭。中山医院院长评价道：“与永慈医院的共创是最成功的，它真正帮我们解决了问题。”

4. 医疗服务的生态共赢

不仅医疗机构，包括科技创新企业也纷纷与永慈医院共创。在2021年初，永慈医院携手国内最大的康复机器人公司傅利叶，共建中国最大的康复物联港，彻底颠覆传统康复模式。在康复物联港，一个康复师可以同时管理20名患者的物理治疗，彻底改变“一对一”传统康复方式，实现物联网“解放人、服务人、增值人、互信人”的全新服务体系。自2024年3月康复物联港正式启用以来，已取得显著成效。

（1）永慈医院业绩。

对于永慈医院而言：

1）全年康复机器人治疗40 000人次，康复师效率提升10倍。确保了康复体验的一致性，患者接受标准化、科学化的康复治疗。

2）政策认可。永慈医院成为国家卫健委试点推广智能康复机器人技术的唯一社会办医院。在国家行业评审五星3A现场评审后，评审专家给出了高度评价：“永慈医院已成为康复医院的行业楷模。”

3）在 2024 年 9 月 20 日第八届人单合一模式引领论坛上，永慈医院院长沈旭东总结了永慈医院的发展成就："创业 7 年，我们达成了三个目标：**国内体量最大的单体康复医院；收治规模达到行业平均水平的 1.75 倍；生态价值达到行业平均水平的 2 倍。**"

（2）傅利叶的收获。

对于傅利叶而言，这一合作也带来了巨大的商业价值：截至 2024 年 9 月，傅利叶与永慈医院共同申报 5 项国家专利；傅利叶销售额增长 5 倍，突破 2 亿元；公司估值提升 50%，达到 30 亿元。

"医患合一"：持续突破边界

永慈医院院长沈旭东说，永慈医院持续发展的核心密码就是"医患合一"，核心策略就是"持续突破边界"。

1. 突破医护与患者的边界

突破医护与患者的边界，让医疗真正以患者为中心，建立智慧病房、物联网医院，线下实施"333"服务标准，确保医护始终围绕患者需求运作。

- **3 分钟**内，责任护士到病房介绍环境、熟悉病情、进行健康指导。
- **30 分钟**内，护士长到病房帮助患者熟悉环境、开展健康教育。
- **3 天**内，所有护士均需熟悉该患者的病情，并提供全程健康管理。

由此，永慈医院不仅改变了患者的康复体验，也为行业树立了新标杆，推动康复医疗迈向智能化、精细化、全链路融合的发展方向。

2. 突破医院与医院的边界

中山医院的高难度心脏术后患者被指定转至永慈医院进行康复治疗。

通过与数智人（智能数字医疗系统）的深度融合，打破医院与医院之间的信息孤岛，实现专家指导不中断、患者康复更顺畅。患者不仅能获得连续性的康复服务，专家也能够远程实时掌握患者康复情况，提供精准指导，从而让患者更满意，让专家更放心。

3. 突破医院与家庭的边界

依托数智人，患者在家中即可进行有指导的康复训练。这一模式让患者既能享受家庭的温馨陪伴，又能随时获得永慈医院康复医生的远程专业指导，实现高质量的居家康复。

为何能够持续突破边界？永慈医院始终在思考如何成为一家“与众不同的医院”，其核心定位不同于传统的医疗机构，而是要致力于打造更具前瞻性、创新性的智慧康复体系，在“人单合一”模式的指引下，不断探索如何实现人的价值最大化。

（1）自我驱动力。

价值衡量不仅体现在每一张病床的使用效率上，更体现在每一位医护人员的自我驱动能力上。

（2）医生是创客。

每一位医生不仅是医疗执行者，更是自主创新的“创客”，在推动医院创新发展的同时，不断实现个人价值的提升。

“医患合一”：盈康一生全体系服务升级

永慈医院的成功实践，不仅推动了自身的持续进化，也为盈康一生旗下所有医院提供了可复制的创新模式。

1. 构建全病程治疗与康复体系

围绕肿瘤患者的核心痛点，四川友谊医院构建了全病程治疗与康复体系，提供从院前、院中到院后的无缝衔接服务。

（1）服务无缝衔接。

2024 年，四川友谊医院依托 5G 远程会诊中心，为患者宋女士成功开展了首例多学科远程会诊（MDT）。医院通过院内 5G 远程会诊平台，与上海瑞金医院建立远程视频连线。专家借助信息化平台实现远程阅片，在全面掌握患者病情的基础上，制订了科学合理、针对性强且切实可行的治疗方案，并耐心解答了患者家属的疑虑与问题。“没想到在家门口就能接受上海专家的治疗，以前连想都不敢想！”宋女士的家属激动地说道。得益于信息技术的快速发展，患者与医生能够通过网络“隔空问诊”，这不仅大幅降低了医患双方的时间和经济成本，也突破了地域限制，让患者在家门口就能享受到优质医疗资源，5G 远程会诊极大地改善了患者的就医体验。

（2）个性化治疗方案。

以 MDT 为起点，为患者制订个性化治疗方案，确保诊疗精准化、康复高效化。

MDT 平台的搭建，正是盈康一生“医患合一”理念成功落地的有力实践。这不单是一个简单的信息化过程，更是基于物联网技术打造的多维度医疗生态体系。通过链接盈康一生生态内全国多家知名医院的优质诊疗资源与丰富临床经验，该平台能够高效、精准地为复杂病情制订规范化的治疗方案。盈康一生通过精准匹配多层次健康资源，将百姓对“病有所医”的期盼，转化为切实可感的就医便捷与实惠，大幅提升医疗可及性和患者就医体验。

2. 护理生态体系的餐饮服务

在盈康一生“医患合一”生态体系中，高质量的医疗服务不仅体现在重大疾病的治疗过程中，更贯穿于医疗服务的每一个细节。其中，对于长期住院患者而言，护理环节中的餐饮服务尤为关键。饮食看似日常琐碎，实则关系到患者的营养摄入和康复进程，需要与治疗方案紧密匹配。然而，如何在满足营养需求的同时兼顾患者的口味偏好，始终是一大挑战。

为此，盈康一生旗下的上海盈康护理院探索出一套人性化且科学的饮食管理机制。医生根据患者病情制订诊疗方案，营养师同步配合，量身定制个性化营养餐饮方案，餐饮部则安排厨师定期与患者沟通用餐体验，确保膳食既符合医学营养标准，又贴合患者口味。同时，医护人员、患者及家属还通过手机建立餐饮意见讨论群，实时交流反馈。通过这一完善的机制，患者的营养需求和口味偏好得到了充分满足，就餐满意度也不断提升，进一步提升了医疗服务的温度与品质。

类似这样以患者需求为核心、颠覆传统医疗服务的案例不胜枚举。这也充分体现了盈康一生构建的物联网医疗生态圈的核心差异化——始终围绕患者的需求和体验，提供涵盖疾病治疗到身体康复的一站式、全流程医疗服务。目前，盈康一生已在全国布局 12 家医院，覆盖重症康复、老年护理、肿瘤综合治疗、家庭健康管理四大医疗场景。生态体系中的每一个环节和个体，都在不断深化“医患合一”的理念，以创新模式推动医疗服务向更加智能化、人性化、便捷化的方向发展，让更多患者真正受益。

绘就大健康产业的高质量“第二曲线”

如今，盈康一生已从一家医院发展成为围绕生命健康的产业生态体系。在这一生态体系中，如何与用户形成持续、深入的交互，如何构建能够真正满足用户需求的生态体系，始终是盈康一生不断思考和探索的核心命题。截至目前，盈康一生已建立了涵盖生命科学、临床医学、生物科技的全产业链生态，企业规模也从 2019 年的 15 亿元增长至 150 亿元，用户规模更是实现了 10 倍的增长。

海医汇创新产业化平台

大健康行业具有“两快一专”的特点：知识迭代快、技术创新快和用户专业化程度高。基于这一行业特性，盈康一生创建了全国首个医工科技创新产业化平台——海医汇，构筑起“医患合一”的 2.0 体系，力求在解决临床痛点的同时，实现用户体验价值、科学家科研价值、企业商业价值的多方共赢。

1. 海医汇生态经济的核心特点

在海医汇平台上，清晰地展示了生态经济的三个核心特点。

（1）**生态方既是用户又是创客**——医生、患者、科研人员共同参与创新，推动科技进步。

（2）**生态方互为价值增值方**——科研、临床、市场协同作用，促进产业链高效融合。

（3）**生态自进化**——通过智能化、数据驱动不断优化和完善产业链，实现可持续发展。

2. 临床需求与成果转化

如果说，“医患合一”1.0 解决的是患者的就医体验问题，而“医患合一”2.0 则着眼于推动行业新质生产力的提升，这是一次重要的跨越。海医汇平台以临床需求为导向，致力于解决两个关键痛点：临床端大量未被满足的需求和科研端大量未被转化的成果。其核心目标就是，加速科研成果的临床转化，让医疗健康行业焕发全新的生产力。

（1）脑卒中的“两高”痛点。

以脑卒中为例——这一疾病是全球三大死亡原因之一，在中国更是位居第一。目前，脑卒中的治疗面临“两高”的痛点。

- 死亡率高——《中国脑卒中防治报告（2023）》显示，在中国平均每28秒就有1人因脑卒中去世。
- 致残率高——即使幸存，75%的患者也会留下后遗症，其中40%为重度残疾。

（2）靶向亚低温脑神经保护技术。

面对治疗脑卒中的“两高”痛点的严峻挑战，中国工程院院士、首都医科大学副院长吉训明院士作为国家“百万减残工程”总负责人，在临床实践中提出了“靶向亚低温脑神经保护技术”。这一创新技术被国际医学界誉为“最具潜力的脑保护方法”，有望在脑卒中治疗领域带来革命性突破。海医汇平台正是以此为目标，加速类似前沿科研成果的临床转化，让科技创新真正服务于患者，推动医疗健康产业迈向更高质量的发展。这也正是盈康一生医疗生态体系的核心价值所在。

3. 近岸研发：与海医汇的生态共创

以脑卒中治疗领域为例，传统的低温神经保护技术存在降温起效慢、降温范围广泛且伴随较多并发症等问题。而海医汇团队正在研发的靶向亚低温脑神经保护技术，突破临床降温的三大痛点。

- **时效提升**：从传统的1小时起效缩短至5分钟起效。
- **精准降温**：由全身降温转变为仅针对卒中部位的精准降温。
- **并发症控制**：有效避免传统低温保护手段易导致的肺炎、电解质紊乱等问题。

这项技术具有全球首创性，意味着研发团队无法依赖现有的竞品样机或行业标准，而是必须开辟全新的创新路径。在这一过程中，海医汇的近岸研发模式发挥了至关重要的作用。

4. 近岸研发：从实验室走向临床

传统医疗器械研发通常是在实验室环境下进行的，研究人员对标竞品参数进行优化，最终设计出产品。然而，这种研发模式往往缺乏临床专家的深度参与，导致产品可能无法满足医生的实际需求。而海医汇的近岸研发模式，则将研发基地直接设在医院内，使工程师与医生、患者保持实时互动，在真实临床环境下优化产品设计。

在这一模式下：

- **临床专家成为研发导师**，直接指导产品开发方向。
- **研发工程师深度参与医疗实践**，真正站在医生视角观察和理解产品需求。
- **产品开发周期大幅缩短**，仅用 8 个月便将院士团队 20 余年的科研成果转化为可用于临床的医疗器械。

此外，海医汇的生态模式也推动了技术应用的横向拓展。例如，上海德达医院院长孙立忠等专家提出，这项靶向低温技术不仅适用于脑卒中的神经保护，还可用于心脏手术、肝脏和肾脏器官移植等领域，极大地拓宽了技术的应用场景，展现出强大的生态共创能力。

海医汇打造医疗科技创新引擎

盈康一生脑科学链群负责人焦海军表达了对海医汇平台的赞许：“为将前沿科研成果迅速转化为临床可应用的产品，海医汇提供了一个医疗科技创新的引擎，取得了立竿见影的效果。”

1. 从“书架”到“货架”的生态创新

“把书架变货架”的海医汇平台，一经推出，便迅速吸引了10多位院士、100多位全球顶尖临床专家和30多个国家级科研机构到平台上进行共创。

这一生态模式使盈康一生能够围绕单一病种开展多维度的临床研究和产品研发，还在脑卒中治疗领域推动了医药和医疗器械的创新。2024年7月，中国工程院大会发布的“Arise项目”，是盈康一生关于在脑卒中溶栓后血管保护的药物治疗方案的研究。该方案于2024年4月与生态方第一次讨论，5月通过伦理审评，之后20多天就完成多中心临床招募，2025年4月完成临床试验。“Arise项目”的成功落地，将带来全球首创的脑卒中创新药物疗法。正如吉训明院士所言：“过去我们一直依赖欧美指南来指导中国的脑卒中防治，但由于人群发病机制的差异，我们应该有属于中国人自己的临床研究方案。”

2. 海医汇“人单合一”2.0平台

如今，海医汇已经形成脑健康、血健康等六大临床创新交互中心，其价值不仅是“Me too”或“Me better”（指在现有基础上的模仿和改良），更是持续推动“First in class”（指全球首创）的首创性突破，为行业带来深远影响。

2024年2月29日，海尔集团创始人、董事局名誉主席张瑞敏在《企业使命新论》中提出“人单合一2.0与生态经济新引擎”的探索方向。而在同年的“人单合一”模式引领论坛上，盈康一生战略总经理龚雯雯指出：“海医汇正是人单合一2.0在医疗生态领域的一种探索。”在这一模式下，生态各方的目标高度一致，诉求相通，可以实现：

- **优势互补**。科研机构专注0到1的突破，企业负责1到N的转化和商业化。

- **共治共创共享。**追求生态价值最大化与进化。
- **开放系统。**不断引入新生态，解决行业痛点，共同提升社会健康福祉。

3. 海医汇生态合力：加速血液制品创新与人才培养

2024 年 6 月 18 日，中国医学科学院血液病医院（血液学研究所）、海医汇、上海莱士联合发起“血液与健康科创菁英领航计划”，标志着海医汇在血液制品领域迈出了坚实的一步。

中国医学科学院天津医学健康研究院党委书记、血液病医院（血液学研究所）党委书记、副院（所）长常子奎表示：“与海医汇、上海莱士共同发起领航计划，正是基于‘科学问题源于临床、科技成果服务患者’的原则，依托海医汇生态平台的产业资源与成果转化能力，聚焦血液疾病治疗，加速科研成果临床转化。同时，我们将围绕‘血液学科’开展人才联合培养，为优秀人才，尤其是青年科研人才提供更多资源支持，助力他们的科研之路越走越宽。”

这项计划不仅将推动血液疾病治疗领域的科研创新，也将进一步促进人才梯队建设，为血液制品行业输送高水平研究力量。

4. 数智化赋能血液制品行业，加速产业升级

2024 年 6 月，国家药监局综合司发布《血液制品生产智慧监管三年行动计划（2024—2026 年）》，提出要全面加快推进血液制品生产、检验环节信息化建设等工作，促进血液制品生产转型升级，切实保障血液制品安全、有效和质量可控。数智化已成为血液制品行业的基本要求，而盈康一生在此方面早已深度布局。

（1）推动全产业链升级。

依托海医汇生态、海尔多年的智能制造体系以及数智化管理经验，助

力上海莱士在血浆采集、血液制品研发与生产等领域实现全产业链升级，进一步推动血液制品全产业链的数字化、智能化升级，加速行业向高质量发展迈进，构建具有全球竞争力的创新型生物制药企业。

展望未来，盈康一生不仅是血液制品行业的推动者，更是大健康产业数智化变革的重要驱动力。在数智化赋能下，上海莱士的创新潜力将得到充分释放，进一步推动全球血液制品及生物制药产业迈向更高效、更安全、更智能的发展新阶段。

（2）共建医疗生态圈。

从海医汇的生态共创，到上海莱士的战略合作，盈康一生正通过创新模式，打破传统医疗行业的边界，为生命健康产业带来颠覆性的变革。未来，盈康一生将继续深化“人单合一”2.0 模式，拓展生态共创能力，推动医疗器械、生物医药、智慧医疗等多个领域的融合创新，为全球医疗健康产业注入更强劲的动力。

中国拥有约占世界 1/6 的人口，对“更高水平”的医疗健康服务有着更为迫切的需求。然而，当前我国医疗资源分布不均，三甲医院主要集中在北上广及省会城市，这些城市汇聚了先进的医疗设备与优质的医护资源，而在医疗资源相对匮乏的地区，患者病情延误或因病致贫的现象仍较为普遍。针对这一痛点，盈康一生依托物联网技术，构建全新的医疗生态圈，通过优化医疗资源配置，实现医院、医生、患者的多方共赢，让更多患者享受到更加优质、高效、便捷的医疗服务。

数字化、技术驱动、智能交互……这些第四次工业革命的关键要素，如今被海尔全数应用到了医疗行业。步履不停，山高望远，一个由海尔打造的科创与数智驱动的大健康产业生态未来，值得期待。

第 11 章　可持续发展的高质量管理体系

可持续质量管理理念

“没有成功的企业，只有时代的企业。”张瑞敏的这一论断在企业发展的不同阶段承载着不同的意义。

作为一家在时代浪潮中不断成长壮大的全球化企业，海尔对于质量的追求也经历了深刻的演进。从早期单纯的产品质量、品牌质量，逐步向更深层次的发展质量迈进。这一转变不仅体现了企业对用户的责任担当，也展现了其在更广泛的社会层面所承担的责任。

如果当年的“砸冰箱”是海尔对用户负责任的极致体现，那么随着企业的不断壮大，海尔在消费者、供应商、股东、员工、社区等多个层面，承担起了更加广泛的社会责任。作为全球白电行业的领军企业，海尔在绿色质量管理方面的探索，正是其对人类绿色家园的坚定承诺和企业社会责任的重大体现。

海尔的可持续发展之路

回顾海尔数十年来在社会责任领域的探索，其每一步都与企业的重要发展阶段紧密相连。

1. 践行社会责任：从公益起步（1995 年）

海尔在践行社会责任方面的起点，始于公益事业。1995 年，海尔集团捐资 38 万元援建了第一所海尔希望小学——莱西武备海尔希望小学。这一年，海尔集团第一座工业园也顺利落成，标志着企业迈向规模化生产的新阶段。截至 2024 年，海尔集团累计投入超 1.4 亿元，援建 405 所希望小学，覆盖全国 26 个省、自治区、直辖市，成为希望工程中援建小学最多的企业，海尔在教育公益领域始终履行企业的长期承诺与社会责任。

2. 践行社会责任：走出去融入（1999 ～ 2000 年）

1999 年 4 月，海尔在美国南卡罗来纳州奠基了第一个海外工业园。2000 年 3 月 27 日，首台美国本土生产的海尔冰箱正式下线，海尔成为第一家在美国本土生产和销售冰箱产品的中国企业。

这一时期，海尔正处于国际化战略阶段。与简单的“卖出去”不同，“走出去”意味着企业需要在当地实现深度融合，充分掌握政策、法律法规和文化等多维因素，以实现“走出去”后真正的本土化运营。

在这一过程中，如何让文化迥异的海外员工接受海尔的管理方式，成为海尔亟须解决的问题。例如，在国内，海尔习惯在车间内张贴劳模肖像以激励员工。但在美国，这种做法并未产生预期的效果。因此，海尔结合美国员工的文化特点，在张贴劳模肖像的同时，还向获奖工人发放购物券，精神与物质奖励同时拥有。这一措施大大地提升了员工的积极性。类似的管理创新，使海尔的管理理念——如班前会制度、6S 管理、优质典型讲评、优秀员工评选等，逐步得到了当地员工的认同。

这种管理创新不仅是海尔主动融入本土文化的生动体现，更是公司持续提升治理水平、履行社会责任的真实写照。作为国内实践 ESG 的先行者，自 2021 年加入联合国全球契约组织（UNGC）以来，海尔智家一直将自身 ESG 策略与实践联合国 2030 可持续发展目标（UN SDGs）紧密结合，承诺履行以联合国公约为基础的全球契约十项原则，持续实现 ESG 引领。

从今天的视角来看，海尔当时的实践，已初步体现了 ESG 理念中的企业文化融合。海尔通过打造平等、尊重、包容、多元的企业文化，为全球化可持续发展奠定了基础。

全球化战略践行可持续发展

1. 海尔拓展品牌的影响力

2000 年 3 月 27 日，对于海尔而言，是个具有里程碑意义的日子。第一台在美国本土生产的海尔冰箱下线，这一成果堪称中美两边海尔人共同奋斗的结晶。如今，这台冰箱静静地陈列在南卡罗来纳州海尔工厂的样品室，仿佛在诉说着那段波澜壮阔的奋斗历程。尔后一年多点的时间，2001 年 4 月 5 日，美国政府无偿将海尔工厂前的大道命名为“海尔路”，这是当时唯一一条以中国企业命名的美国道路，标志着海尔的美国本土化战略获得了成功，得到了美国政府和民众的高度认可。

2004 年 8 月，《财富》中文版评出最新“中国最受赞赏的公司”，海尔集团排在第二位，排在第一位的是 IBM 中国有限公司。在这届评选的 7 个单项中，海尔有 6 个指标均进入前三位，并有 3 项名列第一，即“管理水平”“创新能力”“社会责任感”。可见，社会责任的践行对海尔的海外拓展具有重要意义。

2. 打造跨国经营的生态系统

借助在美国建立首家工厂积累的实践经验，海尔的国际化战略全面展开。

（1）全球战略“三步棋”：品牌、本土化与融合。

时任海尔董事局主席张瑞敏规划了海尔全球化发展战略的“三步棋”：

- **创牌而不是“创汇”**——通过出口产品，开拓海外市场，提高品牌知名度。
- **先有市场，后建工厂**——当销量达到盈亏平衡点时，建设海外工厂，建立品牌信誉度。
- **实行本土化发展战略**——以“三位一体”的模式推动本土化生产、营销与研发，提升品牌美誉度。

（2）海尔“人单合一”理念支撑全球战略。

1998 至 2005 年间，海尔进行了全球产业链布局。海尔通过收购日本三洋家电，拓展了亚洲市场；收购新西兰斐雪派克和意大利 Candy，开启了澳新市场和欧洲市场的布局。在这些国际化并购中，海尔“人单合一”的理念奠定了实施“三步棋”战略布局思想意识层面的基础。基于“人单合一”的模式，海尔创造了“沙拉式文化”的融合模式，秉承开放包容的态度，在全球范围内打造多元、和谐的工作环境，促进不同国籍、不同文化背景的员工之间相互交流、相互理解，在实现员工幸福与企业发展共赢的局面的同时，打破了跨国并购的“七七定律”（70% 的跨国并购没有实现预期商业价值，其中又有 70% 败于并购后的文化整合），以统一的管理体系实现了跨国并购的成功整合。

这期间，海尔成功地在海外建立了 18 个工厂、17 个营销公司和 9 个研发中心，不仅提升了海尔的全球竞争力，促进了海外市场的快速融合和高效增长，也推动了海尔绿色质量管理体系的全球化应用。

绿色质量管理的实践探索

基于自身的实际发展需求，海尔较早开始探索如何可持续发展，提出了要担当社会责任和促进绿色发展的企业文化建设理念。由此，海尔的使命在拓展，海尔人所肩负的责任不仅仅局限于企业员工和所在社区，而是关注地球的环境，为全人类的福祉贡献力量。

从产品创新到绿色家电行业引领

绿色家电首先来源于产品研发的创新。20 世纪 90 年代后期，海尔就开始了绿色家电产品的大力开发。

1. 打造绿色产业链：研发助力产品创新

绿色成绩的取得源于海尔在绿色家电领域的持续创新，很多标志性产品都以节能、环保为核心。

（1）环保双动力洗衣机：被列为国家重点新品，获得科技部专项技术研发资金，并入选中国高新技术出口产品专项研发资金支持项目。

（2）全无氟、零污染冰箱：凭借该产品，海尔荣获联合国开发计划署与美国环保局联合颁发的“全球气候奖”，成为中国唯一获此殊荣的企业。

2000 年 8 月，海尔空调获得了美国环保局“年度能耗之星”，成为首家获此荣誉的中国企业。

2. 绿色产业链升级：贯穿全生命周期管理

2005 年起中国开始实施能效标识制度，海尔积极响应。2006 年，海尔成为首家完成能效标识备案的家电企业。随后海尔的全系列产品主动实施标准并最早通过认证。

（1）实施绿色发展规划。

海尔早在《2010 年社会责任报告》中就提出了“绿色、关怀、生活”的理念，在产品的全生命周期内降低环境负荷，与消费者共同打造绿色、安全、可持续的绿色家电产业。海尔对绿色发展做了清晰的规划，并公布了“绿色之链”：绿色产业、绿色产品和绿色文化。而在绿色产业中又包含了以下四大环节。

- **绿色设计：**环境友好产品开发。
- **绿色制造：**生产领域节能减排。
- **绿色营销：**原材料供应商选取和推广环保产品理念。
- **绿色回收：**废旧家电回收利用。

（2）健全绿色发展体系。

在推动绿色发展的过程中，海尔持续探索覆盖“研发和原材料、生产、包装和运输、回收再利用”的产品全生命周期降碳实践，推动了供应链与废弃物管理的绿色转型，逐渐形成了完善的绿色质量管理全链条。

健全可持续发展管理体系

1. 践行社会责任：搭建可持续发展基础

海尔的社会责任担当，不仅是对消费者负责，更是对整个社会和生态环境的长期承诺。随着这一理念的持续深化，海尔构建了绿色发展基础。

（1）2005 年，《中华人民共和国公司法》首次提出企业“社会责任”，企业社会责任（Corporate Social Responsibility，CSR）概念在中国企业中觉醒。

（2）2007 年，海尔获得人民网的“人民社会责任奖”，又在首届中国绿色公司年会上获评“中国绿色公司 2007 年度标杆企业”。

（3）2009 年，海尔在“中国企业社会责任研讨会”上荣获“2009 中国企业社会责任特别大奖”。

（4）2010 年，在中国企业社会责任年会上，海尔获得“2010 社会责任特别大奖”“中国社会责任消费者奖”；海尔集团时任首席执行官张瑞敏获得“中国履行社会责任优秀企业家”；海尔赞助上海世博会案例获得“2010 企业履行社会责任优秀案例奖”，这些奖项的获得进一步印证和巩固了海尔在 CSR 领域的领先地位。

（5）2019 年，海尔旗下上市公司海尔智家发布《2019 年社会责任报告》，海尔已形成了“4-Green”（绿色设计、绿色制造、绿色营销、绿色回收）战略，提出了全面升级绿色质量管理的工作原则。

- 遵守相关法律法规及标准要求。
- “人单合一”质量管理模式。
- 预防为主，持续改进。
- 搭建平台，并联交互打造开放式创新生态圈。
- 全流程精细化管理，践行环境保护与绿色发展。

（6）2021 年，海尔在全国率先提出了“6-Green”战略，将低碳节能融入产品全生命周期管理中，实现了绿色设计、绿色采购、绿色制造、绿色经营、绿色回收、绿色处置，探索出一条低碳发展道路。

2. 完善全球协同的可持续治理体系

完善的 ESG 治理体系，是海尔全面贯彻落实 ESG 理念、与全球多地子公司共同推动可持续发展战略的关键，便于在全球范围内协调和优化资源配置。

（1）海尔 ESG 委员会。

2021 年，海尔智家董事会设立了“环境、社会与管治委员会”（ESG 委员会），承担评估公司环境、社会及管治责任工作情况与面临的风险和机遇，以及制定公司环境、社会及管治愿景、目标和策略等职责，这一变化标志着海尔 ESG 时代的开启。

2022 年，为进一步统筹推进全集团范围内的 ESG 工作，海尔在集团董事局层面成立了 ESG 委员会，从推进绿色发展、投入社会公益、促进公司治理等方面在全球积极践行 ESG 理念，并将 ESG 发展理念贯穿全产业、各环节，持续为社会输出价值，引领绿色可持续发展。

海尔集团 ESG 委员会依托商业战略，建立了完善的 ESG 战略框架体系，以“共生态”为核心理念，确立了用户、员工、环境、社会、治理五大维度的战略目标。

- **用户**：提供可持续产品与绿色智能体验。
- **员工**：打造多元化、包容性、高成长的工作环境。
- **环境**：推动碳中和、绿色制造和能源优化。
- **社会**：深化社区发展与公益行动。
- **治理**：强化诚信合规体系，确保公司稳健运营。

围绕集团 ESG 战略，海尔旗下各公司均根据自身的业务发展特点和行业情况制定了 ESG 策略体系，以明确未来发展方向。

（2）海尔智家的 ESG 管理架构。

海尔智家率先在董事会设立了 ESG 委员会，形成了由治理层、管理层与执行层组成的覆盖海外体系的 ESG 管理架构，董事会为最高决策机构。ESG 委员会下设 ESG 执行办公室及工作组，负责公司 ESG 方面的具体工作。

2024 年，海尔智家为深入实践 ESG 管理工作，在全球三级 ESG 管理架构（董事会、ESG 委员会、ESG 执行办公室）的基础上进一步夯实组织架构体系，在执行层 ESG 执行工作组下新增环境管理子链群、供应链管理子链群、可持续风险子链群、公司治理子链群等，为更加扎实推进全球 ESG 管理工作提供组织保障。

其中，海外 ESG 管理架构在原有海外附属子公司 GE Appliances（指通用电气家用电器资产与业务）、FPA（斐雪派克）、Candy 及印度子公司可持续发展管理架构的基础上进一步拉通，海外各区域均成立了 ESG 管理架构，根据其所适用的法律法规，推进 ESG 的相关工作，包括制定 ESG 工作目标、方向和计划，监督并检讨 ESG 承诺及相关事宜。海尔智家 ESG 管理架构如图 11-1 所示。

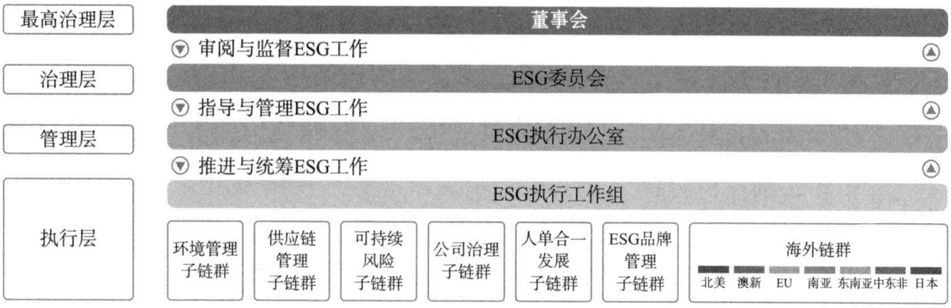

图 11-1 海尔智家 ESG 管理架构图

海尔智家已建立完善的高级管理人员薪酬考核及激励体系。高级管理人员需接受全年绩效的年度评价，其中包括“战略承接”“生态成果”等，以引导高级管理人员主动承接公司战略。公司将可持续发展绩效纳入 ESG 执行工作组人员绩效考核评定体系，以推动 ESG 工作与公司运营结合。以资源再生为例，高管承接回收、拆解与再生指标，公司每月对指标结果进行评价，并将评价结果与高管薪酬挂钩。

（3）海尔智家的 ESG 战略和目标。

基于集团的 ESG 战略，2024 年，海尔智家根据自身的业务发展特点和行业情况，进一步升级 ESG 策略体系，继续贯彻五大支柱方向及未来行动，并以此为指引积极开展可持续发展实践。依据 ESG 策略体系明确的核心支柱方向，制定 1 ～ 3 年的 ESG 目标，并积极采取行动以促进目标的达成。五大支柱方向如下。

- **全球协同，建设诚信治理生态**：强化公司治理能力，提升 ESG 管理水平，促进企业可持续发展。
- **守护星球，探索绿色低碳未来**：助力国家“双碳”战略，围绕绿色产品全生命周期探索创新，加强能源管理。
- **人单合一，赋能创客共融发展**：追求建立更多元、更包容的工作空间，与员工携手创造共享价值。
- **创新引领，开拓美好智家体验**：以用户体验为核心，持续改善产品与服务质量，引领产品创新。
- **凝心聚力，驱动产业社区共荣**：重视创造社会价值，积极践行社会责任，细化供应链风险管控，引领产业链可持续发展。

海尔自首次披露社会责任报告以来，其可持续发展的历程展现出对社会责任的承诺已深植于企业文化之中，成为其可持续发展战略的核心。特别是在全流程绿色质量管理的实践上，海尔不仅为自身发展提供了坚实保障，也为全球制造业的可持续发展提供了宝贵的经验和启示。

全流程绿色管理，践行国家“双碳”战略

从全球化战略到绿色制造转型，海尔不仅是家电行业的领导者，更是可持续发展的推动者。凭借绿色创新、智能制造、ESG 治理，海尔正引领行业向更低碳、更环保、更可持续的未来迈进，为国家“双碳”战略和全球绿色经济发展贡献中国智慧和全球实践。

践行“双碳”战略，树立行业标杆

2023 年 5 月，《中国家用电器行业 2030 年前双碳行动方案》发布，方案提出“力争 2030 年前实现碳达峰，为实现碳中和奠定基础”。海尔集团积极响应国家政策，在实施国家“双碳”战略的行动中，为行业树立标杆。

1. 减少排放污染，提升能效

围绕产品的制造环节，海尔设定了一系列具体目标，以减少排放污染、提升能效。2024 年在保持产值增长的前提下，海尔实现了如下目标。

- **国内环境目标**：废弃物 100% 合规处理，公司及各子公司制定并落实突发环境事件应急预案。
- **再循环产业目标**：海尔智家在中国范围内实现回收废旧家电 769 万台，同比提升 10%。
- **海尔 Europe**（海尔智家旗下海尔欧洲家电控股公司）目标：75% 的工厂通过 ISO14001 认证；废弃物回收率达到 95%；太阳能装机容量近 10 兆瓦，绿色能源使用占比达 36%；水回收率达 50%。

2. 实施绿色供应链管理

按照绿色管理要求贯穿全供应链的需求，海尔在供应链端严格实施 ESG 准则，确保从源头到终端的可持续性，遵循《中华人民共和国招标投标法》等相关法规，对供应商实行全流程管理，包括准入、采购、评价及赋能，并针对性开展 ESG 风险管控，取得较好成效。

（1）减少温室气体排放。

2024 年，海尔智家全球供应商总数达 4677 家。海尔智家积极与当地供应商合作，推进本地采购，使得约 70% 的采购商与本地供应商建立了合作，有效减少了运输环节的温室气体排放。同时，带动当地就业，促进了当地经济发展。

（2）提升“双碳”竞争力。

海尔以实际行动向供应商传递“双碳”理念，助力供应商贯彻绿色发展理念。2024 年，海尔向供应商发出减碳倡议，对中国区的所有海内外供应商进行了“双碳”调研，并收到 451 家供应商的反馈。在海外运营地，FPA 从原材料供应商处采购低碳铝，该行动每年可减少 7911 吨二氧化碳排放。在此基础上，海尔智家推出碳管理系统，助力供应商提升“双碳”竞争力。

3. 全生命周期降碳实践

海尔智家构建了行业首个家电全链路闭环体系，涵盖从研发端植入低碳基因、生产端打造绿色制造体系、物流端探索应用绿色包材理念与低碳运输模式，到回收再生端的全生命周期，并在各环节制定细致的管理流程及制度措施。加快推进低碳产品研发，通过创新结构设计、生产工艺、原材料选取等方式持续提升产品能源效率，减少资源使用量、降低污染物排放。

（1）生产过程减碳。

海尔严格遵循《中华人民共和国节约能源法》和全球的相关法律法规，制定了海尔的《能源管理手册》，并持续完善能源管理体系。依托自动化与信息化技术，海尔智家对工厂主要资源消耗进行集中管理，同时围绕清洁生产改造、清洁能源利用、节能提效升级等方向，推进各产品线的节能减排技术升级、能源结构优化及使用效率提升。

- 2024 年，海尔智家重点推进 9 个方向的 506 个节能减排重点项目的实施。
- 2024 年，海尔 Europe 的土耳其工厂光伏装机容量 5.6 兆瓦，中国工厂光伏装机容量 3.3 兆瓦，并预计于 2025 年进一步扩大产能。
- 截至 2024 年底，海尔智家中国运营区自有供应链工厂 100% 通过 ISO 14001 环境管理体系认证；海尔智家拥有 9 家灯塔工厂、1 家可持续灯塔工厂、16 家国家级绿色工厂、6 家无废工厂及 12 家国家级绿色供应链管理企业。

（2）运输过程减碳。

海尔智家通过供应商库存管理（Vendor Managed Inventory，VMI）的供货方式，将供应商的供货频次由每天一次变成每周一次；优化运输路线，并加强与本地供应商的合作，尽可能减少上游运输过程中的温室气体排放。FPA 重视运输减碳，改进运输路线规划，购买多台清洁能源车辆，有效减少了产品运送中的碳排放。

4. 产品回收与减少碳排放

海尔智家在回收减碳方面发布了《电子废弃物处置政策》，明确响应《控制危险废物越境转移及其处置的巴塞尔公约》要求以及“最大化利用电子废弃物以减少环境污染及资料浪费”的目标，确保电子废弃物的合规回收与处置。海尔智家承诺：未经批准，不向非经合组织（OECD）或非欧盟国家出口电子垃圾;《电子废弃物处置政策》覆盖承包商、分包商及废弃物处理合作伙伴，确保全流程可追溯。

（1）在回收端。

海尔智家积极落实《关于鼓励家电生产企业开展回收目标责任制行动的通知》，与第三方合作伙伴建立再循环生态体系，提供电子废弃物的回收、维修、翻新及再制造服务。

- 目前，部分第三方回收商已通过 E-Steward 或 R2 认证，确保回收环节的环保合规性。
- 海尔智家依托 3.2 万家线下门店、10 万余名服务人员、100 余个物流配送中心以及 3000 家回收网络，回收区域已覆盖全国 31 个省 / 自治区 / 直辖市、317 个地级市、2728 个区县，回收内容覆盖全国运营和项目范围内产生的所有电子废弃物。
- 海尔智家的子公司 Candy 设置的回收目标：2025 年水回收率达到 70%；可再生能源使用占比达到 60%；2030 年废弃物回收率达到 99%。

（2）在拆解端。

海尔智家投产建设的青岛莱西绿色再循环互联工厂，是全球家电行业首个集回收、拆解、再生为一体的智能工厂，每年可拆解废旧家电 200 万台，循环材料再生 3 万吨，在减少对原生资源依赖、提升资源综合利用效率的同时，还可以有效减少初次生产中的碳排放量。目前，工厂通过家电循环利用可实现年碳减排约 1.7 万吨。

海尔绿色再循环（公安）产业园开工建设，建成后将成为行业目前单体规模最大、效率最高的智能工厂。家电再循环流程如图 11-2 所示。

（3）在再生端。

- 海尔依托全资子公司海绿源，处理废弃的电器电子产品，包括冰箱、洗衣机、空调、电视机（CRT、液晶）、电脑（CRT、液晶）和监视器（CRT、液晶）等。
- 废旧家电拆解后的材料包括塑料、贵金属等，其中废旧塑料生产出的循环新材料纯度高达 99.9%。海尔智家依据相关技术规范，对再生塑料、金属等材料进行加工再制造，确保产品安全可靠。

- 2024 年，海尔智家牵头起草家电环保再生塑料应用标准（《家用电器中再生塑料使用技术规范》），推动行业绿色低碳循环发展；牵头起草《温室气体 产品碳足迹 量化方法与要求 电动洗衣机》，推动产品碳足迹核算与产品降碳实践。

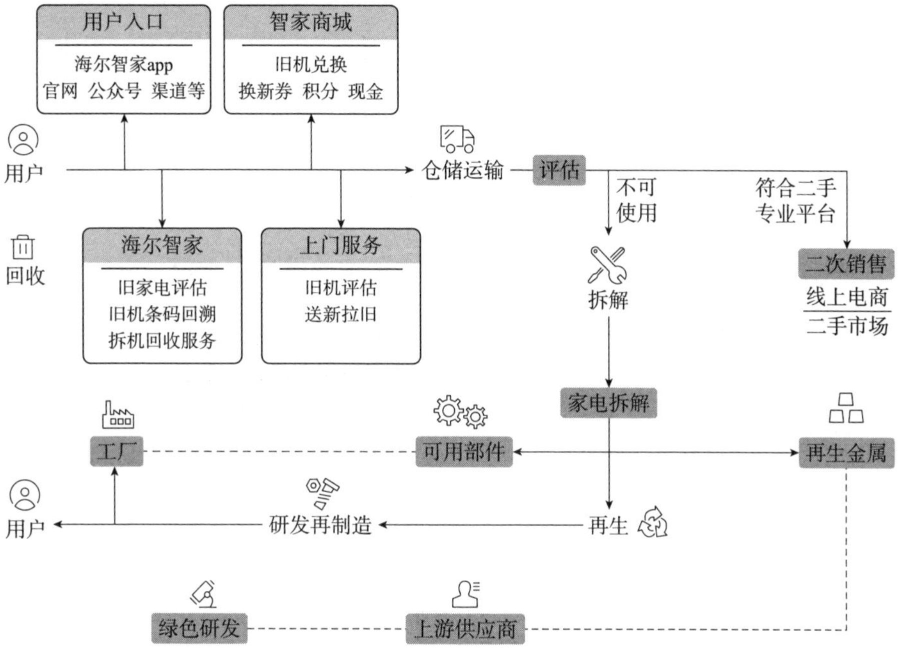

图 11-2 家电再循环流程

5. 包装和运输降碳

海尔智家优先选取可降解或可回收的绿色包装材料，推行减量包装的同时积极探索环保型包装技术，对包装材料及技术进行创新。

为应对塑料污染问题，海尔智家研发出含 30% 及以上再生料的再生 EPS 颗粒。该材料具有灵活性高、适用范围广的优势，已成功应用于海尔智家冰箱、洗衣机等家电产品的包装中，有效降低了碳排放。

海尔 Europe 在 Hoover 品牌的电子产品的包装上采用生态友好型盒子（Ecobrown box），减少了塑料包装。FPA 按照已经制定的《可持续包装设计指南》，持续推广设计低碳、可持续包装。

2024 年起，海尔智家加速推进减碳规划工作，并取得阶段性成果。海尔智家中国运营区在“十五五”时期将以国家双控制度为指引，承诺以 2024 年为基准年，到 2030 年实现国内“范围一”“范围二”[⊖] 温室气体排放强度降低 10%。

科技驱动绿色创新

海尔的绿色产品、绿色解决方案无不体现着可持续发展理念，充分展示了降碳的效果。在海尔践行低碳发展的道路上，一组组数据和鲜活的案例不仅代表了海尔扎实推进“双碳”战略的稳健步伐，同时也向外界展示了海尔践行高质量发展的决心与智慧。

⊖ “范围一”“范围二”等是指《温室气体核算体系》(*GHG Protocol*) 中对企业温室气体排放的分类。以下是每个范围的具体含义。

范围一（Scope 1）：直接温室气体排放

范围一指的是企业拥有或控制的资源直接产生的温室气体排放。这包括固定燃烧（如锅炉、燃气炉）、移动燃烧（如公司拥有的车辆）、化学或生产过程，以及无组织逸散（如工厂排放的气体）。简而言之，范围一排放是企业直接燃烧产生的温室气体排放。

范围二（Scope 2）：间接温室气体排放

范围二涉及企业消耗的外购能源（如电力、热力、蒸汽和冷气）产生的温室气体排放。这些排放不是直接来自企业拥有的资源，但是与企业消耗的能源相关。典型的范围二排放包括发电过程中场外电站释放的温室气体，但不包括电站上下游的排放。

范围三（Scope 3）：其他间接温室气体排放

范围三涵盖了企业价值链中发生的所有其他间接排放，这些排放不包括在范围二中。范围三的排放包括外购原料与燃料的开采和生产、运输活动、职员差旅、上下班通勤、产品运输、废弃物处理等。简而言之，范围三排放是除了范围一和范围二之外企业产生的所有排放。

1. 为绿色转型提供数据支撑

海尔智家的智碳系统接入了 50 余家工厂的碳排放数据，根据不同产业的工艺流程，建立了碳排放核算模型，可按月进行工厂碳核查。该核算模型上线后极大节省了人工数据收集及计算成本，对冰箱等产品的碳足迹生命周期评估（Life Cycle Assessment，LCA）进行在线核算，为产品的绿色转型提供了可靠的数据支撑。

2. 科学有效的碳排放盘查

为全面掌握与管理温室气体排放，海尔智家进行了科学、有效、细致的碳盘查。

依据世界资源研究所（WRI）与世界可持续发展工商理事会（WBCSD）联合发布的《温室气体核算体系：企业核算与报告标准》及《温室气体核算体系：范围二指引》。核算所用排放因子来源于国家生态环境部、政府间气候变化专门委员会（IPCC）、国际能源署（IEA）等权威部门与机构发布的文献，海尔智家已连续四年开展碳盘查工作，并于 2024 年全面提升国内碳盘查组织边界以及排放源的完整性，覆盖国内 51 家工厂及 200 余家子公司、海外部分工厂运营环节（“范围一”“范围二”）的温室气体排放。科学有效的碳盘查为“双碳”战略实施提供了基础数据。

2024 年，海尔智家共有 8 个型号产品获得碳足迹证书，公司 9 款产品开展产品生命周期评估，全面评估产品从原材料获取、生产、使用到废弃处理整个生命周期对环境的影响，为用户提供产品低碳环保额参考标准，引导绿色消费。

3. 再生材料的高值化利用研究

海尔注重与国内顶级高校合作，攻克再生塑料高值化应用的难题，如气味、黑点及物理性能下降等。通过研发新型吸附剂、清洗工艺及设备，大幅提升了再生塑料的质量及环保特性，使其得以在多个领域广泛应用。

（1）再生材料利用。

2024年，海尔智家持续投入对再循环材料的研发，与高校、科研院所建立“政—产—学—研”再循环研究支持体系，探索原材料的全生命周期管理，提高产品再生材料使用率。

（2）创新实验室建设。

海尔智家正在探索与合作伙伴共建再循环材料创新实验室、贵金属提取技术实验室等，致力于打造一套具有自主知识产权的再生产业体系。

4. 数智化节能降碳方案研究

海尔智家以海尔楼宇数智化平台为基础，以楼宇大脑为底座，利用高效暖通设备，为用户提供智控方案及多能互补的低碳能源方案，加速了建筑低碳化、节能化进程，达成节能降碳效应。苏州科创生态园采用该方案，实现了能耗降低32%。

5. 家电产品的节能减排持续创新研究

海尔智家聚焦产品向智能化、低碳化、场景化发展，围绕冰箱、洗衣机、空调、热水器等产品条线推出亮点绿色产品，打造环境友好型产品。

（1）磁控冷鲜技术。

海尔研发的磁控冷鲜技术，有效减少了家庭食材储存对冷冻的依赖。应用了该技术的“博观660”冰箱，可将冷鲜肉存储期从1天增加至10天，大大提升了冰箱的能源利用效率，实现节能减排。

(2)"精华直喷"技术。

海尔的"精华洗"洗衣机，创新设计了 3D 喷淋进水系统，并应用变速分布冲洗技术，实现了节省水耗 38%、节省电耗 29%。同时，该产品通过完全溶解洗涤剂，可减少产品的污水排放对环境的影响。该产品的"精华直喷"技术获得行业首个"绿色洗护认证"。

(3)零冷水预热功能。

海尔的 KLN 系列热水器产品，通过余热回收对热量进行二次利用，实现能源节约；采用 AI 系统自动核算最佳燃烧路径，每年节省天然气达 136 立方米；通过零冷水预热功能，每年节省用水量达 500 升。

(4)可变分流技术。

海尔的洗空气系列产品，创新设计了可变分流技术。制冷时换热器流路减少，冷媒流程加长，制冷量最高可提升 8%；制热时换热器流路增加，冷媒流程减短，压损减少，使得冷媒流速提升 20%，均匀换热提升 16%，制热量最高可提升 10%，同时省电 12%。

(5)孪生集流制冷技术。

立式冷冻玻璃门展示柜搭载海尔原创"孪生集流制冷技术"，节能效果行业领先。以 SD-405 为例，行业平均每 24 小时耗电 14.6 千瓦时，海尔冷柜每 24 小时耗电 4 千瓦时并实现量产，领先国标一级能效 72%，获得威凯认证检测有限公司(CVC)"节能效果优品认证"。同时该技术也通过了中国轻工业联合会技术鉴定，节能技术达到国际领先水平。

6. 构建气候变化风险管理体系

海尔智家将气候相关工作职责自上而下融入其由最高治理层、治理层、管理层与执行层组成的覆盖海外体系的ESG管理架构，积极推进作为全流程绿色管理的重要环节——气候相关财务信息披露。2022年，海尔智家成立气候相关财务信息披露工作组（Task Force on Climate-Related Financial Disclosures，TCFD），识别气候变化相关风险及机遇，着手如下相关项目研究。

- **研究并确立气候情景分析方法。**
- **识别气候变化相关风险和机遇。**
- **在供应商准入、尽职调查、产品线管理等环节融入ESG理念。**

海尔智家将继续深化绿色质量管理理念，不断提升全供应链的可持续发展能力，推动低碳经济转型，并携手全球合作伙伴，共同打造绿色、可持续的未来。

回顾海尔的发展历程，其对社会责任的承诺已深植于海尔的企业文化之中，成为可持续发展战略的核心。在践行“双碳”战略过程中，海尔自身也实现了更高质量的发展。在全流程绿色质量管理的实践上，海尔不仅为自身发展提供了坚实保障，也为全球制造业的可持续发展提供了宝贵的经验和启示。

第 12 章　从零距离到零边界：人工智能时代的质量管理范式变革

人工智能赋能质量管理创新

美国未来学家雷·库兹韦尔提出，2045 年左右，人工智能将迎来“奇点”，跨越这一临界点后，人工智能将超越人类智慧。这一预言似乎昭示着超级人工智能时代的到来。

2022 年 11 月 30 日，OpenAI 正式推出 ChatGPT。这款基于 GPT-3.5 架构的大语言模型的发布，标志着人工智能从计算智能迈向认知智能的重大跨越，成为人工智能发展史上的重要里程碑。

人工智能技术重塑管理模式

人工智能技术的飞速发展及广泛应用，正在深刻影响各行各业。从金融、医疗、农业、制造业到服务业，人工智能正在重塑传统业务流程和商业模式。同时，随着技术的不断进步和应用场景的拓展，人工智能行业将迎来更多机遇，但也面临隐私保护、道德问题和就业冲击等挑战。

1. 技术突破

人工智能技术的发展趋势主要体现在以下几个方面。

（1）大模型与多模态交互。

大模型与多模态将彻底改变人类与设备的交互方式。随着大模型技术的不断成熟，语言大模型的推理能力将成为AI技术演进的重要方向，即AI大模型将不再仅仅依赖庞大的数据量和训练，更多的技术研发将聚焦于提升模型的复杂逻辑推理能力。

（2）自主学习与持续进化。

未来的AI将更加具备自主学习的能力。通过强化学习与自监督学习相结合，AI将在缺乏大量标注数据的情况下，自动从环境中学习并进行决策。AI不仅可以通过外部输入进行训练，还能在实际应用中不断调整和优化自身行为，实现持续进化。

（3）AI与机器人技术的融合。

当前，大多数AI主要依赖学习文本知识来获取信息。然而，未来AI将借助与真实世界的互动，大幅提升思维与感知能力。将机器人技术与AI深度融合，将使普通硬件设备变得更加智能，低成本的传感器有望升级为高质量的摄像头，而机械臂也将具备执行复杂操作的能力。

（4）技术透明度与可解释性。

为了增强公众对AI技术的信任，AI技术的可解释性将成为重点研究领域。AI行业将加强算法模型的透明度，通过更加直观、清晰的解释方式，让用户理解AI的决策过程，从而避免“黑箱效应”的产生。

2. 海尔生态品牌战略

2019年12月26日，海尔集团迎来创业35周年，并在青岛举行“第六个发展阶段的战略主题与企业文化”发布仪式。本次发布会以**“人是目的，有生于无”**为主题，时任海尔集团董事局主席、首席执行官张瑞敏正式宣布，海尔迈入全新战略阶段——**生态品牌战略阶段**，这是海尔发展史上的第六个战略阶段，同时也是海尔引领物联网时代的新起点。

海尔生态品牌战略的核心目标是，构建一个“共创共赢共享”的生态系统，实现从产品到场景、从行业到生态的深度转型。其关键内容包括：

- 从价格交易转向价值交互，打造基于生活场景的物联网生态品牌，并孵化物联网新物种。
- 与用户建立“有温度的交流”，通过深入挖掘用户需求，提供更加个性化、智能化的生活解决方案，实现从“产品生命周期”向“用户体验周期”的转变，满足物联网与人工智能时代用户多元化、个性化的需求。

3. 以无界生态共创无限可能

在生态品牌战略阶段，2024年，海尔集团董事局主席、首席执行官周云杰发布全新的品牌口号——**以无界生态共创无限可能**，寓意着海尔致力于构建开放生态，激发个体创新活力，让消费者成为“产消者”（即生产者+消费者），全流程深度参与体验。同时，海尔生态系统的合作伙伴也能在这一平台上共创价值、共享价值。近年来，海尔的生态品牌战略成果显著：

- **“卡萨帝”高端品牌**在中国市场超越欧美日韩的家电品牌，连续多年稳居高端家电市场第一。

- **“三翼鸟”场景品牌**提供全屋智能场景解决方案，满足用户个性化家居需求。
- **“卡奥斯”工业互联网平台**全球首创以大规模定制为核心，引入用户全流程参与体验，推动了制造业向智能化、个性化方向的升级。

海尔生态品牌战略的落地，不仅推动了企业自身的持续创新，也为整个行业的智能化转型树立了全新标杆。

从“用户零距离”向“体验零边界”进化

海尔提出的“用户零距离”，是一套贯穿企业商业底层逻辑的哲学理念。自成立以来，海尔始终致力于实现与用户的“零距离”。

1. 名牌和多元化战略阶段

海尔秉承“合格的产品是合格的人干出来的”理念，强调每位员工对产品质量负责，主张“检验合格的产品不是真正合格的产品，只有用户满意的产品才是真正合格的产品”。

2. 国际化和全球化品牌战略阶段

在国际化和全球化品牌战略阶段，海尔以用户满意为核心目标，开展以市场链流程再造为核心的组织变革，推动以战略事业单元（SBU）为基本创新单元的转型，让每个人直接面向市场，实现“人人都有一个市场”的组织目标。正是通过这种面向全球市场需求的持续创新，海尔创造了全球领先的家电品牌。

3. 网络化战略阶段

海尔摒弃传统管理模式，于 2005 年 9 月 20 日提出了“人单合一”质量管理模式，推动员工与用户需求紧密融合。海尔进行了大规模组织变革，将 8 万多名员工拆分为 4000 多个高度自治的小组织，即“小微”，快速响应用户需求，并建立起以“零距离”为宗旨的增值分享、共赢进化的“人单合一”1.0 模式。

4. 生态品牌战略阶段

“人单合一”模式从 1.0 自进化到 2.0。“人单合一”模式 2.0 以“零边界”为核心宗旨，将链群合约生态组织进一步升华为能够不断自我进化的生态平台，在智能交互生态中自主演化出适应物联网时代的新引擎。智能交互引擎的一端实现与用户的零距离互动，另一端实现与生态方的零边界融合，致力于打造兼具极致效率与极致体验的世界一流智慧家庭生态企业。

从“零距离”向“零边界”跃迁

海尔集团董事局主席、首席执行官周云杰 2024 年 9 月 20 日在第八届人单合一模式引领论坛暨首届零距离卓越颁奖典礼上的演讲中，明确提出：“人单合一”从 1.0 进化到 2.0 的新引擎内涵，就是从“零距离”进化为“零边界”。海尔通过产品间的互联互通，依托“体验云”平台支撑，利用生成式人工智能交互引擎，打破传统的产品边界，推动从单一产品体验向场景化体验进化，为用户创造无边界的场景体验，打造终身用户价值。

1.“体验零边界”的创新理念

“体验零边界”是海尔在“创造负熵”的企业新使命指引下，面向复杂商业环境提出的全球领先管理理念。该理念是在万物互联、人工智能迅速发展背景下的一次突破性管理创新。

“体验零边界”的理念，源于海尔在全渠道营销、“互联网 +”、物联网等数字化转型过程中所倡导的用户中心主义理念。在传统商业模式中，用户体验通常局限于产品、服务或渠道的单一维度；而“体验零边界”则借助物联网、人工智能、大数据、云计算、5G 等前沿技术，通过无边界生态系统中的各个参与方，协同为用户打造个性化、智能化、实时化、全方位的最佳体验。“体验零边界”意味着实现从“零距离”向“零边界”的跃迁，迭代打造出能够持续自进化的无界生态系统。

2. 从产品体验向场景体验的跃迁

“体验零边界”的**进化方向**不是产品的简单组合，而是突破传统产品的边界，通过产品间的互联互通，实现场景的无缝衔接。在这一过程中，“体验云”发挥核心支撑作用，整合多元生态资源，打造跨产品、跨场景、跨生态的无边界体验体系，最终实现用户从单一产品体验向完整场景体验的进化，让每一次交互都更加智能化、个性化，进而创造终身用户价值。

3. 构建开放无界的自进化体系

进化的条件是实现生态的零边界，构建开放、无边界的生态体系。从 1.0 阶段的链群合约（企业内部的自组织模式）到 2.0 阶段的生态链群合约（生态系统内的无边界自进化组织），海尔持续推动生态模式的自裂变和自进化。开放、无边界的生态体系持续吸纳负熵，以高效协同的方式加速创新，形成一个能够自我驱动、自我优化、自我演进的智慧生态。

4. 价值共创，共享生态正反馈

在传统商业模式中，底层逻辑往往是零和博弈，而“人单合一”2.0 所倡导的是“参与各方皆受益”的价值共创模式。通过共创共享，实现生态圈内所有利益相关方的互利共赢，推动正反馈循环，形成持续增长的价值飞轮，这是**进化的目的**。这种模式不仅提升企业竞争力，也让用户、合作伙伴及整个生态体系都能在共赢中实现价值最大化。

5. 驱动生态方价值自我实现

生态的持续进化，需要一个强大的进化驱动引擎，即赋能生态方（企业）实现自我价值。海尔“人单合一”2.0 模式的核心，就是让生态中的每个主体都能实现自身价值和尊严，让个体的创造力最大化。这不仅是企业增长的动力，更是“人的价值最大化”在生态模式中的深层体现。

6. 蝴蝶效应，引领指数级增长

实现生态进化，最终体现在指数级增长的突破上，这是对进化的最好验证。通过创造全新的商业模式和物联网新物种，海尔生态系统实现了自我裂变和自我复制，形成了类似“蝴蝶效应”的链式反应。每一次创新都可能带来巨大的生态增量，从而推动整个体系进入全新的增长曲线，实现生态品牌的持续引领。

质量管理范式之变

在生态进化的过程中，“用户要的不是产品，是体验”已成为海尔人的共识，海尔的质量管理也随之进化，从关注产品质量、服务质量，发展到聚焦场景体验质量，迈入用户全面体验质量管理的新阶段。

1. 以产品质量为核心的全面质量管理

海尔早期的质量管理是以产品质量为核心。“砸冰箱”事件唤醒了海尔人的质量意识，严格把控产品品质成为自觉。1988 年 12 月，海尔冰箱在全国冰箱评比中摘得中国冰箱行业首枚金牌，海尔凭借产品质量确立了在行业中的领军地位。

海尔引入的全面质量管理模式，构建了覆盖全员、全要素、全过程的质量管理体系。在此基础上，海尔又采用六西格玛、精益生产、质量功能展开等先进的质量管理方法，持续把控和提高产品质量，不断提升海尔品牌的国际竞争力。但海尔并不满足于此，持续探索宽泛的质量内涵。

2. 用户定义质量的理念

20 世纪 90 年代末，海尔在市场链变革中引入外部市场机制，推动形成“每个人（流程）都有自己的顾客，每个人（流程）都与市场零距离，每个人（流程）的收入都由市场支付”的管理模式。在这一阶段，海尔逐步确立了用户定义质量的理念，不再局限于产品本身的质量，而是更注重用户满意度。2009 年和 2013 年，海尔分别荣获首届山东省省长质量奖和首届中国质量奖，这不仅印证了海尔卓越的产品质量，也证明了其领先的用户定义质量理念的价值。

3. 互联网时代的质量管理变革

互联网的兴起打破了企业与用户之间的屏障，使企业不再是用户需求的主导者，而是用户主动选择企业。用户不再只是产品的“消费者”，更成为产品的“创造者”。海尔通过打破企业与员工、企业与用户之间的边界，让每位员工成为“创客”，自主成立小微组织，直接面向用户创造价值。通过链群合约机制，实现自组织、自驱动、自增值、自进化，确保“用户零距离”。

（1）智慧生活生态圈。

海尔将传统电器升级为“网器”，构建 U+ 智慧生活服务平台，打造智慧生活生态圈。用户可以在线实时交互，对产品进行评价或提出建议，海尔则根据反馈不断迭代产品，以满足用户日益增长的智能化体验需求。这一阶段，海尔的质量管理已从单纯关注产品质量，转向以用户体验为核心，**通过建设互联网工厂、升级智能制造系统，搭建数字化运营和质量管理体系，让用户深度参与全流程体验**。

（2）从用户体验到体验生态。

在互联网时代，用户体验即质量。但用户体验是动态的、无止境的、循环迭代的。进入物联网时代后，海尔提出：**"没有完美的产品，只有不断向完美迭代的场景。"**未来，产品将被场景替代，行业将被生态覆盖。企业不应仅向用户提供单一产品，还应打造完整的场景和生态体系。

用户所需的场景和生态往往无法由单个企业甚至单个行业独立构建，而是需要跨界融合、协同创新。海尔联合各领域的合作伙伴，共同打造用户体验生态系统，以契合用户从产品体验向场景体验的进化需求，最终实现体验的零边界。

4. 用户全面体验的质量管理

在新时代，用户对产品、服务、场景的价值感知决定其质量的高低。如果用户认为产品、服务或场景有价值，那么它们便是高质量的；反之，则无质量可言。因此，用户全面体验质量管理的核心在于围绕用户需求持续优化体验，通过用户的期望、感知、反馈和迭代构建动态进化的质量体系。

用户全面体验质量管理的目标是实现用户体验的零边界，即让用户在产品、服务与场景中获得无缝、流畅的体验。实现方法是应用"人单合一"模式，通过用户全流程深度参与，使质量管理从产品本身拓展至场景体验层面，最终目标是为企业创造终身用户。

5. 用户全面体验质量管理原则

质量不再只是企业设定的标准，而是用户体验的直接体现。产品、服务或场景的质量，只有当用户满意并感知到价值时，才真正具有意义，用户体验就是质量。

（1）用户全流程参与。

让用户不仅仅是被动的消费者，更是深度参与产品设计、服务优化、场景共创的价值共建者。用户的实时反馈推动产品和服务的动态迭代，形成以用户驱动的质量管理体系。

（2）用户体验持续迭代。

用户需求和技术环境不断变化，质量管理不能停滞于一次性的优化，而应通过持续迭代和场景进化，确保用户始终获得最佳体验。

（3）从“做产品的生命周期”到“做用户体验周期”。

传统质量管理关注产品生命周期，而用户全面体验质量管理强调用户的整个体验周期，确保在用户需求的不同阶段都能提供高质量的产品和服务。

（4）从“以用户为中心”向“以终身用户为中心”进化。

过去的用户管理着眼于单次购买体验，而当今和未来的质量管理目标是创造终身用户，构建长期信任关系，使用户在整个生命周期内持续获得价值。

（5）关注人的价值实现。

质量管理的最终目标不仅是产品的优化，更是人的价值最大化。通过用户、员工、生态伙伴的共创共赢，让每个个体在生态体系中实现自身价值，推动企业质量管理从单向输出转向多方协同的自进化模式。

在用户全面体验质量管理的新范式（见图 12-1）下，质量不再是企业单方面定义的概念，而是一个用户驱动、场景赋能、持续演进的动态体系。只有满足用户“体验零边界”的质量管理，才能真正推动企业进入以终身用户为核心的未来竞争格局。

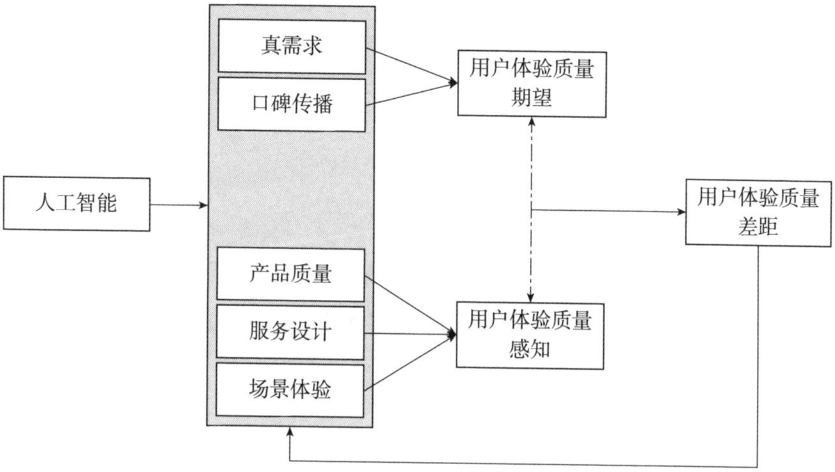

图 12-1　用户全面体验质量管理模型

海尔的用户全面体验质量管理实践，是对服务主导逻辑、用户体验、体验质量、用户参与、感知价值、服务质量等理论的深度应用、融合与创新。这一体系不仅是海尔 40 多年来以“创造用户”为核心进行质量管理创新的全面总结，也为企业提供了更广阔的视角，以更科学的方法理解和管理用户体验的感知质量。

人工智能赋能场景体验质量感知

在个性化和智能化需求快速迭代的背景下，用户对场景体验的感知质量要求日益提升。为了更精准地管理和优化场景体验的感知质量，企业需要从数据收集、感知质量评估、人工智能辅助、用户共创等多个维度入手，构建综合性的体验质量感知体系。

随着 AI、大数据、物联网、云计算、5G 等新一代信息技术的深度应用，场景体验的感知质量管理正朝着更加精准、个性化和智能化的方向发展。场景体验感知质量管理的精度与效率得到大幅提升的同时，企业不仅要关注功能和技术的实现，更要重视用户的情感需求与参与感，从而提供更加完美且定制化的用户体验感知。

个性化的场景体验质量感知

AI 与大数据技术的不断发展，使场景体验质量感知更加精准和高效。AI 能够从海量用户数据中提取深度洞察，精准预测用户需求和偏好，并据此提供个性化的质量优化方案。

1. 情感计算

AI 情感计算技术可通过分析用户语言、面部表情或声音情绪等，实时评估用户对场景体验的满意度。例如，在智能家居平台中，语音助手可通过分析用户的语气，识别潜在的不满情绪，并基于此调整系统设置，以提供更符合用户需求的智能交互体验。借助 AI 与大数据的强大能力，企业能够更深入地理解用户情感，主动优化体验，真正实现用户体验的动态感知与智能进化。

2. 机器学习与预测模型

利用历史数据和用户反馈，机器学习模型能够精准识别不同用户对场景体验的偏好及需求变化。通过提前预测，系统可主动生成个性化推荐或优化调整，确保用户始终获得最佳体验，从而全面提升感知质量。

虚拟现实与增强现实的感知质量评估

虚拟现实（VR）和增强现实（AR）技术为场景体验感知质量评估提供了全新的方法和维度。借助沉浸式虚拟环境，企业可以模拟不同的真实场景，并实时评估用户的反应，从而使感知质量的测量更直观、更具可操作性。

1. 虚拟体验测试

企业可以在虚拟环境中构建高度逼真的场景，让用户进行交互体验，并收集他们的感知反馈，以便快速优化产品和服务。例如，在智慧厨房的应用中，用户可以在虚拟厨房场景中模拟日常使用流程，并提供反馈，企业据此调整产品设计，确保最终方案更符合用户需求。

2. 增强现实互动

通过 AR 技术，用户可以在现实环境中直接可视化产品与服务的运行效果，并进行实时反馈。例如，用户使用手机 AR 功能扫描智能家电，可以实时查看其操作方式、工作状态，并评估性能、交互体验及操作便捷性，这一互动可以为企业提供更精准的产品优化建议。

3. 全生命周期的用户感知质量管理

传统的质量管理主要关注产品上市后的用户反馈和满意度，而在智能化、体验驱动的时代，企业需要覆盖产品全生命周期的感知质量管理，以确保用户在整个使用过程中都能获得最佳体验。

- **产品使用周期分析**：企业可长期跟踪用户的使用情况，收集不同阶段（初期、成熟期、衰退期）的感知质量数据，从而识别产品在各阶段可能出现的问题，并及时优化。

- **自动化质量反馈系统：** 例如，三翼鸟智慧家居系统利用自动化监测平台，实时跟踪用户的体验质量。当系统检测到使用偏差或不佳体验时，可自动进行优化调整，并实时通知用户，减少用户的不良体验，提高整体满意度。

4. 用户社群和社交媒体的感知质量

随着用户社群和社交媒体的兴起，用户的感知质量反馈已不再局限于企业内部渠道。社交平台和社区已成为企业获取用户体验数据的重要来源。

- **社交平台数据分析：** 企业可以利用微博、知乎、抖音等社交平台，监测用户对产品和场景的评价、讨论和情感表达。通过分析用户反馈，企业可以精准捕捉市场需求，识别潜在问题，并针对性地改进产品和场景体验质量。
- **社区共创与优化：** 企业可搭建开放平台，与用户进行互动与共创，让用户不仅是体验者，也成为产品优化的贡献者。例如，在智慧家居社区中，用户可分享使用体验、提出创新建议，企业可基于这些反馈优化产品，形成更具竞争力的质量管理体系。

用户体验评测能力建设与实践

在用户体验评测方面，海尔结合新设备、新技术、新方法，建立起完整的体验评测能力，以适应智能化、个性化时代的用户需求。目前，海尔主要依托三类设备和技术进行监测、分析和模拟。

1. 第一类：监测和分析设备

- **眼动仪：** 追踪用户的视线移动路径，评估产品信息的可视性和界面优化程度。
- **照度计：** 测量不同环境光线强度，确保产品在各种光照条件下仍具备良好的辨识度。
- **听觉分析设备：** 检测产品声音的清晰度与可听性，优化语音交互体验。
- **动作捕捉分析设备：** 记录用户的操作行为与身体动作，评估产品的人机工学设计。
- **力传感分析设备：** 测量用户操作时的力度变化，优化产品的反馈机制，提高操作便捷性。
- **面部表情识别系统：** 分析用户的表情，评估产品使用过程中的心理安全感、舒适度和理解度。

2. 第二类：真实场景模拟装置

海尔搭建了全场景家居测试环境，覆盖无障碍卫生间、卧室、客厅、厨房、阳台等核心生活空间，并配备以下模拟装置。

- **可变光照模拟装置：** 模拟强光、昏暗环境、日光直射等不同光照条件，测试屏幕反光情况和文字可辨识度。
- **可变环境声模拟装置：** 可模拟多达 75 种不同环境音效，确保产品语音提示或音效设计在嘈杂环境下仍然清晰可辨。

3. 第三类：虚拟数字人技术

通过三维建模，海尔能够在虚拟环境中创建各种身高、尺寸和结构的测试场景，以进行使用体验测试。

- **无障碍家居设计：**在无障碍家居设计中，可通过虚拟环境调整厨房灶台高度，即时查看调整后的效果，确保适配轮椅用户的需求。
- **数字人模拟测试：**通过数字人模拟测试软件，企业可虚拟演示安装、搬运等可能涉及安全风险的操作，提前排查安全隐患，减少实际测试中的危险因素，为行业提供更高效、安全的产品研发路径。

这些新设备、新技术的融合，使海尔能够从多个维度全面评估和优化用户体验，确保在各种场景下都能提供最佳的用户体验质量，持续引领行业向更智能、更个性化的方向发展。

海尔迈入人工智能时代

进入 21 世纪第三个十年，全球处于新一轮科技革命与产业变革的交汇点。AI、IoT、大数据、边缘计算等前沿技术的迅猛发展，不仅颠覆了传统产业格局，更推动了社会生活向数字化、智能化的深度演进。在这一充满机遇与挑战的时代，融合新一代信息技术的智能产品与智慧场景，正成为企业未来发展的关键驱动力。周云杰提出："要么与 AI 同进化，要么被 AI 边缘化。"他强调，要积极迎接 AI 时代，用 AI 思维改造企业，全员拥抱 AI。

全球科技变革下的智能化升级

海尔精准洞察变革趋势，率先实现技术与场景的深度融合，并以开放、共创的生态体系推动行业变革。海尔的使命不仅是为用户打造美好生活体验，更是通过技术驱动与场景创新，构建真正以用户为核心的智慧生态，引领行业迈向智能交互的新时代。

1. 国家高端智能化家用电器创新中心

2018 年 11 月 16 日，时任海尔集团总裁周云杰提出，联合行业合作伙伴共创“高端智能家电制造业创新中心”，这一倡议得到了时任工业和信息化部消费品工业司司长高延敏的支持。2021 年 11 月 3 日，该中心正式批复为国家高端智能化家用电器创新中心，成为家电领域唯一的国家制造业创新中心，也是青岛首个国家制造业创新中心。

国家高端智能化家用电器创新中心（简称国创中心）的定位是成为全球高端智能家电规则的制定者、生态的构建者、行业的赋能者，其核心使命是：

（1）创新技术转化。

面向家电制造业创新发展的重大需求，突破关键共性技术，加速创新技术的转移扩散与商业化。

（2）行业生态赋能。

把握家电行业从功能单品向场景生态转型的战略机遇，提出中国原创方案，构建顶层架构，突破高端化、智能化、绿色化技术瓶颈，为行业生态赋能。

（3）可持续发展。

持续提升中国家电产业在全球价值链中的地位，引领全球家电行业的可持续发展。

2. 创新驱动产业升级

国创中心采用“公司 + 联盟”的运营模式，依托“家电业智能制造创新战略联盟”和“高端智能家电产业联盟”两大产业联盟，以政府为指导、行业需求为牵引、市场化机制为核心，充分调动企业、高校、科研院所、行业协会等多方资源，打造技术交流、项目合作、供需对接、技术成果转化等多层次的合作平台，为我国高端智能家电产业的高质量发展提供有力支撑。

3. 技术突破与产业应用

目前，国创中心已攻克十余项关键共性技术，其中 4 项技术达到国际领先水平。在智能家电芯片国产化、智慧家庭大模型、家电信息安全、家庭健康场景等领域，已实现技术创新成果的广泛应用，推动智能家电行业迈向更高水平。未来，国创中心将聚焦：

- **“芯片 & 方案”**——推动智能家电芯片自主研发，提升核心竞争力。
- **“AIGC（人工智能生成内容）应用”**——利用 AI 重塑产业结构，打造智能时代的新质生产力。

海尔作为国家高端智能化家用电器创新中心的牵头单位，不仅汇聚行业内外资源，推动技术突破和行业标准制定，更在提升中国家电产业全球价值链地位方面发挥了重要作用。这不仅彰显了海尔在科技创新和行业引领方面的深厚实力，也展现了其在国家战略布局中的关键地位，为中国家电行业迈向全球智能制造前沿奠定了坚实基础。

4. 业务变革驱动的海尔数字化转型

海尔的数字化转型并非单纯的技术升级，而是从业务痛点出发，通过应用数字化技术与工具，全面重塑企业运营模式和制定商业策略，以提升整体效率与用户体验，确保在数字经济时代保持长期竞争力。在这一过程中，海尔围绕企划、销售、研发、制造、质量、供应链等核心环节进行业务重塑和流程再造，最终构建起智能化、生态化的未来商业体系。

5. 从信息化到数字化的跃升

传统的 IT 信息化主要围绕提升工作效率与降低管理成本展开，虽然在一定程度上为企业提供了支持，但无法有效推动业务创新与变革。海尔数字化转型的基础是技术平台的升级，是业务与技术深度融合的创新实践，进而形成业务数字化与数字化业务的双轮驱动模式。

- **业务数字化**：指将现有的业务逻辑转化为数字化形式，优化运营效率。
- **数字化业务**：通过数字技术重构商业模式与业务体系，打造全新的价值增长点。

在这一过程中，海尔以数据驱动重塑整个商业生态，IT 部门从传统的技术支持角色转型为业务战略的重要一环，深度参与到业务模式的创新与重构中，助力企业实现智能化决策与敏捷运营。

海尔数字化转型的路径

海尔的数字化转型涉及多个核心领域，其中**数字化研发、数字化制造、数字化订单、数字化业务**四大体系的重构，不仅推动了企业内部业务流程优化，更促进了全球范围内的跨地域协同。

1. 数字化研发：全球一体化协同平台

海尔在全球设有十大研发中心，覆盖中国、美国、欧洲、日本等多个国家和地区。为提升全球研发资源的共享与协同，海尔智家搭建了统一的数字研发平台，实现研发、制造、技术资源的跨区域联动，打造一体化的协作网络。

- **MBD（基于模型的数字化定义技术）**：统一管理全球研发数据，实现图纸、工艺、制造、检测等环节的标准化。

- **模块化设计：**建立“货架式”模块库，研发人员可自由取用架构、物料、功能模块，模块复用率达91%，有效降低研发成本20亿元，一次性验证通过率提高至90%以上。
- **全球协同研发：**如双子洗衣机的成功研发，得益于澳大利亚、新西兰团队负责动力系统，欧洲团队负责外观设计，美国团队负责安全性设计，中国团队统筹整合，实现全球研发高效协同。

2. 数字化制造：智能化与精益生产深度融合

海尔智家在数字化制造过程中，依托智能设备、传感器、AI技术，实现全球范围内的智能化生产与精益制造。

（1）智能制造执行系统（Intelligent Manufacturing Execution System，iMES）。

iMES整合ERP、WMS、PLM（包含CAD/CAPP/设计仿真、制造仿真）、SCADA系统，实现了生产全流程数字化，实现了人机互联、机物互联和智能协同。

（2）智能互联工厂。

海尔建成了冰箱、空调、洗衣机、热水器等产业引领的智能互联工厂，实现了全流程与用户互联互通，以及高品质、高效率、高柔性的快速交付。

- **胶州空调互联工厂：**快速响应用户需求，用户订单直达工厂。通过人、机、物、单等互联互通、相互协作交付用户个性化产品，实现个性化定制生产。
- **上合冰箱互联工厂：**AI视觉识别+自动化打印，实现零差错生产，效率提升 30%；AI 视觉技术通过图像识别和智能分析，将检测精度从传统的 0.5mm 提升至 0.1mm，实现了产品外观质量的零缺陷目标。

- **郑州海尔热水器互联工厂**：通过 5G+MEC 和 AI 视觉定位，提高装配精度，实现数据互联可视化。基于 IoT 设备物联数字化平台，可以对关键设备的性能、工艺参数等数据进行采集分析，实现运行情况的实时监测，达到 100% 互联可视。

3. 数字化订单：订单驱动的智能供应链

通过数字化平台，实现订单的实时管理与优化，涵盖订单生成、生产、物流、交付全流程协同。

（1）智能化预测。

智能预测市场需求，精准调整产品规格、生产计划与物流调度，降低库存成本，提高整体供应链的响应速度和敏捷性，以订单为驱动的供应链管理方式使得海尔在竞争激烈的市场中能够保持高度的灵活性与竞争力。

（2）无缝对接。

2023 年，海尔智家成功生产超过 1 亿台家电，背后依赖的正是数字化制造与全球供应链的无缝对接。

4. 数字化业务：数据驱动商业模式重构

数字化业务的核心，就是通过数据驱动来重构海尔的商业体系。

（1）商业生态。

海尔智家通过数字化平台连接全球用户、合作伙伴、供应商，打造协同创新的商业生态。

（2）数据驱动。

基于数据驱动，海尔的三翼鸟、卡奥斯、卡泰驰、海医汇等场景品牌，提供个性化、智能化的服务体验。

（3）U+ 平台。

海尔 U+ 平台开放合作生态，支持用户个性化定制，并推动全球开发者共创。

海尔智家的数字化转型还在继续深化。从全球一体化的数字研发平台到数字化制造系统，从数字订单管理到基于数据驱动的商业生态，正在不断推动技术与业务的深度融合，为全球用户提供更加智能化的产品与服务，以及更加智慧化的场景体验。

海尔数字化转型的成果

1. 用户体验升级

（1）个性化服务：基于 AI 和大数据，为用户提供精准推荐和个性化定制服务。

（2）全流程服务：覆盖从需求挖掘、智能制造到售后服务的完整链路，确保用户体验闭环优化。

（3）智能家居互联：如“三翼鸟”智慧家庭平台，实现了空调、冰箱、洗衣机、电视、音响等设备的互联互通，用户可以通过一个中心平台控制家中的多个设备，实现全屋智能家电互联互通，提升生活便捷性。

2. 技术创新突破

（1）AI 视觉检测：在质检环节实现检测精度从 0.5 毫米提升至 0.1 毫

米，确保产品质量零缺陷。

（2）D^3OS 数字孪生技术：1 ：1 虚拟仿真产线，实现虚拟与现实的同步仿真运行，提高生产效率并优化工序布局。

（3）AI 自适应系统：智能空调、冰箱等可根据用户习惯自动调整，提升产品智能化水平。

3. 生态共创与跨界合作

（1）开放用户共创：海尔通过开放平台推动用户参与产品设计和功能创新，如“三翼鸟”智能家居系统支持用户定制化设计，满足个性化需求。

（2）跨界合作：与不同行业进行跨界合作，形成产业链的协同效应。通过与各类上下游合作伙伴、科技公司、互联网平台等合作，海尔打破传统产业界限，构建出一个全面覆盖各类服务需求的跨界生态圈。如与阿里巴巴、京东等互联网企业联合，实现智慧供应链升级。

（3）行业协同：海尔通过与健康、教育、金融等多个行业的合作，打造了一系列跨行业的智能家居场景。例如，在智能家居中，海尔不仅提供硬件，还与健康管理、教育服务等领域的合作伙伴共同开发相关应用，增强产品的附加值。

4. 数据驱动与智能化运营

海尔利用大数据、人工智能等技术对品牌生态进行优化，推动产品和服务的智能化，提升用户体验。

（1）数据驱动创新：海尔通过物联网数据采集 +AI 分析，精准识别用户需求，提升产品与服务的匹配度。例如，海尔的智能家电通过收集用户的使用数据，分析用户的偏好和行为，从而优化产品功能，提高用户满意度。

（2）多渠道布局：海尔采取线上与线下相结合的方式，涵盖了线上电商平台、线下零售门店以及官方 app 等多个渠道，使消费者可以在不同渠道之间无缝切换，实现对产品的多维度接触，并确保海尔建立长期的客户关系。

（3）智能营销：海尔利用大数据和人工智能技术，为消费者提供个性化推荐和定制化营销，帮助用户发现最适合自己的家电产品。例如，海尔会根据用户的浏览习惯和用户行为分析进行智能推荐，提供定制化广告投放，提高转化率。

用户数据安全与隐私保护

海尔通过设立人工智能物联网（Artificial Intelligence of Things，AIoT）安全委员会和构建安全态势感知平台，从数据安全、接入安全、算法安全、执行安全等方面通过技术保障和管理手段对业务进行全面的安全防护，确保用户数据安全与隐私保护。

1. 国家级安全认证

海尔遵循《中华人民共和国个人信息保护法》，并通过了国际标准 ISO27001*Information Security Management System-Requirements*（《信息安全管理体系　要求》）和 ISO27701*Privacy Information Management System-Requirements and Guidelines*（《隐私信息管理体系　要求与指南》）的认证，保障信息安全与隐私管理体系的合规性、有效性、先进性。

2. 软硬件安全防护

海尔安全技术研发中心着力开展安全技术、核心芯片与核心软件、集成模组和智能技术方面的研发工作；研究轻量级算法，研发加密芯片、隐私计算、身份认证等核心安全技术，确保用户数据安全；研究海量数据采集与分析、场景联动与推理、图谱挖掘与关联等智能数据处理与交互技术，建立了完备的智能家电全环节安全体系。

海尔的数字化转型不仅是技术革新，更是全球产业生态的重塑。通过智能制造、数据驱动、生态共创，海尔智家正迈向全球家电行业智能化、生态化的未来，持续引领全球制造业的转型升级。

引领未来，打造智能交互新引擎

2024 年 9 月 20 日，第八届人单合一模式引领论坛在青岛隆重举行，会上海尔正式发布了“人单合一”2.0 模式。这一升级不仅实现了从“零距离”到“零边界”的跨越，还催生了一个自进化的无界生态。海尔正书写着引领未来的崭新篇章。

“人单合一”2.0：从“零距离”到“零边界”

1. “人单合一”2.0 体系：智能交互引擎模型构建供需两侧融合新模式

（1）需求侧：通过全域智能交互触点，实现用户与系统的深度交互，让用户需求得以实时反馈、精准匹配。

（2）供给侧：依托无界生态，形成价值共创的正反馈循环，实现产业链的智能化协同。

AIGC 的引入，成为推动“人单合一”自进化新引擎的加速器。借助 AI 的强大学习和进化能力，海尔正在以科技引领的方式重塑未来，开创智能交互新时代。

2. AI 大语言模型：开启智慧家庭全新时代

ChatGPT 的问世，掀起了 AIGC 的全球浪潮，伴随着知识“涌现”现象的突破，国内外涌现出多个大语言模型（LLM），包括 ChatGPT、文心一言、星火、DeepSeek 等文本生成大模型，以及 Runway、Sora 等文生视频大模型。这些技术的发展，不仅为用户、开发者和企业带来了前所未有的交互体验，也开启了智能化生活方式的新篇章。

在智慧家庭行业，以大语言模型为核心的 AI 技术正在深刻变革智能家居的产品、服务和场景，加速行业从被动响应向主动智能交互的演进。

智慧家庭智能化评估体系：定义未来家居标准

2022 年 3 月，海尔智家发布了“智慧家庭智能家居智能化能力等级评估模型”，填补了行业空白，构建了智能家居智能化等级的评估方法。

1. 人机智能协同理论

基于人机智能协同理论，模型从用户体验出发，分析智慧家庭系统的智能化水平，海尔智家提出了智慧家庭发展的五个阶段（L1 ～ L5）。

（1）单机智能（L1）：设备具备基础智能化功能，可独立运行。

（2）协作智能（L2）：不同设备之间能够联动协作。

（3）决策智能（L3）：系统可自主决策，并进行一定程度的自动化调整。

（4）高度主动智能（L4）：系统能够基于用户习惯进行高度个性化调优。

（5）泛在智能（L5）：智能家居系统可无缝融入用户生活，实现真正的“所见即所得”。

目前，全球智慧家庭已从单机智能（L1）、协作智能（L2）、决策智能

（L3）阶段逐步迈入高度主动智能（L4）阶段。

2. AI 大语言模型功能

AI 大语言模型在自然语言理解、情绪感知和人机交互方面，正加速进行如下转变。

（1）情感交互：AI 可精准识别用户情绪，提供更贴心的智能响应。

（2）自主学习：系统可根据用户行为不断优化个性化推荐，提高用户体验。

（3）跨场景互联：智能家居设备之间的互动更加自然流畅，实现真正的“所想即所得”。

在生成式人工智能的加持下，智慧家庭正在迈向全面智能化的新时代，海尔也将继续引领行业，为全球用户打造更高效、更个性化的智慧生活体验。

垂域大模型 HomeGPT：全链路智能交互的革新

AI 智慧家庭行业的大模型基于 AI+IoT 技术能力，通过重构原有 AI 底层架构，打造“人—家—设备—场景—平台”全链路无感交互体系，为用户提供更安全、更便捷、更健康、更舒适的智能化生活体验。在此背景下，海尔智家推出 HomeGPT 家庭垂域大模型，并接入“海尔智家大脑”，全面赋能交互、产品、服务及场景体验的升级。

1. 行业首个垂域大模型：HomeGPT

HomeGPT（见图 12-2）是智慧家庭领域首个自主可控的垂域大模型，也是海尔在智慧家庭智能化发展中的核心技术平台。

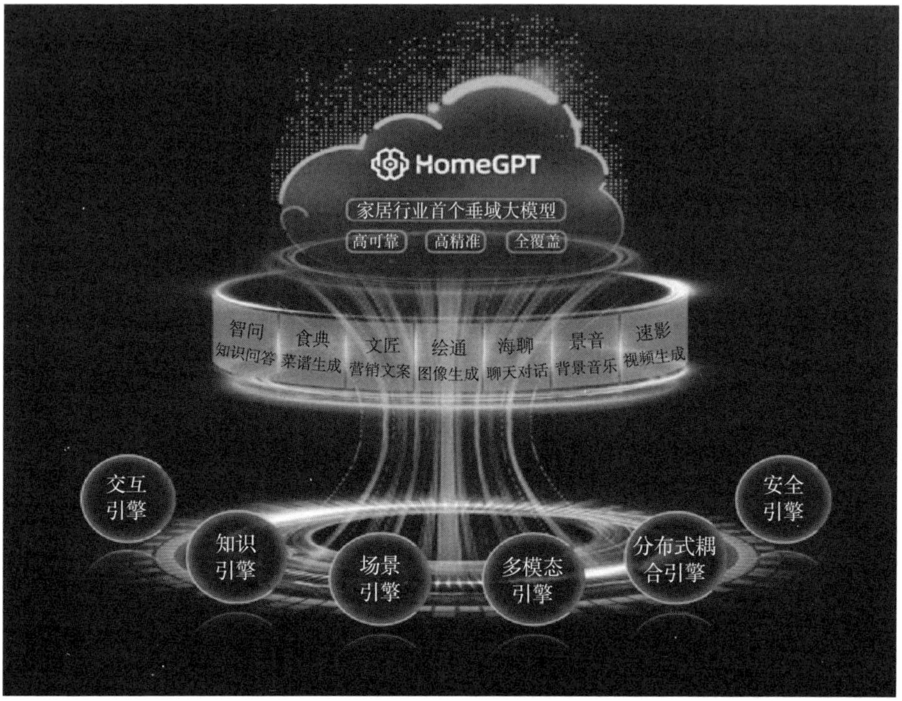

图 12-2 HomeGPT

（1）预训练模型。

该模型基于家电、家居、家装等领域的高质量数据，包括设备运行、用户交互、产品设计等信息，训练出高覆盖率、高准确度的智慧家庭场景预训练模型，从而打通智能家电产业链质量提升的关键堵点。

（2）智能家居解决方案。

该模型具备文本、图像、音频、视频、智慧场景、代码等多模态生成能力，并提供 10 亿、62 亿、130 亿等多个参数版本，支持私有化部署及国产计算芯片适配，为企业和用户提供高度灵活、安全的智能家居解决方案。

2. HomeGPT融合六大核心技术

HomeGPT融合六大核心技术，协同驱动其卓越性能，实现更智能、更精准的智慧家庭体验。

（1）交互引擎： 融合语音识别、语义理解、自然语言处理（NLP）等技术，通过深度学习算法解析用户指令，并转换为系统可执行操作；具备高精度语音识别、语义分析、意图识别能力，支持多语言交互，其独特的语境分析模型与混合语义处理机制，可实现自然流畅的连续对话，大幅提升人机交互体验。

（2）知识引擎： 采用数据挖掘与智能检索技术，整合多领域知识，构建高效的知识更新机制；具备超快知识生成与检索能力，文档去重准确率极高，能自动总结、审核与补全知识库，显著优化用户问答体验，同时提升智能客服的辅助能力。

（3）场景引擎： 实时感知用户指令与家庭环境，并通过智能决策算法和场景模板生成个性化场景方案；与智能设备深度集成，采用智能组建技术提升场景生成速度及匹配准确率，支持模糊意图创建与用户习惯学习，确保多端设备的一致性体验。

（4）多模态引擎： 集成文本、图像、音频、视频等多模态信息处理技术，能够处理跨模态信息交互转换；运用分布式耦合技术与领域自适应技术整合子模型，开发独特交互模型和垂域大模型，提升决策性能和家庭场景理解处理能力，实现更自然、高效的智能控制与体验优化。

（5）分布式耦合引擎： 采用分布式多模型协同计算技术，结合领域自适应建模，整合多种子模型，实现智能家居全场景优化；依托高效分布式计算架构处理大规模数据，提升模型训练效率，同时开发独特交互模型，优化决策能力，使系统更精准地理解和适配不同家庭场景。

（6）安全引擎： 构建全方位数据安全、隐私保护、内容审核体系，确保用户数据处理符合严格安全标准；研发高效数据脱敏加密及内容审核技术，并已获得多项备案认证，为用户提供安全可信的智能家居服务。

3. HomeGPT 重塑智慧家庭的未来

HomeGPT 通过了中国信息通信研究院、中国泰尔实验室的平台能力和应用双维度测试。在模型能力、模型应用两个维度均达到 4+ 级（行业最高）水平，彰显了其在技术性能和实际应用方面的领先地位，进一步巩固了海尔行业技术引领者的地位。

（1）国内国际标准制定。

利用 HomeGPT 大模型开发的技术创新成果，海尔参与国家标准《人工智能 知识图谱技术框架》（GB/T 42131-2022）的制定，并主导制定了 *IEEE Standard for Architectural Framework and General Requirements for Smart Home Systems*（《智能家居系统架构框架与通用要求标准》，IEEE 2785-2023）国际标准。该项标准填补了全球智慧家庭产业和生态标准的空白。

（2）HomeGPT 助力海尔智家大脑升级。

HomeGPT 的推出，不仅填补了智慧家庭智能化技术的行业空白，更凭借全链路智能交互、强大的多模态处理能力、数据驱动的个性化服务，推动智慧家庭迈向更高效、更智能、更安全的新时代。HomeGPT，助力海尔智家大脑迈向更高智能。

海尔智家大脑迭代升级

HomeGPT 的深度应用，推动了海尔智家大脑的全新迭代升级，使其集场景感知、推理分析、智能决策、情感沟通于一体。凭借**卓越的理解力**、

全面的感知力、**智能的决策力**和**持续进化的生命力**，海尔智家大脑不仅为用户打造更智能、更便捷、更个性化的智慧家庭体验，还推动了智慧家庭场景从决策智能向高度主动智能的跃升。

1. 核心架构

海尔智家大脑由智家大脑平台、三朵云（AI 云、大数据云、IoT 云）以及全屋神经网络系统构成，具备卓越的理解力、感知力、决策力和生命力，构建全方位智能生态。

2. 核心能力

（1）卓越的理解力。

依托深度语义理解技术，海尔智家大脑能够精准解析用户的自然语言指令，无论是调节室内空气还是烹饪需求，均能轻松应对。它内置亿级家庭知识库，可实现家电操控的全语音化，让设备更懂用户，更懂生活。

（2）全面的感知力。

基于多模态感知技术，海尔智家大脑可实时洞察家庭环境的细微变化，如客厅空气质量、用户睡眠曲线等，并结合设备数据、家庭事件和行为习惯进行 AI 智能决策，精准提供个性化推荐与服务。

（3）智能的决策力。

在理解用户意图后，海尔智家大脑能够自主判断、决策并执行，实现“主动服务”。例如，空调可智能记忆用户习惯并自动调节温度，洗衣机可依据衣物重量和材质智能调整洗涤程序，真正做到无须干预，智能随行。

（4）持续进化的生命力。

依托全屋空中下载技术（Over-the-Air Technology，OTA)，海尔智家大脑可实现设备的自动升级，确保所有智能家电始终保持最佳运行状态，为用户提供持续优化、不断进化的个性化智慧体验。

3. 应用场景

（1）智慧管家式主动服务。

海尔智家大脑提供了家庭智慧管家式的服务，用户无须记住复杂的指令词，仅凭自然语言即可操控家电。例如，用户说“我热了”，空调会自动调至舒适温度，真正实现语音即服务。

（2）家电产品主动服务。

海尔智家大脑赋能家电产品实现更高级的主动响应，如吸油烟机可根据烟雾大小自动调节风量，让烹饪体验更加智能与便捷。

（3）云端四级主动服务。

海尔智家大脑内置海尔独有的智能服务体系，提供“自检测—主动提醒—协助解决—预约上门”四级主动服务，全方位保障家庭智慧生活。例如，当净水器滤芯即将到期时，系统会自动提醒并推送一键购买页面，免去用户手动查询的烦恼。

（4）全屋无感智能服务。

海尔智家大脑屏与小优 Agent 的协同，可实现全屋智能设备的自适应控制与主动场景推荐。无论用户是在客厅通过电视操控全屋家电，还是在外远程掌控家中情况，海尔智家大脑都能提供无缝衔接的智能体验。

4. 用户体验

（1）无缝融合的多模态交互体验。

海尔智家大脑融合语音、触觉等多模态交互方式，使用户能在最熟悉、最舒适的环境中，选择最自然的交互方式，给用户带来无缝、直观、高度个性化的智慧体验。

（2）情境感知与预测交互。

依托深度学习技术，海尔智家大脑具备情境感知与智能预测能力，能够预判用户需求并主动提供服务。例如，在用户即将入睡时，空调自动调整至最佳睡眠温度，灯光缓缓调暗，为用户带来更贴心的智慧生活体验。

5. 动态个性化的用户界面

用户界面采用柔性 GUI（图形用户界面）技术，根据用户的行为和偏好，动态为用户定制专属的交互界面、交互逻辑和操作流程，提供真正的个性化体验。

海尔智家大脑的持续升级，不仅让智慧家庭更懂用户，也推动了行业从**智能家居**迈向**主动智能家居**的新时代，开启智慧生活的全新篇章。

行业首个端侧大模型 HomeGPT Edge

海尔三翼鸟 HomeGPT Edge 是海尔智家在智慧家庭领域率先推出的端侧大模型，海尔因此成为行业首个完成双模型备案的家电企业。HomeGPT Edge 旨在全面提升智能家居设备的交互能力和用户体验，使家庭生活更加智能、便捷与个性化。

HomeGPT Edge 采用“端 + 云”双模型架构，既包含云端 HomeGPT 大模型，也涵盖本地设备部署的 HomeGPT Edge 端侧模型。这一创新架构使智能家居设备能够在本地处理用户指令，实现快速响应，同时在需要时与云端协同，提供更高级的智能服务。

1. 核心架构

（1）端侧模型：HomeGPT Edge 在智能家居设备本地运行，主要负责实时指令处理、基础逻辑判断、多模态数据感知与初步分析，确保设备响应迅速、稳定可靠。

（2）云端模型：HomeGPT 依托云端强大的计算能力和庞大的知识库，承担复杂指令处理、深度学习任务执行、智能算法优化及大模型迭代升级，持续提升家庭智能化体验。

2. 核心能力

（1）自然语言处理。

HomeGPT Edge 具备高精度语义理解、逻辑推理和自适应学习能力，可精准识别多语言、多方言，并动态调整模型，优化用户交互体验。例如，它能够基于用户习惯优化语义解析，理解更自然的口语化表达，实现精准响应。

（2）主动感知与智能决策。

HomeGPT Edge 能够通过行为预测与环境感知，主动提供智能服务。它整合温湿度、光照、空气质量等传感器数据，结合用户行为习惯，动态调整设备运行状态，实现真正的智能化家居。

（3）任务协作与设备联动。

HomeGPT Edge 具备跨设备联动能力，能够实现智能家居生态协同。例如，当用户说“我要睡觉”时，系统会自动关闭灯光、调节空调温度、启动安防模式。同时，用户还可通过简单指令快速触发个性化场景，如用户说“早安模式”可自动拉开窗帘、启动咖啡机、调整背景音乐。

（4）隐私与安全保护。

为了增强数据安全性，敏感数据优先在端侧处理，减少云端传输频率，降低泄露风险。同时，HomeGPT Edge 采用分布式数据加密技术，确保用户隐私在数据存储和传输过程中得到严密保护。

3. 应用场景

（1）家庭场景。

- **智能照明**：根据环境光线自动调整亮度，并支持语音控制多灯联动。
- **家庭安防**：通过摄像头智能识别陌生人或异常活动，并主动报警或通知用户。
- **空气管理**：根据实时空气质量自动调整空气净化器和加湿器的运行模式。

（2）工作与学习场景。

- **智能会议**：智能联动家庭办公室设备，如启动摄像头、优化光照、调整音频。
- **学习助手**：提供学习提醒、语音答疑，并根据课程内容智能推荐学习资源。

（3）健康与休闲场景。

- **健康监测**：结合可穿戴设备与家用传感器，监测心率、睡眠质量，并提供健康建议。
- **娱乐控制**：通过语音快速操控电视、音响、游戏机，并智能推荐观影内容。

（4）多用户场景。

- **个性化家庭成员识别**：基于人脸、语音识别，为不同家庭成员提供定制化服务。
- **儿童 & 老人模式**：针对不同年龄段用户，调整交互方式及设备响应速度，提供更友好的体验。

4. 用户体验

（1）便捷交互方式。

- **语音控制**：支持自然语音交互，无须用户学习复杂指令。
- **手势 & 视觉识别**：支持手势操控，实现无触控交互体验。

（2）实时 & 连续性。

具备离线运行能力，在无网络环境下仍能提供大部分核心功能，保障用户体验的连续性。

（3）主动服务 & 个性化体验。

系统可学习用户习惯，提供更符合个人需求的智能提醒和生活优化建议。

（4）简单便捷的安装 & 配置。

即插即用，设备自动检测并加入家庭网络，无须烦琐配置。

（5）多端统一体验。

无论是手机、语音助手，还是其他家庭设备，用户都能享受一致的智能家居体验。

国内首个获批的客服智能交互引擎系统专利

海尔智家旗下公司已成功获得“大模型驱动的客服智能交互引擎系统”专利，成为国内首个获批此项技术的企业。

该系统基于深度学习和大数据分析，打造智能客服服务体系。通过动态知识库与 AI 智能导航，它能快速识别用户需求、精准提取关键信息并高效处理问题，极大减少用户操作步骤，交互效率提高超 50%。同时，该系统具备自我迭代优化能力，可以不断提升智能客服体验，使服务更懂用户。

生态共创，引领智能交互新时代

2025 年初，DeepSeek-V3 开源大语言模型发布，标志着 AI 已由资本驱动向效率驱动转变，其低成本、高适配性的特性，重新定义了 AI 发展的技术路径。海尔深度融合 DeepSeek-V3，旗下三大模型携手 DeepSeek-R1，构建私有化的 AI 解决方案。

（1）国创大模型平台：集成了 DeepSeek 大语言模型和多模态模型，提供私有部署解决方案，保障企业数据安全与高效定制化服务。

（2）卡奥斯天智工业大模型平台：将 DeepSeek-R1 接入天智工业大模型平台，通过智能体开发子平台，支持企业快速开发工业智能体。

（3）海纳云安全大模型平台：强化 AI 安全治理，助力智慧城市建设。

迎接泛在智慧生活时代

AIGC 技术扩展了智能交互，降低了使用门槛。面向家庭领域的通用人工智能或强人工智能（Artificial General Intelligence，AGI）则能实现智慧家庭的特定任务，为家庭生活带来更多的便利、舒适和个性化。未来，家庭智能体将实现从辅助决策到主动管理的跨越，智慧家庭将深度融入医疗、教育、娱乐、安全等场景，实现全方位的个性化服务。

（1）人机协同。

AIGC 技术在知识量、信息获取和处理方面的强大能力，将推动智慧家庭技术全面升级，促进机器人的发展，为人们带来全新的人机协同生活方式。

- 在主体方面，实现家庭智能化管理的同时，也挑战传统的家庭结构和价值观。
- 在载体方面，“大模型分析 + 多模态交互 + 分布式终端”将使 AGI 与智慧家庭场景深度适配，决策无感化进程加速演进。
- 在内容方面，跨领域融合能力、高阶内容的生成能力将越来越受到重视，服务主动化和个性化特征越发明显。

（2）泛在智慧生活。

智慧家庭行业有望借助人工智能、云计算、大语言模型、5G 通信等技术的发展，全面进入智慧家庭 L5（泛在智能）阶段，将科幻电影中人们对于未来智慧生活的憧憬变为现实。

站在智能交互革命的浪潮之巅，海尔正以技术突破、生态共创、全球布局的坚定步伐，引领智能家居迈向全新的高度，助力人类进入更加智能、便捷的未来生活时代！**“没有成功的企业，只有时代的企业”，**海尔还在继续探索，突破边界，以持之以恒的创新精神追逐每一天的梦想！

ACKNOWLEDGMENTS 致谢

首先，我要感谢海尔集团在本书编写过程中给予的大力支持与有力协助。我还要特别感谢海尔集团战略运营平台和用户体验委员会的鼎力支持。用户体验委员会的孙京岩、战略运营平台的黄雯瑶为本书的策划和内容编写提供了非常好的建议，并做了大量的组织工作；集团平台的王雪梅做了大量的资料汇总和协助编辑工作，她埋头伏案、默默奉献，令我尤为感动。可以说，没有他们的奉献精神和鼎力相助，本书难以成稿，在此向他们表示最深切的谢意！

来自海尔智家、新事业、盈康一生和ESG委员会等领域与平台的创客们，在书稿写作和讨论的过程中给予了热情与真诚的帮助，他们是：海尔智家的魏绍军、孙明法、陈树升、孙广伟、李委委、李宪彬、禹海伟、张开开、李雯、刘振英、贺锦藩、安东尼奥·博阿达斯（Antonio Boadas）、弗拉迪米尔·斯托伊科维奇（Vladimir Stoiljković）；新事业领域的甘翔、杨振发、刘德彦；盈康一生的崔波、夏翌强、李委、吕品、乔秀艳、张丹丹；ESG委员会的李少华、黄晓武、刘晓梅、陈静、邢小明。在此一并致以诚挚的感谢！在他们身上，我看到了正在延续着的闪光的海尔精神！

借此，也感谢机械工业出版社为本书出版提供的资源支持，以及编辑团队的耐心打磨与专业建议。

书中疏漏之处，恳请读者不吝指正。

刘卓慧

2025年3月